U0458954

人民城市的
"连心桥"

成都 12345 热线研究

吴欣　王胡林　王苹　著

中央党校出版集团
国家行政学院出版社
NATIONAL ACADEMY OF GOVERNANCE PRESS

图书在版编目（CIP）数据

人民城市的"连心桥"：成都 12345 热线研究 / 吴欣，王胡林，王苹著 . -- 北京：国家行政学院出版社，2024. 6. -- ISBN 978-7-5150-2907-8

Ⅰ. D669.3

中国国家版本馆 CIP 数据核字第 20240AY296 号

书　　名	人民城市的"连心桥"——成都 12345 热线研究
	RENMIN CHENGSHI DE "LIANXINQIAO"
	——CHENGDU 12345 REXIAN YANJIU
作　　者	吴　欣　王胡林　王　苹　著
统筹策划	刘韫劼
责任编辑	陈　科　曹文娟
责任校对	许海利
责任印刷	吴　霞
出版发行	国家行政学院出版社
	（北京市海淀区长春桥路 6 号　　100089）
综 合 办	（010）68928887
发 行 部	（010）68928866
经　　销	新华书店
印　　刷	中煤（北京）印务有限公司
版　　次	2024 年 6 月北京第 1 版
印　　次	2024 年 6 月北京第 1 次印刷
开　　本	170 毫米×240 毫米　16 开
印　　张	20
字　　数	278 千字
定　　价	68.00 元

本书如有印装质量问题，可随时调换，联系电话：（010）68929022

序

坚持人民至上，是习近平新时代中国特色社会主义思想最鲜明的底色。为了给人民创造更加幸福美好的生活，各地的实践红红火火、探索生机勃勃。《人民城市的"连心桥"——成都 12345 热线研究》一书，展示了成都市在城市治理中坚持一切为了人民、依靠人民、造福人民的生动实践。

充分发挥党"总揽全局、协调各方"的领导核心作用。坚持党的领导是中国特色社会主义最本质的特征，是我们最大的制度优势。"党的领导不是空洞的、抽象的，而是要在各方面各环节落实和体现。"这也是成都 12345 热线实践得以不断刷新探索高度的根本原因。比如，成都的"微网实格"是非常有特色的治理创新。以解决群众诉求为牵引，推动"微网实格"社会治理平台与城市运行管理架构一体融合，实现12345 热线与纵向到底、横向到边的组织体系共筑，与"微网实格"治理体系联动，党建引领上下贯通、执行有力的治理体系发挥出强大的政治力、组织力、动员力、战斗力，党"总揽全局、协调各方"的政治引领、思想引领、组织引领、制度引领优势在热线诉求"接、转、办、解决、满意"的闭环中得到充分彰显和具体实现。

始终坚守人民至上的根本立场与价值情怀。我们党来自于人民，为人民而生，因人民而兴，人民是我们党执政的最大底气。关于党的初心和宗旨，习近平总书记讲得既朴素又深刻。比如："我们的目标很宏伟，也很朴素，归根到底就是让老百姓过上更好的日子。""我们讲宗旨，讲了很多话，但说到底还是为人民服务这句话。"成都把 12345 热线作为党委政府密切联系群众企业的"连心桥"，一件一件认认真真倾听、老老实实回应、踏踏实实解决，以回应速度、解决效度、服务温度取信于民。更值得关注的是：成都 12345 热线不仅是"连心线"，也是"智汇线"；不仅是诉求"直通车"，也是集智聚力"强磁场"；不仅为了人民，服务人民，也紧紧依靠人民。真正践行了习近平总书记强调指出的"人民群众身处实践最前沿，对实践变化感知最敏感、感受最深切，也最聪慧"，依据诉求定位问题、依靠群众找到答案的要求，是中国式现代化人民属性的生动体现。

始终秉持人本逻辑推动超大城市治理方式转变和能力提升。关于城市治理，习近平总书记有过精辟的论述："城市的核心是人，关键是十二个字：衣食住行、生老病死、安居乐业。全心全意为人民服务，为人民群众提供精细的城市管理和良好的公共服务，是城市工作的重头，不能见物不见人。"确如习近平总书记所说，在城市特别是大城市生活，从早上睁眼到晚上闭眼，都离不开管理和服务。老百姓对城市工作的意见和怨言，多数表现在管理和服务方面。这也是 12345 热线最主要且集中的诉求之源。而成都依托 12345 热线的海量数据和精准分析，创新城市治理方式，加强城市精细化管理，把矛盾和问题尽早排解疏导，化解在萌芽状态。尤其是成都有很好的基层治理基础，"城市是载体、人民是主体"所积累的组织资源、社会资源、信义资源相当丰厚。特别是通过解决 12345 热线诉求，从房前屋后实事做起，从身边的小事做起，把市民和党委政府的关系从"你和我"变成"我们"，从"要我做"变为"一起做"，把党委政府从"划桨人"转变为"掌舵人"，成为超大城市共治共管、共建共享的典型样本。

持续强化大抓基层的鲜明导向。"大国之大，也有大国之重。基层是改革发展稳定的第一线，是各种矛盾和问题的集聚地。基层强则国家强，基层安则国家安。"习近平总书记关于基层治理的重要论述深刻揭示了基层之为大国基石，对于实现国家治理现代化、促进共同富裕、打造高品质生活的基础性意义。而基层社会治理成效如何，基层干部是决定性因素。该书的一大特色便是有心征集并收录了 19 篇成都基层干部在解决 12345 诉求中的经历和感悟。原汁原味的记录、情真意切的体会让人深深动容。有的热线诉求相当复杂、非常棘手，但都事关群众切身利益、事关社会和谐稳定，不能躲着、拖着，对基层干部的服务群众能力、化解矛盾能力、应急处突能力、攻坚克难能力，以及系统治理、依法治理、综合治理、源头治理水平都有很高的要求。成都把 12345 热线打造成干部的一线"训练营"，为坚持和发展新时代"枫桥经验"、走好线上线下群众路线、筑牢基层发展治理的幸福高线和社会综合治理的安全底线提供了骨干支撑。

始终遵循以诉求"杠杆"撬动治理变革的改革逻辑。习近平新时代中国特色社会主义思想是我们当今所处时代的精神精华，蕴含其中的立场观点方法是指导新时代实践和发展的最新理论武器。学习的目的全在于运用。比如，成都 12345 热线坚持为民导向，从人民出发；坚持诉求靶向，由人民出卷；坚持闭环思维，为人民答卷；坚持终端问效，交人民阅卷的运行逻辑就是坚持人民立场。从服务群众拓展到服务企业，从常规性回应提升到专班处置调度，从做优"前半篇"、到做实"后半篇"、再到主动"向前一步"，就是坚持守正创新。再比如，通过热线反映的群众和企业的急难愁盼问题，既是他们最关心最直接最现实的利益问题，其实也是城市发展治理中的堵点、痛点和难点问题，恰是党委政府工作应该重点着力改进的地方。书中的许多鲜活案例便是坚持问题导向，"热线指津、施政所向"的直接体现。而成都 12345 热线通过系统集成改革，以城市运行中枢之力牵起了诉求解决的"牛鼻子"，变部门掣肘为相互配合，变层级局限为高位统筹，变政策约束为制度创新，真正实现了"一号受理、一网通办、一键回应"的政务服务全流程重塑。

积极探索智慧赋能超大城市现代化治理。城市既是复杂巨系统，也是有机生命体。"要加快智慧城市建设，促进新一代信息技术与城市管理服务融合，提升城市治理和服务水平。要加强城市管理数字化平台建设和功能整合，发展民生服务智慧应用，实现'科技让生活更美好'的目标"，是习近平总书记关于做好城市工作的基本思路。从书中我们看到，成都当前的智慧城市建设正处于蓬勃发展态势。比如，通过建立健全"三级平台、五级应用"的"王"字形城市运行管理架构，贯通从市本级到网格员的跨层级、跨部门、跨区域的事件、数据、指令流转，实现城市治理可感、可视、可防、可治。把数据通作为"一切通"的基础，积极推动全市公共数据应汇尽汇，有效支撑服务通、办事通、管理通。以智慧应用场景建设为抓手，将市民、企业、基层工作人员的感受度作为标尺，创新打造"天府蓉易办"企业群众办事服务平台、"天府市民云"市民生活服务平台、"天府蓉易享政策找企业"服务平台、"天府蓉易贷"融资平台等"蓉"易系列品牌服务平台，真正实现市民企业"上一张网、办所有事、一次能办成"，全面助力"放管服"改革和营商环境优化。成都成为智慧城市建设发展的实践者和受益者。

改革永远在路上。希望以此书的出版为契机，在习近平新时代中国特色社会主义思想的指引下，涌现出更多"人民城市人民建、人民城市为人民"的实践样本，展示出更加绚烂丰富、欣欣向荣的中国式现代化万千气象的新图景。

龚维斌

中央党校（国家行政学院）副校（院）长

前 言

Preface

　　成都市委坚决贯彻习近平新时代中国特色社会主义思想，深刻领会习近平总书记"人民就是江山"的深厚情怀，牢固树立民心和民生就是最大政治的执政理念，充分发挥党总揽全局、协调各方的领导核心作用，以12345热线为牵引，坚持诉求导向，坚持"老百姓的事，要实实在在干，干一件是一件，干一件成一件"的韧劲，用心用情用力办好群众和企业的操心事、烦心事、揪心事，积极探索超大特大城市转型发展新路径，切实践行了"让人民生活幸福是'国之大者'"的本质要求，连续15年位居"中国最具幸福感城市"榜首。

　　成都是全国第三个经济总量突破2万亿元，第一个常住人口突破2000万人的副省级城市，承担着百余项国家级的改革创新试点任务，对城市发展和治理成果更多更公平惠及人民提出了更高要求。伴随城市发展进程，12345热线在政民沟通的重要平台、政府决策的重要信息源、优化城市营商环境的重要窗口、智慧城市和数字政府建设的重要抓手、城市治理的重要切入点等方面的定位和作用更加凸显，在构建疏导社情民意的最短路径、分析社会诉求的最强大脑和实现科学施政的最优载体方面取得积极成效。

　　成都以建设人民城市、幸福成都为目标，以 12345 热线为抓手，一年一个节点，一步一个脚印，将执政为民作为党之大计、国之大者、政之要义根植于城市治理中，带给成都品质生活、精细治理、韧性发展日新月异的变化，人民群众的获得感、幸福感、安全感显著增强。12345 热线筑起了党委、政府密切联系群众企业的"连心桥"，成为一切为了人民幸福美好生活的城市"总客服"、政企互动的"直通车"、城市运行的"晴雨表"、科学决策的"指挥棒"及干部素养的"训练营"。

　　解决民生问题，成都是动了真情、下了真功的。12345 热线以"一键直达"民心彰显了为民服务的初心，"可视"数据与诸多"可感"案例的背后，是党建引领下，一条热线所牵引的城市治理变革，"人民城市为人民"的理念得到充分彰显，党建引领高质量发展、高品质生活、高效能治理的幸福成都得到生动印证，全面建设践行新发展理念的公园城市示范区取得明显成效，形成了公园城市示范区治理现代化的建设样本。成都为实现人民对美好生活的向往提交了一份情深意重的答卷。

目 录

Contents

上编　理・践　人民城市的"连心桥"

下编　思·悟　人民热线的服务心声

上编 **理·践**

人民城市的"连心桥"

编 首 语

党的二十大报告指出，"人民性是马克思主义的本质属性，党的理论是来自人民、为了人民、造福人民的理论"，并把"站稳人民立场、把握人民愿望、尊重人民创造、集中人民智慧"作为党的理论和实践创新的重要依据加以强调，为我们在新时代迈上新征程如何更好地坚持人民中心立场、树牢全心全意为人民服务的宗旨意识、切实走好新时代党的群众路线提供了根本的政治保证、思想引领、理论指导和工作遵循。"始终同人民想在一起、干在一起"是建设中国特色社会主义的必然要求，也是中国共产党人践行初心使命的主要路径，精要揭示出中国共产党与人民关系的历史逻辑、理论意蕴和行动指向。无论从历史、现实还是未来看，谁能将知与行相统一的优势更加充分地发挥出来，谁就拥有了更为巩固的执政基础与更加卓越的治理能力。那么，如何才能精准地把握群众诉求，进而跟人民想在一起、干在一起呢？成都 12345 热线平台经过 30 余年的发展，致力于建设这样一个精准的感知平台、敏锐的发现平台，为成都超大城市治理的现代化提供了知的底气、行的依据。

基本遵循

让人民过上更好的日子是我们 既宏伟又朴素的目标

江山就是人民，人民就是江山。中国共产党领导人民打江山、守江山，守的是人民的心。治国有常，利民为本。为民造福是立党为公、执政为民的本质要求。

——习近平总书记在中国共产党第二十次 全国代表大会上作的报告

坚持人民至上，彰显热线核心价值

人民性是中国共产党的本质属性。党的二十大报告通篇贯穿着人民立场、群众路线。"六个坚持"排在首位的是"坚持人民至上"，中国式现代化的中国特色之一是"全体人民共同富裕的现代化"，"五个重大原则"包含"坚持以人民为中心的发展思想"。超大特大城市的高质量发展，必须"坚持人民城市人民建、人民城市为人民"；推进国家安全体系和能力现代化，确保国家安全和社会稳定，必须"坚持以人民安全为宗旨"，"畅通和规范群众诉求表达、利益协调、权益保障通道"；全面建设社会主义现代化国家，"必须充分发挥亿万人民的创造伟力"。设立于1988年的成都12345热线，其蕴含的"来自人民、服务人民、为了人民、依靠人民"的核心价值，便是这些重要论述的生动实践和充分印证。

一、习近平新时代中国特色社会主义思想人民立场的生动实践

习近平总书记指出，坚持以人民为中心的发展思想，不是一句空洞的口号。要把人民至上的价值理念体现到千方百计解决群众最关心、最直接、最现实的利益问题上，落实到处处围绕人、时时为了人的具体行动中。习近平总书记对民生细致入微的关注关切，要求各级执政者始终

把人民安居乐业、安危冷暖放在心上，用心用情用力解决群众关心的就业、教育、社保、医疗、住房、养老、食品安全、社会治安等实际问题。"群众反映出来的困难，很多时候都是小事，但实实在在做好了，对于一个居民、一个家庭来说就解决了大问题。"[①]这是执政信念，更是为民情怀。

作为城市"总客服"，12345热线就是人民群众表达利益诉求的综合性平台，是党和政府听民声、察民情、解民忧、纾民困、集民智的重要渠道。2023年，成都12345热线受理的来电来信量720万余件，日均约2万件，诉求的内容绝大多数是反映群众和企业最关心、最直接、最现实的利益问题。成都12345热线就是从回应和解决每一件具体的小事入手，以诉求驱动小事落实、要事办成，把习近平总书记关于"解决民生问题是为政的根本，改善民生状况是最大的政绩"的重要要求深刻落地到群众和企业得实惠、看得到的实实在在变化中。

二、坚守民心与民生是最大政治的深刻践行

党的二十大把"江山就是人民，人民就是江山"写进报告，这意味着更重的分量和更高的尊崇。"中国共产党领导人民打江山、守江山，守的是人民的心。"从世界执政党兴衰史来看，人民不仅是执政绩效的首要评判者，也是执政地位的终极选择者。中国共产党拥有长期执政的远大抱负，因而不能不随时关注与人民的联系、与群众的互动。"治国有常，利民为本。为民造福是立党为公、执政为民的本质要求。"中国共产党用理念主张更用实际行动，才赢得人民的信任与拥护。努力实现党的奋斗目标和人民的希望诉求相一致，是党的事业的发展逻辑和所有

[①] 本书编写组编著《当好改革开放的排头兵——习近平上海足迹》，人民出版社、上海人民出版社2022年版，第186页。

工作的最高标准。从一定意义上说，政党治理能力、国家治理能力的高低，就取决于执政方能在多大程度上运用这种良性互动来实现执政理念与群众期待的一致性。特别是在执政时长、承平日久，初心使命可能淡忘、理念行动也可能放松的风险潜滋暗长的情况下，更要求中国共产党基于使命感的激励和危机感的鞭策，不断地寻求将党的执政为民理念转化为具体的、实际的执政行动的更优路径。

无论执政环境怎么变，中国共产党执政为民的理念不会变。成都以建设人民城市、幸福成都为目标，将执政为民作为党之大计、国之大者、政之要义根植于心里，以"基础在网、关键在理、核心为民"为思路，依托互联网、云计算、大数据等现代信息技术，将原本功能模块较为单一的市长公开电话优化升级为 12345 热线平台，聚焦数据归集、互动分析、综合运用和信息公开，着力构建疏导社情民意的最短路径、分析社会诉求的最强大脑和实现科学施政的最优载体，充分体现"人民城市人民建、人民城市为人民"的核心理念和价值追求，从实现好、维护好、发展好人民每一项具体的、现实的利益出发，全心全意守住人民的心。

成都 12345 热线平台便是这样一条兼具"放"和"收"双重功能的路径。一方面疏放民意，缓解执政压力；另一方面积累民心，巩固长期执政的信任基础。其逻辑理路是基于"发生、求诉、感知、回应、解决、信任"这样一个完整链条。理想状态下，如果链条中的每个环节都很顺畅，表明沟通是充分而有效的，带来的施政现实与群众期待就会相契合，党和政府与群众之间的相互理解和信任便得以增强，进而党的执政合法性与政府公信力就会越来越高；反之，当链条中的环节受阻卡壳时，也就意味着沟通不畅，带来的施政现实与群众诉求就可能发生偏离，那么群众对党和政府的认同和信任也会随之下降。因此，12345 热线平台作为党和政府与群众之间直接而畅达的沟通与互动平台就因其越基础而显得越重要，它关乎人民切身利益，关乎政府治理能力现代化，关乎党的长期执政。

从成都 12345 热线平台的发展历程来看，虽然它的接听量呈指数级增长，也有了不少智能化的技术支撑，但群众的诉求内容并没有实质性的变化，绝大多数是反映他们的急难愁盼问题，很细碎、很具体，有的甚至表达情绪化。谁能做到习近平总书记要求的"用心、用情、用力"去倾听诉求、回应需求，谁就是在真正践行党的执政为民理念。党和政府竭尽全力回应和解决群众的每一个诉求，就是中国共产党初心的最朴素表达。群众有问题，首先想到打 12345，这是一种托付，更是一种信任。成都 12345 热线平台 30 多年的发展历史充分证明，其已经成为市民、企业等各类群体联系政府最为便捷而有效的形式，是成都作为人民城市践行中国共产党执政为民理念的生动诠释。

三、满足人民美好生活新期待、提升幸福成都品质的主动作为

把更多精力用到关心群众生产生活上，把更多财力投入解决群众最关心、最直接、最现实的利益问题中。老百姓的生活品质，与政府服务是否到位息息相关。建设人民城市，推动经济社会发展，归根结底是为人民创造更加美好的生活。

民生无小事。一般来说，直接关乎群众利益的民生诉求由低到高大致可分成基础民生（水电气暖等）、基本民生（卫生、治安、交通等）、发展民生（教育、医疗、就业等）和优质民生（文化、旅游、投资等）四类。梳理 2019—2023 年 12345 热线所反映的民生诉求可以发现，超过一半以上的民生诉求集中在医疗、教育、就业、生态环保、公共安全、消费权益保障等发展民生中，其次是水电气暖等兜底性的基础民生，再次是交通、治安、物价、市政基建、小区物业管理等基本民生，而文化、旅游、民主、法治、投资理财等优质民生诉求虽然相对较少，

却是近年来四类民生诉求中增长最快的。这说明市民群众对美好生活、品质生活有越来越高的追求。

"民之所忧,我必念之;民之所盼,我必行之。"成都 12345 热线就是通过精准感知诉求来推动党委、政府采取更多惠民生、暖民心举措,出台更多惠民利企政策,在着力解决群众和企业急难愁盼问题的基础上,提高城市生活的便利性、宜居性、多样性、公正性、安全性,让生活在这座城市中的人们日子更红火、未来更可期,生活更有品质、更有尊严、更加幸福。

四、统筹城市发展和安全、破解超大城市治理难题的有力抓手

习近平总书记指出,必须坚持统筹发展和安全两件大事。"基层强则国家强,基层安则天下安,必须抓好基层治理现代化这项基础性工作。"[1] 对于如何提高城市治理水平,习近平总书记念兹在兹。他对加强城市基层基础工作非常重视,对超大城市治理体制改革和创新非常看重。

在经济社会发展中,城市地位举足轻重;在推进国家治理体系和治理能力现代化过程中,城市治理同样举足轻重。城市治理是一门科学,既要像绣花一样精细,也要像计算机一样聪明,更要像堡垒一样安全,因此必须强化城市功能,创新管理体制,提高政府效率。超大城市治理之难,不仅在于人口规模和密度大,更在于人民群众的新需求不断涌现,需求层级不断提升,需求内容趋于多样化、个性化、异质化;同时叠加制度体系变革和深层次的利益格局调整,使社会诉求增长幅度和复杂程度所带来的治理挑战前所未有。特别是有些长期存在的普遍性问

---

① 《习近平关于城市工作论述摘编》,中央文献出版社 2023 年版,第 161 页。

题更是严重制约着城市治理水平的提升。比如：横向部门合力不足，主动协作意识不够，"五指分散不成拳"；纵向基层力量不强，"看得见的管不了，干瞪眼空着急"；群众参与程度不高，"政府拿主意、群众不买账"；干部担当作为不够，权责不明晰，"越位、缺位、不到位"情况时有发生。

"民心所望、施政所向。"践行以人民为中心的发展思想，不断提升城市治理能力和治理水平，是检验我国超大城市转型发展成效的直接体现和实现可持续发展的关键。成都市 2023 年末常住人口总数达 2140.3 万人，在全国超大城市中仅次于北京、上海和重庆。作为经济总量比肩全球经济体前 50 强的超大城市，成都正处于由区域中心城市向国家中心城市跃升、冲刺世界 Alpha 级城市的关键节点，需要深刻理解国家治理现代化的城市表达，主动为全国超大城市发展和治理贡献成都方案。

成都作为超大城市，人口不断增长和涌入，加之人口移徙频繁、城区人口密度高，城市规模和市域范围持续扩大，给基础设施、公共服务和应急管理等方面带来巨大压力。特别是在城市治理方面，超大城市的治理半径更长、向心力递减更快、安全风险更高，人民利益诉求更加多元化和个性化，致使治理的难度和复杂性更大。这就不仅要求政府更用心地倾听、更及时地回应、更有效地解决，攒民心于事结；更要求政府能见微知著，通过更敏锐的感知与科学分析，作出更具前瞻性的预判与应对，化风险于未然。

关于超大城市如何走出一条符合城市特点和规律的社会治理新路，要坚持以人民为中心的发展思想，着力推进社会治理创新，使超大城市精细化管理水平得到提升。在方法模式创新方面，要"强化智能化管理，提高城市管理标准，更多运用互联网、大数据等信息技术手段，提高城市科学化、精细化、智能化管理水平"[①]。

---

① 《习近平关于城市工作论述摘编》，中央文献出版社 2023 年版，第 153 页。

12345 热线就是通过畅通和满足群众诉求表达、利益协调和权益保障通道，为执政解压，为治理指津；同时通过构建精准的感知平台、敏锐的发现平台，反映和警示城市治理中许多"久拖不决"的老问题、突发性公共事件以及新业态带来的新问题，把握超大城市发展特点和规律，预判城市风险及特征，系统性、综合性破解治理难题，源头性、前瞻性防范化解城市运行风险，保障城市安全韧性发展。

坚持守正创新，淬炼服务群众本领

12345热线以诉求定位需求，为执政者提供了最客观、最真实，同时也最及时、最集中的诉求信息，是最全面的调查研究，最典型的"从群众中来"。"群众的诉求在哪儿，我们改进工作的重点就在哪儿。"12345热线成为城市运行的底线、干群之间的连心线，是名副其实的"人民热线"。

一、促进为民服务初心夯实与本领淬炼

让人民过上更好的日子是中国共产党既宏伟又朴素的目标。这要求我们在根本遵循上，要深刻领会人民至上的立场与情怀，做任何工作都必须站稳人民立场、把握人民愿望、尊重人民创造、集中人民智慧。造福人民的前提是由人民出发，方法是靠人民解决，这样才能做到群众心坎上。比如，针对12345热线反映的老年人夜间出行不安全的问题，我们制作并发放反光袖章是否就是最适合老年人的方式？公园里游乐设施多于景观绿地和休闲空间，孩子们高兴了，但其他人休闲观光的合理需求我们又该如何满足？等等。这些都提醒我们：像这样的小事看起来也许不重要、不紧急，但它关乎群众日常生活，就是党委和政府的大事。习近平总书记在地方工作期间就经常说："要对群众充满感情。有了感情，我们才会在看见老百姓遇到困难时吃不下饭、睡不好觉，才能千方

百计创新各种方法为困难群众排忧解难。"① 群众的事很多是小事，但有时候小事解决起来也不是易事。需要我们做到以下几个方面：把坐标对准，把需求聚焦，把方法用对，变成"我要怎么干"为按照群众要求干；扑到一线去，问题卡在哪儿就盯住哪儿；来自谁、为了谁就紧紧依靠谁；一件接着一件干，干一件是一件，干一件成一件。让群众和企业体验到"可视""有感"的实实在在变化，这是人民至上价值理念的最好体现。

党的根本宗旨是全心全意为人民服务，这就要求各级党委、政府把所有精力都用在为人民谋幸福上。我们都很熟悉习近平总书记关于"人民城市人民建，人民城市为人民"的重要理念，但以人为本的更高境界，是不但要一切"围绕人"，还要让一切"依靠人"；不仅要提供高质量的"民生公共品"，也要通过一系列方式，强化城市的"民心归属感"；不仅要坚持从小事抓起，办好每件具体实事，也要在体制改革、机制创新上下功夫，在解决深层次问题上下功夫，探索出破解超大城市治理难题的综合方略。这要求我们在目标导向上，要从人本逻辑出发探索超大城市发展方式转变。12345 热线以人民群众最关心、最直接、最现实的问题串联起几乎所有部门和区（市）县，群众诉求成为驱动政府服务深刻变革的内生动力。因此，它完全可以在实现现有功能的基础上，进一步发挥深化城市治理改革、机制创新的基点和引擎作用，推动构建加强社会治理与优化公共服务互促双赢的新模式，积极探索寓治理于服务的新机制，通过服务减少治理压力，激发群众诉求驱动城市治理新动能，以大城善治升华品质生活。

在调研中，我们深刻感受到市民对 12345 热线的信赖，并由此促使 12345 热线不断优化自身运营服务，给群众和企业提供更好的服务体

---

① 本书编写组编著《当好改革开放的排头兵——习近平上海足迹》，人民出版社、上海人民出版社 2022 年版，第 226 页。

验。但实事求是地说，12345 热线的功能发挥更多的还是集中在"接"和"转"的前半篇，回应的也以咨询类和一般性诉求居多。要打通疑难诉求解决的"最后一公里"，实现由"办结"到"解决"的质变，形成真正的"闭环"，要求我们在行动导向上，必须把为民服务的初心镌刻在实干担当中，靠广大干部们攻坚克难"干"出来。因此，如何对待工单就成为一个关键问题。是依据诉求信息深入分析民生热点、社会痛点形成的原因，进而明确改革要点、发现突破切入点、预判风险滋生点，还是把工单当作负担放置一边不去处理，不同选择自然带来不同结果。毫无疑问，网络理政的一线历练的确可以有效提升党员领导干部分析问题、解决问题的能力，特别是增强推动高质量发展、服务群众和防范化解风险三大本领，对于年轻干部、拟提拔干部、缺乏群众工作经验干部的成长尤其重要且必要。成都市城市运行和政务服务办公室网络理政处王某做这项工作才半年，但却体会很深："我原来根本想不到宠物饲养的主管部门是公园城市局，也不知道一个看似简单的工单背后，却需要联动那么多的单位协同处理。网络理政让我快速成长。"

二、推动政府治理模式的叠加创新

人民政府是践行党的执政理念最重要、最直接的主体。我们的治理模式能否更好地满足人民日益增长的美好生活需要成为当前政府治理所面临的主要矛盾。因此，当人民在诉求中反映出来的问题需要政府提供更高质量的服务、更具效率的回应、更兼整合性的总揽、更为敏捷的反应、更有前瞻性的预判时，建设服务型政府、整体型政府、数字型政府、智慧型政府便因应而生。

成都 12345 热线平台基于对群众诉求脉动式的感知和反射性的回应，使其在相当程度上成为推动政府治理模式调整升级的重要依据。自 1998 年起，成都 12345 热线按照"基础在网、关键在理、核心在为民"的工作思路，拓展人民参与渠道，搭建政务服务平台。从设立市长公开电话和市长信箱栏目，到建成 5 个座席的综合受理系统、启用"12345"特号，再到持续不断地进行系统升级改造，这一过程对人民参与权利的强调反映出服务型政府的构建逻辑。2015 年以后，伴随公众诉求的日趋复杂化，秉承对人民"数字鸿沟"弥补的宗旨，继续整合、上线试运营成都市网络理政社会诉求平台，形成有效的多元主体联合承办联动机制。"一体化"服务推进流程再造，促进资源共享，推动了整体型政府建构实践。2017 年以后，成都 12345 热线继续深化科层流程重塑，基本构建形成"11637"网络理政框架体系，建立健全"2+1+10"网络理政工作办理制度体系，积极构建形成了政务服务"一网通办"、城市运行"一网统管"、社会诉求"一键回应"的网络理政新格局。这标志着以技术为媒，政府运用先进通信能力的格局不断突破，夯实了数字型政府建构实践。2021 年至今，成都 12345 热线进入智能化提升阶段，借助智慧蓉城平台持续推进民生诉求大数据分析，及时研判社情民意动向，不断提高辅助决策、服务民生的能力。

从对应分散式的治理主体，到整合多元治理主体间的协同；从只是相对被动的诉求回应，到越发主动的问题发现；等等。政府的职能也经历了服务、整体、数字、智慧等现代化治理要素不断丰富与叠加的过程。这个过程并非自然而然形成的：因为政府对群众诉求和社会潜在矛盾的感知往往不具即时性，而是有一定的间接性和滞后性；或许反映诉求的方式和途径有很多，但群众的知晓率、使用率却比较低；即使群众表达了自己的诉求，政府也有可能面临心有余而力不足等情况。因此，成都 12345 热线平台的功能并非毫无缘由地无序拓展，其发展的每一步都是对政府为民理念的强化和治理能力现代化的提升。政府每做一个回应，都是关于以人民为中心发展思想的再教育，关于以问题为导向、以服务为核心的再强调；进而也就从解决一个个具体问题发展为出台相关政策意见，并由此推动政府治理更充分地融入优质、高效、责任、民主、法治、科技等现代化要素。这一政府治理的发展逻辑深刻反映出人民政府始终坚持以人民的需要、关心和期盼为导向，通过理念、制度、政策、手段等综合治理创新，不断提高政务服务水平，以增强人民的获得感、幸福感、安全感。

三、深化干部思维更新与能力提升

成都已经迈入超大城市行列，这意味着成都已进入新的历史发展阶段。要适应超大城市特点推进治理体系和治理能力现代化，对干部队伍的执政思维更新与执政能力提出了更高要求。过去科层制、部门化的行政思维与超大城市的规模能级不相适应愈趋明显，城市管理模式过分强调专业化、协调手段单一、行为约束僵化，无法满足超大型城市精细化、智慧化管理的需要，干部必须准确识变、科学应变、主动求变，顺应敏捷治理、科学治理等新要求，以推动城市发展迈入新的历史阶段。政治、经济、意识形态、公共安全、社会稳定、生态环境等领域风险隐患面宽量大，越来越要求干部队伍须具有及时抓取和捕捉各方面信息的能力，进而深入研究各类矛盾风险的演变趋势，增强风险意识、底线思维、斗争本领，在纷繁复杂的变化中把握事物发展的规律性、发现矛盾纠纷的倾向性，及时防范风险，做到未雨绸缪、精准研判、妥善应对。

从根本上说，所有的执政思维创新和能力提升都是围绕"立党为公、执政为民"展开的。在如何更好地回应人民意愿、满足人民需要、化解人民内部矛盾、维护人民利益等方面，成都12345热线平台成为重要的一线训练平台。当前12345热线平台正发挥扁平化、立体式、集成性、协作性优势，要求进一步打破干部中存在的部门区隔、被动回应等思维习惯，将工作视角、执政视角更多放到全市发展和市民需求上来，始终站在群众立场上想问题、作决策、办事情，最大限度调动积极因素、汇聚磅礴力量。通过常态化组织各职能部门领导干部走进12345

热线，让群众和部门领导直接对话，进一步拉近干群关系。比如，针对公众反复申询的施工占道与交通管理问题，市住建局、市城管委、市交通运输局、市公安交管局及成都城投集团和成都轨道集团的有关部门负责人打破区隔思维，共同置身《网络理政·真情面对》特别直播节目现场，与听众面对面逐一交流随即处置。再如 2022 年"8·25"新冠疫情期间，12345 热线诉求和网络舆情提速处置专班应运而生，来自公安局、卫健委、社治委、交通运输局、民政局等 20 余个市级部门的工作人员齐聚会议室，全天候根据热线数据分析平台中滚动播放的各区（市）县涉疫诉求信息，干部思维与能力的提升正向促进了相关部门在新冠疫情期间的保供、稳产、保民生的研判和措施。"一竿插到底"的 12345 热线串联起常态化诉求表达、民意收集、调研论证、决策咨询等机制，问政于民、问需于民、问计于民、问效于民。在不断解决各种诉求、矛盾的历练中，新时代领导干部必备的政治能力、调查研究能力、科学决策能力、改革攻坚能力、应急处突能力、群众工作能力、抓落实能力都得到提升，进而带来执政实绩、政府的公信力，使党在市域层面执政根基增进增强。

坚持理以致用，深化惠民利企质效

　　党的十八大以来，成都坚决贯彻习近平新时代中国特色社会主义思想的人民立场，深刻领会习近平总书记关于"人民就是江山"的深厚情怀，牢固树立民心和民生就是最大政治的执政理念，以12345热线为牵引，从群众和企业最关心的问题出发，坚持诉求导向，努力办好群众和企业的操心事烦心事揪心事，积极探索破解超大城市治理难题，不断实现人民对美好生活的向往。2017年至2023年，热线群众诉求解决率从84.1%提升至92.8%，满意率从86.7%提升至96.8%。2023年，12345助企热线共办理企业诉求11.04万余件，是2022年的8.5倍，诉求解决率、企业满意率均在97%以上。人民城市为人民的理念得到充分彰显，国际化营商环境得到持续优化，高质量发展、高品质生活、高效能治理的幸福成都得到生动印证，"12345，有事找政府"的"人民热线"品牌影响力和美誉度得到有效提升。

一、在为民解忧上走深走实

　　习近平总书记强调："中国共产党把为民办事、为民造福作为最重要的政绩，把为老百姓办了多少好事实事作为检验政绩的重要标准。"①

---

① 习近平：《论坚持人民当家作主》，中央文献出版社2021年版，第307页。

成都 12345 热线以全方位践行党的宗旨为根本依归，增强"为民四力"更好服务群众，遵循为民逻辑夯实执政根基，坚持为民导向，从人民出发；坚持诉求靶向，由人民定位；坚持闭环思维，帮人民落地；坚持终端问效，交人民评判。是党"来自人民、服务人民、为了人民、依靠人民"力量之源、初心使命、工作方式的深刻体现。

从多元化诉求中把握民意动态，增强与民共情力。人民群众日益增长的美好生活需要不断拓展领域、内涵，决定了其诉求的多元化取向。民心民意，情之所系。恪守"人民至上"，首要的是有一颗与人民共情的心。12345 热线平台始终坚持与民同心情怀，知重负重、将心比心，对群众日趋复杂、多样、多层次的诉求和矛盾，都全心全意倾听、全力以赴回应，让群众有苦有地方说，有怨有地方讲，有建议也有地方表达。尤其针对经济社会发展所带来的民生新需求、公共政策实施带来的治理新情况，通过诉求表达及时形成民意反馈，督促相关部门调整、修正、改进、完善相关制度或政策，使其转化为真正利民惠民的政策产品。比如，2022 年 6 月 1 日，成都市住建局出台《关于进一步完善房地产政策促进市场平稳健康发展的通知》，群众关于该政策的咨询数量随即暴增。12345 热线平台与市住建局保持紧密联系，就政策咨询和解读进行了详细沟通，并以书面形式整理了政策问答内容，及时在"蓉城政事"公众号推送。在成都市"十四五"规划建议起草之时，市网络理政办① 对 2018 年以来社会诉求平台受理的 1200 万余件诉求及市民建议进行了数据分析，并征求了市级有关部门意见建议，形成《网络理政社会诉求平台市民最关心的问题及办理建议》，主要包括 14 个方面的问题和建议。从这个意义上来说，12345 热线平台起到了知群众所知、想群

---

① 2024 年 1 月 18 日，按照成都市新一轮机构改革工作方案，成都市政务服务管理和网络理政办公室（简称市网络理政办）已更名为成都市城市运行和政务服务管理办公室（简称市城运办）。按照遵循当时时间原则，在具体做法及实践中本书依然采用当时的机构简称，下同。

众所想的作用，通过与群众同心共情，既赢得了群众的理解和信任，也促进了政府决策的科学化。

从应急性诉求中提升协作联动，增强为民行动力。人民是城市的主人，在面对超大城市公共安全隐患、社会稳定等场景下的各类突发风险矛盾时，会急剧生发出大量应急性诉求，并希望通过最快渠道向管理部门反映、寻求安民稳城的最佳方式，共同守护城市安全。成都12345热线平台始终坚持为民最快办事、最快为民办事理念，通过与公安、消防、疾控、防灾减灾等应急机构实现联动，承担了各类诉求"实时接收、动态回应"的关键角色，在"迅速反应、紧急联系报送"和"直达基层、快速执行办理"中作用明显，效果突出。成都12345热线平台增设疫情防控应急业务咨询专班，针对疫情防控、防汛、抗旱、暑热、严寒等突发紧急情况以及大型体育赛事等重大活动，机动派驻市级部门或区（市）县工作经验丰富的副局级和若干名副处级以上实职领导干部（根据工作需要灵活调整具体单位和人员）入驻市网络理政办，负责群众诉求和网络舆情提速处置办理。在海量诉求中爬梳出急件、要件，与110指挥中心、疾控、街道社区等部门、单位数据共享、协同联动，增强为民行动力。

2019年以来，成都12345热线平台及时处置各类公共安全隐患，紧急化解群体性矛盾纠纷3.9万余起。比如，新冠疫情期间，成都12345热线平台接到青羊区陈先生的紧急求助：家有尿毒症患者需要每日透析，但所在小区处于封控状态，原就诊医院不予接收，病情严峻的情况导致家属情绪波动明显。接电后不满三个小时，青羊区卫健局工作人员即已协调好医院可直接前往就诊。对此，陈先生在例行电话回访中表示了深深的谢意与最大的信任。诉求就是命令，闻令而动、马上就办。12345热线平台正是以更快响应、更准派单、更好服务的扎实行动力取信于民的。

从群体性诉求中发现苗头倾向，增强对民责任力。人民日益增长的美好生活需要和不平衡不充分的发展之间的矛盾决定了社会群体性风险产生的必然性，因而对风险防控和应急处置都提出了更新更高的要求。12345 热线平台受理的群体性诉求背后往往潜藏着重大的社会风险隐患，处理不好甚至可能引发群体性事件。因此，热线平台一直坚持树牢责任意识，绷紧责任之弦，始终将群体性诉求作为关注重点，敏锐发现、主动分析、及时预警，牵头搭建矛盾纠纷化解多方沟通平台，邀请市民代表、相关政府职能部门、利益第三方等召开协调会，让诉求人和各利益相关方面对面协商解决，达到矛盾纠纷发现在基层、化解在一线的目的。比如，2022 年 9 月新冠疫情期间，部分网约车司机反映，成都"5+1"区域①内外均不允许网约车恢复运营。网约车司机大多为贷款买车或租车运营，停止运营不但没有收入，还无法还款、支付租车费。成都 12345 热线平台收到诉求后，提醒交管等部门关注网约车司机群体诉求，在网约车暂不运营期间与相关网约车平台加强联系，就是否可以出台减免、缓缴租车费用等措施进行沟通，避免矛盾激化为群体性事件。12345 热线平台以为人民负责、为城市负责之心主动担当作为，让群众更安心、城市更安全。

从重复性诉求中分析痛点堵点，增强靠民克难力。相较于"急愁盼"诉求，"老大难"诉求其实是更为复杂、更不容易解决的。这类诉求往往反映的是民生顽瘴痼疾、治理痛点堵点。没有敢于啃硬骨头的坚定决心和攻坚克难的斗争本领，继续击鼓传花或者踢皮球，只会陷入"问题依旧在，几度夕阳红"的重复积压与恶性循环。12345 热线平台在诉求发现中始终坚持求解思维和不避重就轻原则，更加关注企业和群众反复诉求的"痛点"，紧紧依靠群众，着力推动化解矛盾多发频发问题的"堵点"。比如，2019—2021 年，群众反复投诉并且没有得到满意反馈的诉求共计 6.4 万人次，占不满意件的比例为 22.8%。这些诉求大多属

---

① 成都"5+1"区域是指成都锦江区、武侯区、青羊区、金牛区、成华区 5 个传统中心城区和高新区。

于关乎群众生活环境、生活质量的"占道经营、占道停车、噪声扰民、交通拥堵"等"小"问题，却因为缺乏解决决心和解决方案而硬生生地把原本"新小易"的问题拖成了现在的"老大难"，引发群众诉求强烈，反复投诉。成都12345热线平台遂积极协调解决了市民重复反映的韦家碾三路"江山和鸣"工地深夜施工、地铁27号线羊犀立交站工地深夜施工、"九道堰改造工程"深夜施工造成的噪声污染问题等。秉持协商民主原则，协调部门和基层政府共同推动群众的事情，群众自己商量着办。这个看似不立竿见影、"积跬步致千里"的问题解决过程，实际却蕴含着大的民心账、政治账：不仅激发了群众的主体意识、政府的宗旨意识，更增进了群众与政府之间的相互理解。

从人民出发，坚持为民导向。在执政实践和治理过程中，是眼睛向上还是向下，是把对上级负责与对人民负责分开还是统一起来，会带来截然不同的治理选择和施政效果。12345热线平台属于后者，坚持民本导向，遵循底层逻辑。群众但凡有事情，都可以拨打；也无论事情大小，都会得到回应。正是这种最草根的平等性、最广泛的开放性及最真实的可靠性，使12345热线平台从设立之初的工具性和应用性升华为具有人民性、服务性等内在价值的执政平台，在诸多反映诉求的渠道中脱颖而出，成为群众最优先选择、最常态使用的途径。群众的高使用率和高认可率是对12345为民导向的最权威认证，也让执政方越来越深刻地认识到微观社会的小问题背后全都是事关民生的大政治。

由人民定位，坚持诉求靶向。党和政府一直都有想把事情做到群众心坎里的真诚愿望，但有的时候却事与愿违。12345热线平台从诉求入手定位需求，从而在相当程度上弥补了这种落差。其延伸效应还在于促使执政者在贯彻党的群众路线中认真应用调查研究的法宝，实现与人民的心心相印。由人民诉求来定位决策靶向，为政府更好地服务人民、回应人民关切，提高基层工作能力与水平增砖添瓦。

帮人民落地，坚持闭环思维。中国共产党追求知行合一，特别注重承诺与现实的一致性。12345 热线平台之所以深受群众青睐，"好用"只是一方面，更重要的是它可行又可信。"接得更快、分得更准"后，"办得更实"才是最终要求和根本目的。12345 热线平台不吝在这方面下足功夫。比如，建立健全"受理—转办—回访（评价）—归档"和具体承办单位"接收—核实—办理—回访—回复"诉求全流程"双闭环"机制，推动所有来电诉求高效回应与落实。力度更大的是开发建设 12345 热线平台办理移动端（政务版），12345 热线受理的企业和群众诉求内容可一键直达各级政府负责人。

交人民评判，坚持终端问效。中国共产党始终把"人民拥护不拥护、赞成不赞成、高兴不高兴、答应不答应"作为开展一切工作的出发点和归宿。但代表人民、为了人民，不是代人民做主。为人民服务得好不好，不能自己说了算，或者上级说了算，而是要人民说了算。12345 热线平台坚持人民标准，把公开作为最好的监督，将工作过程、工作成效的监督权、评判权交给群众，全流程公开不涉密以及个人隐私的群众诉求办理情况，从办结率、解决率和满意率三个维度问效于民。每月认真梳理群众不满意率高的投诉件排名，致力于提升问题解决的效率，比如，成都 12345 热线平台针对 2021 年 1 月、5 月、7 月、10 月富士康派遣制员工反复投诉存在的拖欠"返费"、工时差价等累计达 3464 次，积极协调高新区、郫都区、崇州市处理诉求；无法及时协商处理的，建议其通过司法途径解决。再如，梳理"京东自营店"所售产品存在质量问题又拒绝退货退款等累计 702 次诉求现状，督促京东务必尽快妥善处理。同时，将群众来电来信数量、办理量、超期未复量，以及群众对市级部门和区（市）县办理情况的满意率，也在网上向社会公开，问责于区（市）县和市级部门诉求办理效能。群众在整个过程中并非被动地等待，而是主动有为、积极参与的主体，是全过程人民民主的生动体现；而公开透明所带来的压力与鞭策，也对诉求解决方更快、更好、更实地提升效能、履行职能形成了有力督促。

二、在为企服务上靠前一步

习近平总书记明确指出，"必须把坚持高质量发展作为新时代的硬道理，完整、准确、全面贯彻新发展理念，推动经济实现质的有效提升和量的合理增长"①。2023年新春首会，在市委、市政府的统一部署下，召开12345亲清在线启动暨优化营商环境座谈会，以12345热线企业问题为导向，集成让企业少跑路的"蓉易办"、让企业多受益的政策"蓉易享"、让企业少烦恼的12345助企热线和企业多沟通的"蓉易见"四大服务方式，致力于为各类经营主体提供更加便捷、优质、高效、公平的服务，努力营造尊商重企、亲商助企的浓厚氛围，构建政企关系新生态，助力市场化、法治化、国际化一流营商环境建设，提升企业竞争力和城市吸引力，助推成都高质量发展。12345亲清在线上线一年以来，为企业提供各类政务服务3万余次，受理企业诉求11.04万件，兑现资金约16亿元，惠及企业1.55万家，开展线下活动2250场。

坚持"服务企业就是服务发展"理念，创新12345亲清在线。

优化营商环境是更大激发市场活力和社会创造力的内在要求，是推动高质量发展的重要举措。12345亲清在线是营商环境建设的创新实践，更是推进营商环境再优化再升级的重要抓手。

12345助企热线推动企业诉求有效解决，让企业少烦恼。建立"三专一智"工作架构，设立企业服务接听专席15个、服务企业专员48位，在全国探索建立12345热线企业诉求提速处置专班，由市委、市政府领导联系调度，1名市管副局级领导干部任组长，10余名市级部门优秀干部为成员，优化"专席、专员、专班"三专服务机制，完善企业诉求提速提级处置全流程、闭环式工作机制，对企业诉求开展全面提速提级处置、全流程跟踪回访、多维度数据分析，着力解决好企业的急难愁盼。

---

① 《中央经济工作会议在北京举行》，《人民日报》2023年12月13日。

针对非常紧急、涉及范围较大、跨区域跨层级、容易引发较大舆情的问题，报专班组长研究后依然无法解决的，报市委、市政府主要领导及相关分管领导及时提级调度，2023 年全年专班提速提级处置企业诉求 1.1 万余件，共报市领导提级调度企业共性问题 50 余次。组建 12345 热线特色新型智库，面向基层一线选择富有实战经验、有一定研究分析能力的优秀干部和市民群众作为智库成员，依托 12345 热线海量的数据资源，2023 年 8 月成立智库以来，108 名智库成员共提供智库成果 32 篇。其中，涉及解决企业共性问题的部分建议已转化，部分建议正在转化为政策措施，积极辅助党委、政府科学决策。

"蓉易办"推进政务服务高效便捷，让企业少跑路。优化"蓉易办"电子证照、数据分析、移动端、自助终端等应用功能，为企业生产经营提供登记注册、经营许可等 2822 项政务服务事项便捷办理。深化拓展政务服务跨域通办，公布第四批成德眉资无差别受理事项清单共 75 项。推进政务服务"好办""易办"，完善智能客服功能模块，实现企业群众办事智能搜索、连续追问、智能问答等。

"蓉易享"促进惠企政策精准普惠，让企业多受益。以惠企政策"直达快享"为方向，建设"天府蓉易享政策找企业"智能服务平台，面向企业开通政策查询、政策推送、在线申报、结果公示等功能，推动"企业找政策"向"政策找企业"转变。截至 2023 年底，平台形成企业标签 221 项，现存国家、省、市、区（市）县政策文件 2100 件，上线可申报事项 1680 件。

"蓉易见"实现政企沟通零距离，与企业常见面。建立完善常态化、制度化的线下政企沟通交流机制，成都市经信局、市科技局、市市场监管局等部门以及 23 个区（市）县主要及分管负责同志通过政企座谈会、政企咖啡时、政企早餐会等形式，面对面解决企业面临的各种问题。针对企业回访不满意诉求，建立专门台账，返回承办单位，责成再核实、再沟通、再办理，确因政策和客观因素解决不了的问题，由市、区（市）县两级产业部门定期开展企业点题、领导主导、部门答题、服务高效的"蓉易见"活动，做好沟通解释工作。2023年，共组织1.4万家企业开展线下活动2250场，收集问题建议2190条，解决问题2072个。邀请新经济及互联网企业代表、物业公司代表、青年创业者、基层企业服务人员等307名代表分9批次走进12345助企热线参加沉浸式体验活动，广泛听取对12345亲清在线意见建议，营造亲商助企、尊商重企的浓厚氛围。

遵循"没有最好，只有更好"标准，持续优化亲商助企环境。12345亲清在线作为以依托智慧蓉城建设优化营商环境的重要举措之一，通过一年的实践探索，四大服务方式线上线下相互促进、互为补充、融合发展，形成了一个"诉求"有效解决—"办事"高效便捷—"政策"直达快享—"线下"沟通顺畅的覆盖企业全生命周期的政务服务体系，一批企业所想、所急、所盼的事项得到了高效解决，企业的满意率、知晓率提升，12345亲清在线已打造成为成都营商环境特色品牌，切实推动涉企服务更加周到便捷、要素供给更加普惠精准、市场环境更加公平稳定，经营主体活力和发展内生动力进一步激发。成都市2023年继续位列全国营商环境标杆城市，获评全市幸福美好生活十大工程2023年"人民阅卷·十大市民点赞项目"，营商环境的提升正在迎来更多企业"用脚投票"，更多群众"用心点赞"。

切实解决了一批企业问题。12345助企热线受理量同比增加约7.5倍，企业诉求的解决率和服务满意率均达到97%以上，较2022年提升了约3个百分点。比如，针对企业上市合规证明开具的共性诉求，专门形成了《关于企业上市诉求问题分析及建议》，印发了《成都市信用报告代替无违法违规证明实施方案》，实施以专用信用报告代替无违法违规证明。此外，市领导针对新兴产业政策咨询问题、商户、小区水电气保障相关问题、工业企业"入园难"相关问题、规范"双减"后已有非学科类培训机构换证登记问题、餐饮业选址经营许可问题、旅游民宿开办经营审核及后续经营管理问题也进行了专题调度，印发了《成都市行政许可事项清单》《成都市餐饮油烟污染防治条例》等系列文件，明确了相关要件和流程。

政务服务更加高效便捷。"蓉易办"为企业提供各类政务服务 3 万余次，实现依申请政务服务事项 100%"最多跑一次"、90% 以上"可全程网办""一窗受理"；311 项"川渝通办"事项、166 项"成德眉资通办"事项高效通办；智能客服问题回答率达 90%、问题解决率超 80%。

惠企政策更加精准普惠。"蓉易享"政策找企业平台共汇聚 394 万余家经营主体基本数据，累计访问量超过 44 万余次，超过 15500 家企业通过平台进行政策申报，兑现资金约 16 亿元。

市场经营主体大幅提升。12345 亲清在线上线以来 11.04 万余件企业诉求中，涉及企业开办类为 5.5 万件，占比 53%。2023 年 1—12 月全市新增经营主体 60.18 万户，同比增长 3.75%，全市经营主体总量 389.12 万户。

做法精粹

———

小热线中蕴含的大城善治之道

老百姓的事，要实实在在干，干一件是一件，干一件成一件。

——2022 年 6 月 8 日，习近平总书记
在四川考察时的讲话

集成改革创新，打造人民热线

    成都 12345 以建设"人民热线"为根本遵循，牢牢把握党建引领这条主线，通过"一键回应"最快响应群众和企业诉求，通过专班机制聚焦解决重点热点和急难愁盼问题，通过以制领治、以智促治不断优化运营服务、提升服务体验感，实现了由相对单一的社会诉求受理转办中心向社会诉求处置调度中心、数据分析中心和实时感知预测中心的集成，向民情"总枢纽"和城市"总客服"的升级。热线运行的内在逻辑是：坚持为民导向，从人民出发；坚持诉求靶向，由人民出卷；坚持闭环思维，为人民答卷；坚持终端问效，交人民阅卷。是党"来自人民、服务人民、为了人民、依靠人民"力量之源、初心使命、工作方式的全面践行和深刻体现。2023 年 9 月，中组部将《成都热线 7×24 小时与千万市民"保持通话"》纳入《树牢正确政绩观读本》；10 月，中央主题教育办将"筑牢党和人民'连心桥'，打造成效检验'试金石'"纳入典型案例选编；11 月，《人民日报》以《实实在在办好惠民利民实事》为题介绍了成都 12345 热线的经验做法。

一、"党建引领、总揽协同"，构建整体全面组织领导体系

    习近平总书记强调，做好城市工作，必须加强和改善党的领导。党的领导不是空洞的、抽象的，而是实在的、具体的，体现在 12345 热线

服务的各领域各环节。

一是健全组织领导体系，高位统筹谋划，狠抓落地见效。市委统筹谋划、整体推进、督促落实，形成党委领导、政府负责、社会协同、公众参与、制度保障、科技支撑的工作体系。党委、政府主要领导不定期专题调度难点问题，既抓工作部署，又抓督导检查；既当"指挥长"，又当"施工队长"，一级抓一级，形成领导、指挥、协调、督办责任体系，有效推动问题加快解决。

城市更新，是妥妥的民生好事，但好事却不一定好办。关于老旧院落改造方面的投诉是 12345 热线收到的集中高频诉求之一。比如青羊区，被誉为最有成都老味道的城区。"当年走马锦城西，曾为梅花醉似泥。二十里中香不断，青羊宫到浣花溪。"陆游这首脍炙人口的诗句，就是对青羊这片土地的赞美。老有老的味道，也有老的烦恼。青羊区老旧院落改造数量和居民户数分别达到 569 个、53514 户，均居全市第一位。但居民群众却有很多意见，其中通过 12345 热线反映投诉的就占到 39.2%。

如何把好事办好、实事办实，让群众再次身临"锦江春色九天奇，浣花烟笼锁翠堤"的繁华胜景，点亮百姓的"宜居梦"，青羊区委、区政府对照 12345 热线反映的问题，系统梳理居民诉求，聚焦长效常治全周期，在全市率先探索形成了"区级主导、行业支持、街道主体、社区动员、居民参与"的治理模式，构建起组织领导、项目推进、监督治理三个常态化机制，创新推出"1144"工作法①。2022 年，"青羊区少城片区城市有机更新"获评成都市幸福美好生活十大工程"人民阅卷·十大市民点赞项目"，辖区 39 个老旧院落旧貌换新颜，再造了 3000 户居民"可视""有感"的幸福。

---

① 1144 工作法：坚持党建引领"1 个核心"，抓住群众自治"1 个关键"，推动改造资金筹措"4 个一点"，实现"4 个改造目标"。

二是充分发挥党建引领优势，推动党的组织体系和城市治理体系有机融合。以解决群众诉求为牵引，通过市、区（市）县、镇（街）、社区党组织上下贯通，社区、单位、行业党建多方联动，社区（村）总网格、一般网格、微网格和专属网格"3+1"体系的"微网实格"社会治理平台与城市运行管理架构一体融合，实现 12345 热线与纵向到底、横向到边的组织体系共筑，与"微网实格"治理体系联动，党建引领上下贯通、执行有力的治理体系发挥出强大的政治力、组织力、动员力、战斗力，有效保障了成都城市安全韧性的高质量发展，实现了新冠疫情防控期间刚性管控和柔性治理的动态平衡。

比如，群众对防疫物资和抗疫药品短缺诉求迫切而强烈，12345 热线短期内即收到大量反映。市委专题研究部署，相关部门闻诉而动，迅速组织生产和物资采购。并依托党建引领的"微网实格"基层治理体系，将平时的精细治理单元转化为应急突发的"战斗堡垒"，向重点地区、重点人群发放健康爱心包。病毒无情，邻里有爱。各种各类的社区"互助帮帮团"如雨后春笋般纷纷涌现。我捐一点、你帮一点、他换一下，爱心在不同院落、楼栋间持续传递。"微网实格"充分激发出邻里之间的互助友爱，使成都的疫情防控既有力量又有温度。2023 年 1 月 7 日，郫都区德源街道禹庙村党委副书记在国务院联防联控机制新闻发布会上作经验介绍："我们之所以能在短时间内实现健康爱心包的发放，主要是依托（成都）全市'微网实格'基层治理机制，每个微网格服务 30 到 100 户居民，具体到我们禹庙村共有 32 个微网格，微网格长长期和村民在一起，熟悉村民情况和需求，所以能应发尽发、快速补发。"

三是建立"12345+"协同联动工作体系，用热线汇聚服务合力。12345 跟 110、120 等紧急热线联动，非警务警情信息"一键直转"、相互推送，确保一般诉求"不漏项"，解决复杂事项"联不动"，推动风险隐患"不升级"；跟 12309 检察服务中心联动，围绕涉法涉诉问题专题研究调度，融入诉源治理，推动履行公益诉讼检察职能与群众诉求一体办理；跟巡察工作联动，群众通过 12345 热线反映的问题成为巡察重要线索来源，有力推动群众和企业急难愁盼问题的解决。

2022 年 2 月以来，蒲江县寿安街道松华社区群众通过 12345 热线重复反映小区用水难、水压低、水质浑浊等问题高达 100 余次。民生问题久拖不决，12345 与巡察联动机制启动。蒲江县委第三巡察组进驻县自来水公司开展专项巡察，在巡察利剑的有力推动下，箱式叠加给水设备施工完成，困扰 2000 多位居民几年的用水难问题在年底前得到彻底解决。

习近平总书记指出，"共产党就是为人民谋幸福的，人民群众什么方面感觉不幸福、不快乐、不满意，我们就在哪方面下功夫，千方百计为群众排忧解难"[①]。调查发现，很多诉求的产生，跟不作为、慢作为、假作为有关。2022 年，成都市委以 12345 热线为灵敏感知的探头，以"可视""有感"为标准，聚焦群众最关心关注的十个重点民生领域开展专项治理，推动解决群众身边急难愁盼问题，通过用心用力护住群众的利益，全心全意守住人民的心。

党群连心、政民互动是 12345 热线的灵魂所在。正是因为把坚持党总揽全局、协调各方的政治力、健全组织体系蕴含的强大动员力及责任监督体系发挥的推动执行力集成起来，才汇聚起"小热线大服务"的磅礴力量。课题组调查显示，有 76.0% 的受访市民认为通过成都 12345 热线提升了对党和政府的信任度。成都生动书写出 12345 热线"发生、求诉、感知、回应、解决、信任"这一逻辑理路的理想状态。

二、"枝叶关情、热线连心"，整合惠民利企统一服务平台

习近平总书记把关乎群众生活的每一件小事都当成实实在在的大

---

① 《习近平总书记两会金句》，《人民日报》2018 年 3 月 20 日。

事，他在上海担任市委书记时就深刻指出，"群众反映出来的困难，很多时候都是小事，但实实在在做好了，对于一个居民、一个家庭来说就解决了大问题"①。对于群众来说，12345 热线是最直接、最便捷的诉求反映渠道；对于党委、政府来说，12345 热线是最典型的"从群众中来"，最全面的调查研究平台。

一是"一号通""一网办"，最大限度方便市民群众。经过系统集成改革，至 2022 年 6 月，成都已完成 119 条非紧急救助政务服务热线的整合归并，搭建起集各级 2352 个领导网络信箱、短信、微信于一体的全天候 12345 社会诉求"一号受理""一键回应"平台，实现受理、办理、标准、流程、考核、共享"六个统一"，民生诉求归集率达 92%，荣获"中国改革 2022 年度地方全面深化改革典型案例"。

热线整合最大的受益者是市民群众。市民对 12345 热线的态度也从过去的记不住、不好打、不爱用转变为现在各种诉求反映渠道中的首选。课题组调查显示，12345 热线市民参与度接近八成；有 44.5% 的受访市民在遇到问题和困难时，会优先选择"拨打 12345 热线"。

群众反映的困难，对他们来说，都是天大的事。2022 年底，金牛区荷花池街道帮助河南农民工潘先生及其工友终于拿到了被拖欠半年有余的 2 万元工资。当看到视频中的女儿笑靥如花，潘先生三个月内两次千里迢迢的奔波与辛劳顷刻一扫而空。隔着屏幕，他确定地告诉女儿："等爸爸回家过年。"

千头万绪的事，说到底是千家万户的事。2022 年 12 月 17 日，接线员王英的一段服务录音感动了无数人。如王英所说，"这就是一次普通的服务"，是她们接听中心每天几万个来电之一；但它又是不普通的，因为王英当时正生着病，嘶哑的声音让人听着既感动又心疼。原

---

① 本书编写组编著《当好改革开放的排头兵——习近平上海足迹》，人民出版社、上海人民出版社 2022 年版，第 186 页。

本是反映诉求的杨先生最后将"您多保重"作为自己的新诉求。市民的关心和体谅让王英备感安慰和鼓励，也让入职刚过半年的她对热线工作有了更深的体会："我们接到的每一通来电背后，都是市民遇到的急事、难事、天大的事，也寄托着他们的信任和期盼。'他们'，是你也是我，是和我的父母、亲戚、朋友一样，是千千万万热爱这座城市的普通人。我们用一通电话帮助了他们，他们收获了暖意，我们收获了快乐，城市收获了美好。"正是无数个"王英"在自己平凡的岗位上架起了市民与党委、政府之间的那条桥梁，用近乎无闻的方式为 12345 热线与民同心、同线、同行的初心作出了朴素而动人的注脚。

二是创新集成 12345 亲清在线，最优服务助推企业发展。随着优化营商环境成为成都高质量发展、城市建设、政府治理越来越重要的主题，12345 热线也特别强化了服务企业功能。组建企业诉求提级处置专班，完善企业服务专席接听、接诉即办、专线受理、提级调度、跟踪督办等机制。"我希望每次新政策出台时，都有人主动跟企业对接，帮助我们利用好政策提高经营效率。""我的要求很简单，就是希望在企业遇到问题时，能第一时间找到直接解决问题的人，而不是等着研究研究。""各种证照办理流程能不能再简单一点，线上服务能不能再多一点，可以少跑一点路？""除了电话反映，能不能多增加一些面对面交流和反映问题的机会？"企业通过 12345 热线反映的诉求得到市委、市政府高度重视。政策落地落实怎么样，企业感受怎么样，企业的期盼和希望是什么，也正是市委、市政府的关心关切。2023 年成都新年第一会便是隆重启动 12345 亲清在线。新平台集让企业少跑路的"蓉易办"、让企业多受益的"蓉易享"、让企业少烦恼的 12345 助企热线及线下和企业多沟通的"蓉易见"于一体，致力于为各类市场主体提供更加便捷、更加优质、更加高效、更加公平的服务，为成都在更高起点、以务实举措打造市场化、法治化、国际化营商环境树起了风向标、发出了动员令。

"让企业每一个声音都能够听到，每一个诉求都能得到回应，每一条建议都能得到关注。"坚持"无事不扰、有求必应"，建立问题台账和闭环管理机制，对企业用地、用能、用工、融资等堵点难点问题用心办用力办、干一件成一件，千方百计帮助企业纾困解难、做优做强。坚持"马上就办、办就办好"，全面深化"放管服"改革，让数据多跑路、企业少跑腿，以高质量回应助推高质量服务，高质量服务助力高质量营商环境打造。坚持"政企直通、亲清有为"，打造惠企政策"一网查询""一键申请""一次办理"的统一服务窗口，把企业的事当成自己的事，确保"事事有反馈、件件有落实"。

由龙泉驿区经信局和属地街道帮助协调解决了诉求的四川中环创联科技有限公司总经理刘洪升连说了几个"没想到"。"没想到这么快就得到了处理，没想到要联动那么多部门帮忙，没想到那已经不抱希望的 20 万元损失还能再找回来，"然后他又连说了几个感谢，"感谢党和政府，特别感谢 12345 热线和企业服务专员，还有帮助我们的部门。"2022 年，成都 12345 热线共接到企业诉求 1 万余件，解决率 96.21%，满意率 96.14%。市网络理政办工作人员在企业座谈会上真诚地表示："12345 热线不仅要服务好市民，也要服务好企业。反映诉求、咨询政策、解疑释惑，欢迎大家常看、常用、常提问。"

中国共产党的每一步都是由人民托起的。每一件群众和企业诉求的背后，都是事关民心、事关发展的大政治。成都市委高度重视 12345 热线改革发展，多次深入调研、专题研究、重点部署，将其作为"倾听民声、服务民生"的主渠道。把"民生小事"作为党委和政府的"头等大事"来抓，这是执政信念，更是为民情怀。

三、"一键回应、一单到底"，树立全周期意识优化办理流程

习近平总书记对做好民生工作的要求是做实、做深、做细，强调："要持之以恒把民生工作抓好，发扬钉钉子精神，有坚持不懈的韧劲，推出的每件事都要一抓到底，一件事情接着一件事情办，一年接着一年干，锲而不舍向前走，做到件件有着落、事事有回音，让群众看到变化、得到实惠。"① 对群众反映的诉求"接得更快、分得更准、办得更实"是 12345 热线始终不渝的目标追求。

一是健全工作体系，夯实服务基础。区分咨询、投诉、建议、应急等诉求类型，实行分级化处置、差异化管理。针对需要跨部门解决的复杂问题，召集相关部门现场办公、集体会商、联合行动；针对本级难以解决的重点、热点诉求，提请上级党委、政府和行业主管部门协调解决，确保派单准确、流转顺畅、处置迅速。

为了提高诉求办理效率，成都各区（市）县结合实际创新服务方式。比如：高新区各区级部门以"找得到人、办得成事"为原则，各街道以"解决问题、高效办理"为原则，实行线上联合办公为主、集中研究会商为辅的工作形式开展服务，提升诉求处置力度和效度；锦江区按照诉求类型和紧急程度进行 A、B、C 等级划分，建立专人专岗专业服务模式，形成"集中受理、统一分拨、全程跟进、限时反馈"的工作机制，以"百分百贴心"做到"百分百回复"。

二是重塑服务流程，全面提质增效。建立健全工单直派、公开监督、回访沟通、接转联动、紧急联办、联动督查、通报考核、协调处置、学习培训、舆情预警"十大机制"，以及全闭环分类办理、全天候紧急联系办理、全流程公开透明、多方位办理监督、全周期研判调度分

---

① 《习近平谈治国理政》第二卷，外文出版社 2017 年版，第 361 页。

析通报联动和全方位热线应急灾备"六大体系"。在全国首提 12345 热线诉求"双闭环"机制，形成派单"受理—转办—回访（评价）—归档"、承办"接收—核实—办理—回访—回复"两个层面的全流程闭环式办理机制，确保诉求办理流程有序、可溯，有效推动所有来电诉求必回应，合理诉求必解决。

12345 热线到底好不好用，管不管用？课题组好几个成员都亲身体验过。有的咨询过防疫政策，当时就清楚回复；有的投诉过新房交房质量问题，转办部门会商已妥善解决；还有的发现有不明污水直排城市河道后便立即拨打 12345 反映情况，属地执法部门接到工单后迅速赶赴现场察看，已责成整改，并加大巡查力度，坚决纠治区域乱排乱倒问题。从接听到解决，工单流转像快递单查询一样方便，整个处置过程快捷高效。

课题组调查显示，受访市民对 12345 热线的服务质量评价较好，总体满意率达 92.6%；对热线工作人员服务态度和沟通能力评价较高，均超过 80%。即使是在疫情突暴期，也仅有 3.3% 的受访市民认为 12345 热线是不畅通的，反映出流程处置的标准化、规范化和较高的应急水平。

三是强化考评机制，突出"办成""办好"。12345 热线实行"阳光办理"，将工作过程、工作成效的监督权、评判权交给群众和企业。在接诉响应率、问题解决率和群众满意率三个核心指标中突出解决率和满意率权重，强化解决问题的导向和群众满意的目标，并据此对办理效能进行排名、通报、督办，倒逼责任落实和效能提升，有力促进了由过去注重程序上办结转变为注重实质上解决。

在部门和区（市）县座谈会上，大家普遍反映通报考核有效促进了履职尽责、解忧克难。比如简阳市为了解决热线满意率持续偏低问题，制定红黄牌预警机制，如果简阳当月在成都市排名为末三位，就会给本区域内排名末三位的部门、镇（街）主要领导记一张黄牌；还有四级督办机制，绝不让群众"最后一公里"诉求成为"最遥远的一公里"。2022 年 4 月，新都区住房发展服务中心（以下简称住房中心）陆续收到锦绣香城小区大量业主通过12345热线反映地下车库地面坑洼、翻砂严重的诉求件。经过现场核实后，住房中心第一时间要求物业企业尽快启动专项维修资金，但工作进展并不顺利。5月初，该工单以不满意件被再次转办。群众利益无小事，但很多小事解决起来绝非易事。顶着被通报的压力，住房中心决定迎难而上，经过施工进场、发生争议、被迫暂停、沟通协调、优化方案等阶段，像钉钉子一样一锤一锤敲，各方终于达成一致，施工工作重新启动。业主代表由衷说道："真的要感谢区住房中心和街道、社区的同志，跑那么多趟帮我们协调，让我们的维修资金用好、用实、用明白，也让维修工作终于得以有序推进！"

"12345，有事找政府。"这是热线设立的初心，也是恒心。它以草根的通道、全面的覆盖、彻底的平等和温情的服务、用心的回应、倾力的解决架起了党群连心桥、开启了政企直通车。"一个电话，让我办证少跑了很多路。"这是托付和信任。"部门及时解决了问题，你们是在真正意义上为人民服务。"这是认同和感谢。"我的救命药，你们真的给买到了！我为12345热线大大点赞。"这是感动和鼓励。"我知道不容易，辛苦。"这是理解和包容。一声声感谢，一句句表扬，一次次肯定，一面面锦旗……12345热线的"政绩"在群众和企业的口碑里。

四、"急难愁盼、专班来办"，强化机制提升应急服务效能

恪守人民至上，首要的就是要有一颗与民共情的心。习近平总书记强调："要对群众充满感情。有了感情，我们才会在看见老百姓遇到困难时吃不下饭、睡不好觉，才能千方百计创新各种方法为困难群众排忧解难。"[①] 疫情是对城市韧性的重大考验，也使12345热线遭遇前所未有

---

① 本书编写组编著《当好改革开放的排头兵——习近平上海足迹》，人民出版社、上海人民出版社2002年版，第226页。

的压力。成都坚持以"接听质量不下降、办理速度要提升"为标准,既经受住了疫情考验,同时也保留下了这座城市一如既往的温度。

一是组建提速提级处置专班,干出诉求回应"加速度"。2022 年"8·25"新冠疫情期间,成都及时组建 12345 热线诉求和舆情提速处置专班,市委领导统筹调度、靠前指挥、高位推进,从 20 余个部门抽调富有相关工作经验的副局级和处级干部组成专班,分三个片区开展工作。以"提速办""提级办""提质办"为切入口,打破常规处理流程,让群众和企业的诉求直达市委、市政府,也让诉求办理直抵急难愁盼。同时,各区(市)县也成立了相应专班,形成上下联动、齐抓共办的工作格局。比如疫情最重的成华区迅速组建热线专班,与市级专班时刻保持联动,实行 5 分钟转派、1 小时处置、不定时动态跟踪、24 小时回复的办理要求,为群众提供及时、高效、便捷、规范服务,实现涉疫问题日清日结。

二是创新工作机制,强化协同联动提级处置效能。各级专班把快速解决问题放在首位,不断创新工作机制和方法。市级专班创新"三化"工作机制,以"快、准、实、暖"为工作要求,不仅做好个案工单快速处置,也对工单共性问题和发展趋势进行研判,并转化成重点工作提示,对相关部门和区(市)县工作形成指导,实现个案处理扁平化调度、共性问题清单化管理、工作指导人性化服务,以"绝不让群众操心、烦心、揪心"的专班速度充分彰显了城市的组织力量和温暖底色。

各区(市)县也将创新专班工作机制、提升诉求解决效能作为重点,不断刷新为民服务新高度。龙泉驿区专班建立分类响应机制,将诉求分为一般诉求、群发诉求、特殊诉求、重点诉求,明确办理时限,每日复盘、动态跟踪,提升群众满意率、诉求解决率。新都区专班建立现场办公、部门会商、提级管理、专项交办工作机制,诉求办理满意率由之前的 95.3% 提升至 98.5%,平均办理周期由 3.1 个工作日压减至 1.35 个工作日,60% 以上诉求当日回复办结。

疫情让人们的生活节奏慢了下来，但热线却比以往更忙了起来。"我们原来一天的量可能就在 2.5 万个左右，疫情高峰期，我们的呼入量每天达 12 万以上，9 月 1 日当天更超过了 18.3 万。原来一人一天可能在 100 个电话以内，话务量激增后，我们在增加接线工作人员的同时，也延长了工作时间。"疫情打乱了岁月静好，但正因为无数人的负重前行才稳稳地守住了城市安全和市民幸福。接线员胥丽霞说："疫情期间，不少来电市民都比较焦急。如果电话另一端是我，我也希望能够有人赶紧接起我的电话，帮我解决问题。"8 月 25 日至 9 月 19 日 0 时，12345 热线平台共受理涉及疫情来电来信 158.79 万件，当场解答 140.16 万件，当场解答率 88.27%；转办 18.63 万件，办结率 98.01%。烟火成都，我们一起守护。专班在正面引导舆论、及时化解负面舆情、安抚市民情绪、帮助理解防控政策动态调整、快速解决群众和企业紧急诉求等方面发挥了积极作用。"12345 立了大功！"是市委给予的高度评价。

三是优化专班设置，固化工作模式，实现"平战转换"。市委、市政府以战促治，把好的经验及时固化为制度机制，精准把握市民诉求和企业诉求的差异，紧紧围绕破解各种疑难复杂问题，实行清单式管理、项目化推进，将热线诉求和网络舆情提速处置专班优化为"群众诉求提级处置专班""企业诉求提级处置专班"，常态化、长效化、专业化解决群众和企业急难愁盼问题，确保群众和企业反映的问题"干一件是一件、干一件成一件"。

热线电话背后有服务专班，还有各种各样的工作专班。其宗旨就是从解决一个问题延伸到解决一类问题，这也是通过 12345 热线见微知著、举一反三，实现"高效处置一件事、精准解决一批事、辅助决策全域事"的实践价值所在。甘肃货车司机李师傅还记得之前给 12345 打去求助电话的内容："我已经在车上住了 8 天了，水也喝完了，吃的也没有了，实在坚持不下去了。"疫情期间，诸如此类的货车司机群体诉求引起了广泛关注关切。而现在，位于彭州濛阳的"蔬心驿站"已经专门给他们建了一个"暖心之家"。"每天差不多就花70元吧，能吃上热乎饭、喝上温开水、洗个热水澡、停个放心车、睡个舒适觉、穿身干净衣，再跟大家聊聊天，性价比真的太高了。"李师傅满意地说。

各级干部是为了解决群众的实际问题而配备的。就是要往矛盾里走，往问题里走，要解决矛盾、解决问题。高质量发展需要更好的营商环境，幸福城市需要全面满足人民需求。群众和企业的每一条诉求，都寄托着对党委、政府的信任和期盼。习近平总书记反复强调，每一个领导干部都要拎着"乌纱帽"为民干事。谋民生之利、解民生之忧，不能只停留在口头上、止步于思想环节，关键在于换位思考、将心比心，勇于下深水、敢啃硬骨头。成都市委、市政府以12345热线为抓手，创新专班工作模式和机制，在解决群众和企业急难愁盼上打实仗、出真招，以回应速度、实干力度收获了城市温度、加固了民心信度。

五、"热线指津、施政所向"，集智聚力打造共建共治共享格局

党和政府有条件、有责任在解决老百姓民生问题上做更多的事。12345热线可谓民情民意的实时直播，是精准发现问题的首要环节、第一步。市委、市政府把12345热线当作民生诉求的"传感器"、营商环境的"第一线"。建设人人有责、人人尽责、人人享有的社会治理共同体因热线的覆盖面广、可及性强和参与度高而现实在感、未来可期。

一是把热线当作送上门的群众工作，全方位拓宽向群众和企业问需问计问政问效渠道。不仅通过热线渠道，还通过市政府官网、天府市民云、蓉城政事、社区微信群等线上平台，议事会、恳谈会、坝坝会、民情茶馆、企业咖啡时等线下平台听民声、汇民意、集民智、聚民力。市委紧紧围绕民生做优做强城市功能、推动产业"建圈强链"、迭代升级营商环境政策、加快"四大结构"优化调整、深入推进"智慧蓉城"建

设、深化"微网实格"治理，都是这样从民之所望成为政之所向的。

群众的诉求在哪里，改进工作的重点就在哪里。2022 年以来，成都公交公司陆续收到市民通过 12345 热线反映"公交车爱心专座有点少，有些横式座椅老年人坐着不安全"等意见。民有所盼，我有所应，"适老"公交车因应而生。它的地板放低了，几乎与站台平行；座椅变软了，老年人坐感舒适；显示屏字号放大两倍，不用放大镜也能看清楚；配有便民箱，常备老人不时所需的药品和物品；车内还设置有轮椅固定区和后门轮椅导板等；连驾驶员都是精挑细选的，经验丰富、起步平稳、性格温和而有耐性，还要对沿途医院、购物场所、公园景点、文化场馆都了如指掌，方便老人随问随答。处处留心皆爱心，成都用实际行动诠释了"全龄友好、幸福出行"的服务理念，通过护住父母的"安全"让奔波的子女"安心"。12345 热线好比一根指挥棒，帮助党委、政府以诉求定位需求，把好事办优、让实事更暖心。

二是践行新时代"枫桥经验"，坚持发动和紧紧依靠群众从源头上化解矛盾。群众通过 12345 热线反映的部分诉求，有时并不需要大动干戈，通过发动组织群众协商自治就能解决。群众在此类诉求的解决中既感受到公平正义，也认识到理性反映诉求、协商解决问题的价值意义，既是示范，又是教育。及时把矛盾纠纷化解在基层和萌芽状态，能够从源头上大大减少 12345 热线的诉求反映量，也是与时俱进运用群众路线、解决人民内部矛盾的集中体现。

噪声扰民一直都是 12345 热线受理的高频投诉问题，温江区涌泉街道也有同样的烦恼。但一边是上班上学族对安静环境的需要，一边是退休族对康体娱乐的需要。两边都是民意，怎么兼顾才能让双方都满意？要发挥社会各方面作用，激发全社会活力，群众的事同群众多商量，大家的事人人参与。据了解，温江亚洲湾广场早、晚共有 21 支广场舞队750 余人。街道党工委不想再唱、事实上也唱不了"独角戏"了，于是将此列为"有事来协商"第一议题，把每支队伍的负责人、骨干，以及周边居民代表、城管队员、社区民警等约到一起"聊",大家敞开心扉、换位思考、互谅互让、共商办法。事情说敞亮了,问题也就好解决了。共建共治的成效是,2022 年的广场舞扰民投诉比 2021 年下降 73%。

三是营造向上向善向好社会氛围,激发全民主动积极参与城市建设活力。引入媒体资源,推出《12345·热线连民心》《12345·真情面对》《12345·民声回音壁》等系列融媒体栏目节目,营造出理性温暖、积极向上、向善向好的社会舆论氛围。不仅大大提升了 12345 热线的知晓率,也让广大群众和企业更加了解了 12345 热线的可行与可信,进一步激发了大家主动积极参与城市建设的热情,城市活力欣欣向荣。

12345 热线汇集的诉求中不仅有求决求助,也有大量对城市建设的关心关注。市民关于"能不能把各个职能局的相关政策分门别类汇总起来,便于企业自助查询?""中小微企业政策,三者之间区别较为模糊,能不能做一个三级政策细化?""城市绿道周围的花卉绿植能否更加丰富多样?""共享单车乱停乱放严重影响市容市貌,能不能加大规范管理力度?"等意见建议都通过 12345 热线反映汇聚并被研究采纳,进而转化为一项项利企惠民的具体举措。2022 年,成都 12345 热线共收到意见建议 10 余万条,问题清单、建议清单变成各级部门的履职账单、市民群众的幸福账单,"人民城市人民建"蔚然成风。

城市是载体,人民是主体。热线建设、城市建设的伟力根植于民众之中。共建共享、集智共治是习近平总书记反复强调的立场、观点和方法。12345 热线调动各方治理主体力量主动有为、积极参与,共谋城市发展、同享城市美好,是人民城市人民建的生动体现;是突出人民主体地位,全过程人民民主的充分彰显。

六、"绣花心"配"绣花针",深化超大城市敏捷科学治理

提高城市科学化、精细化、智能化水平是习近平总书记对超大城市

治理提出的具体要求。他对于强化城市智能化管理，更多运用互联网、大数据等信息技术手段非常重视；对于把服务管理的触角延伸到城市的每一个角落非常重视。关于城市治理，"应该像绣花一样精细"。成都市第十四次党代会提出，积极探索超大城市现代化治理新路径，提升城市智慧治理水平。2022 年 6 月，《成都市"十四五"新型智慧城市建设规划》出台。12345 热线积极发挥社会诉求感知平台作用，融入智慧蓉城"王"字形架构，实现城市运行态势实时感知、风险隐患智能研判、突发事件协同处置，全面提升公园城市智慧化、精细化、科学化治理水平。

一是构建城市运行中枢，科技赋能磨亮城市治理"绣花针"。优化顶层设计，成立城市运行中心，形成"纵向到底、横向到边、线上线下相互支撑"的工作落实体系和"感知发现、决策指挥、反应处置、终端反馈"的闭环管理体系，城市运行"一网统管"、政务服务"一网通办"、数据资源"一网通享"、社会诉求"一键回应""四个一"建设系统推进，为城市提供了精细化治理的"绣花针"。聚焦 12345 热线反映收集的经济社会发展和城市运行管理最难啃的骨头、最突出的隐患、最明显的短板，通过数据赋能、体征梳理、平台支撑、场景设计，及时发现问题、分配问题、处理问题、反馈问题，在数智惠民、数智增效、数实融合方面取得积极进展，创新案例层出不穷。

一直以来，医疗救助领域"政策复杂、部门多、审核慢、流程繁、周期长"，是群众通过 12345 热线反映的急难愁盼诉求。为"守好人民群众的'保命钱''救命钱'"，新津区坚持人民至上，深化医保公共服务"一网一门一次"改革，在全省率先开发医疗救助"一键通"系统，精准识别救助对象身份，按最大化原则自动生成最优方案，防止"少救漏救"和人为干预。兴义镇罹患恶性肿瘤的王婆婆，住院治疗花费 8.1 万元，个人承担 7.6 万元。"我搞不懂那些救助政策，也没有精力去来回折腾，是'一键通'帮助我不仅实现零跑路，而且获得了 5 万元救助金。

我虽然躲不过病痛,但感谢政府让我还有坚持活下去的希望。"王婆婆感动地说道。

二是全面感知预警风险,实时紧扣城市安全命脉。全量汇聚社情民意数据库,建设以诉求量、类别、地域、考核排名、城市问题台账为主要内容的大数据分析决策平台,实时动态监测社情舆情,提高风险性问题主动治理能力。围绕高频问题、高频区域通过智能预案管理生成事件,做到城市风险"早发现、早预警、早研判、早处置",防患于未然,化风险于前端。

针对市民关于"路灯不亮,井盖没盖,存在安全隐患"的频发诉求,成都市城管委依托照明物联网大数据平台为路灯赋上"身份证",市民可扫码报障。截至 2022 年底,已完成 1700 座井盖智能监测设备安装调试及 67470 座井盖基础数据普查,有效守护城市安全和市民平安;武侯区针对 12345 热线居高不下的消费纠纷诉求,专门开发在线消费纠纷解决系统(online dispute resolution,ODR),省去中间环节,工单直派企业。通过一个个快速分散化解,预防个体性诉求升级为群体性诉求、群体性诉求演变为群体性事件。成华区启动 12345 热线智能感知预警平台,强化智能感知、多维研判、监测预警能力,从源头上掌握主动权。

三是数汇、数报、数算,精敏研判助力科学决策。建立"日通报、周研判、月分析"机制,定期汇总群众诉求情况,"算"出民生痛点、治理堵点,智能分析事件发展特点和规律,辅助经济治理、社会治理、城市治理科学决策,实现公共安全更加稳步精准、公共管理更加高效精细、公共服务更加优质精致、应急处置更加灵敏精干。

习近平总书记指出:"让城市更聪明一些、更智慧一些,是推动城市治理体系和治理能力现代化的必由之路,前景广阔。"[1]12345 热线不

---

① 《习近平关于城市工作论述摘编》,中央文献出版社 2023 年版,第 115 页。

断提升社会诉求数据分析能力和智能化辅助决策能力，哪里有燃气泄漏、哪里发生了遛狗咬伤路人、哪里的地铁站点设置不合理、哪里出现了交通拥堵等，在多维度大数据分析引擎平台和多终端显示的智能化辅助决策平台上一目了然。时间嘀嗒一秒，屏幕上的全境动态信息地图就闪动一下。调研中，不少干部反映："过去开展工作多凭经验感觉，现在我们有了诉求地图，心中有底、心中有数。"

四是细心、耐心、巧心，"绣花心"绣出幸福美好生活。推进城市治理，根本目的是提升人民群众获得感、幸福感、安全感。要坚持从群众"三最"需求和城市治理突出问题出发，把人性化和科学化结合起来。这就要求一流城市的一流治理不光体现在智能化的"绣花针"上，更要体现在细心、耐心、巧心的"绣花心"上。

城市不光要更聪明，还要更温暖。新冠疫情期间，市残联持续开展暖心关怀送上门"敲门问需行动"，市民政局及时发布《关于加强对全市空巢独居老年人、残疾人、散居特困人员等特殊困难群体疫情防控和生活服务保障的紧急通知》，确保特殊困难群体监护跟踪服务不挂"空挡"，一个都不能少。技术发展终究是为了人的发展。所谓科技赋能，赋的也是更好服务于人之能。在掌握和运用新技术的同时，在技术很大程度上解放人的同时，各级干部更要走街串巷、寻访乡野，到群众中去，叩开房门、打开心门，交心谈心、贴心暖心。

"天下大事，必作于细。"一座城市的品质，不在于建了多少高楼，往往就体现在细节中，体现在以人为本的境界上。一流城市治理的出发点和落脚点，归根到底都是为了满足人民对美好生活的向往。只有"绣花心"情怀配上"绣花针"工具，才能随时随地捕捉问题、精益求精优化对策，不遗漏一个人、不放过一个角落，用最前沿的技术、最精细的治理抬高公共服务底线、筑牢人民幸福高线。

热线牵引，开辟城市治理新境界

从建设到发展，成都 12345 热线平台充分发挥民意表达通道、民智集中平台、民力凝聚机制等作用，形成了具有鲜明特点、功能优势的生动实践，是典型的以小见大、见微知著的执政实践，以提升服务功能收获政治功能效益。30 余年来，平台围绕打造"城市发展的总客服、社情民意的总平台、社会治理的总切口、服务民生的前哨兵、辅助党和政府科学决策的参谋员、城市治理的助推器"等目标，所取得的成绩是可感可视可观的。"老百姓越来越离不开、党和政府越来越依赖"是对成都 12345 热线平台生命力的最好描绘。

同时，为全面了解市民对成都 12345 热线为民服务情况的感受和评价，我们还专门设计了 30 个问题，通过线下＋线上相结合的形式，在成都全市范围内开展了广泛而真实的问卷调研。其中，线下面对面访谈问卷 1039 份，线上通过天府市民云发放问卷 6148 份，共计收到有效问卷 7187 份。经过专业统计软件 SPSS 的信度和效度分析，本次调查数据的总体信度在 0.90 以上，表明调查结果可信度高，数据质量好，能够真实反映对 12345 热线的知晓度、满意度评价和使用、需求情况。

一、高位统筹、高位谋划，体现以诉促办高度

群众和企业反映的诉求中，既有一般性诉求，也有大量跨部门、跨

领域、跨层级诉求，更有历史遗留的老大难诉求。12345 热线坚持求解思维和不避重就轻原则，以"啃下硬骨头"的决心，高位统筹、提级提速提质提效办理，通过事件处置推动顶层设计。

一是在提级办理方面彰显高位统筹。12345 热线作为城市运行中枢，在部门、区（市）县和承担公共服务职能的企事业单位中起着穿针引线作用。建立诉求分类目录，按照管辖权属和职能职责，直派或双派工单到相关部门和区（市）县。诉求量较大的单位选派专人"驻守"12345 热线，确保群众和企业诉求派发准确、流转顺畅、处置迅速。建立分级协调办理机制，对本级难以解决的重点、难点诉求，提请上级党委、政府和行业主管部门协调解决。

解决民生问题，关键要见诸行动、取得实效。例如，居民反映停电带来电梯消防隐患、小区与工业园区电路相连停电频繁，影响正常生活，企业反映停电导致设备损坏、无法正常生产经营。城市居民小区供配电事故处理、转供电违规加价、电动汽车充电桩安装难等，更是居民集中大量且反复投诉的焦点问题。据统计，2022 年 1 月至 10 月，成都市居民小区故障停电中，有 54.72% 是由居民小区内部供配电设施运维不善、年久失修导致的。但因为这项工作涉及市住建局、市经信局、市财政局等部门以及供电公司、小区物业服务人等，仅靠街道社区层面难以解决。列入市级协调解决事项后，《成都市居民小区（院落）用户供配电设施移交供电公司维修养护的行动方案（2022—2024）》已于 2022 年 12 月印发，城市居民小区供电服务质量将得到显著提升。

二是在处置专班方面彰显高位谋划。新冠疫情期间 12345 热线也遭遇了前所未有的压力。成都坚持"接听质量不下降、办理速度要提升"标准，在疫情防控指挥部的统一调度下，及时组建 12345 热线和网络舆情群众诉求提速处置专班，聚焦重点难点热点、紧急疑难问题，以高位统筹调度、高效研判处置为原则，把快速解决问题放在首位，在正面引导舆论、安抚市民情绪、帮助理解防控政策动态调整，防止矛盾积累演化、风险升级变性等方面发挥了积极作用。

知重负重、防患于未然。2022 年"8·25"新冠疫情期间，集中隔离的 1 名外省人员突发昏迷。事件紧急就是号令，提速处置专班坚持生命至上、救治第一，及时督促武侯区委、区政府第一时间成立专门小组负责协调沟通，并赶赴武侯区华兴街道现场指导，全力协调华西医院，用心用情做好救治工作。经过专班的重点跟踪督导，专门小组也持续做好相关人员的心理疏导、慰问安抚工作。事情得到及时有效解决，挽救了生命，收获了人心，可能发生的舆情风险得到有效化解，充分体现了城市的组织力量和温暖底色。

二、感知风险、辅助决策，体现大城善治深度

一流城市要有一流治理。超大城市治理对科学化、精细化、智能化提出更高要求。12345 热线蕴含的海量数据资源为城市治理及时感知、快速反应、协同处置、有效预防提供了依据，是统筹城市发展与安全的重要支撑。大城因治理深化而品质升华。

一是在数"治"方面彰显科学精敏决策。成都 12345 热线作为智慧蓉城建设的重要组成部分，其汇集的数据中蕴藏着真实性高、可靠性强、覆盖面广、时效性强的社情民意信息，是施政的导向、决策的依据。平台"数聚"致力于建设以诉求量分析、类别分析、地域分析、考核排名、问题台账为主要内容的大数据分析决策平台，诉求热力图、分布类型、高频事项落点落图落位；"数（诉）说"精准"算"出群众和企业诉求最集中的痛点、难点、堵点；"数服"为市级相关部门提供行业数据定制导出服务。

科技赋能，以"智"促"治"。12345 热线建立的多维度大数据分析引擎平台和多终端显示的智能化辅助决策平台，可基于时间、空间、人物、事件、类型等数据画像完善诉求场景，正在筹建的 12345 热线知识

大脑项目也将全面提升智慧蓉城社会诉求感知平台综合服务能力。城市治理中依靠传统的人海战术和一般的技术手段看不清楚、管不过来、处理不了的很多问题，都可以从数据资源中寻求更优解决方案，甚至更早预见风险。干部们普遍反映，把分散的信息系统整合起来以后，实战中管用、基层干部爱用、群众也感到受用。

二是在数"报"方面彰显城市安全命脉。城市治理，稳定为基。进入新发展阶段，统筹发展与安全已成为体现城市治理现代化水平的重要标志。12345热线每日梳理出"紧急联系办理诉求"形成汇报；每周研判潜在性、苗头性、趋势性问题形成专报；按月编印热线运行分析报告；每季度筛选出热点问题形成季度专题报告。疫情期间的12345热线诉求和网络舆情提速处置分析专报更细化到每日处置概况、办结的典型问题、前期处置案例续报、易引发舆情的敏感问题并提出工作安排和建议。

安全第一、预防为主。针对市民反映的楼栋安全出口、疏散通道、消防车通道被占用或堵塞，存在较大安全隐患的投诉，12345热线第一时间建议各区（市）县组织力量立即进行排查，加强消防安全检查指导，规范消防控制室、微型消防站值班值守，开展针对性消防宣传教育，引导群众、员工加强用火用电用气安全管理，尤其是要坚决确保消防车通道、安全出口、疏散通道等畅通，紧急情况能迅速打开，保证人员第一时间疏散，坚决防止群死群伤火灾事故发生。

三、便民为先、以制领治，体现高质服务效度

治理为首，服务为要，便民为先。党的十八大以来，党中央对"互联网＋政务服务""数字政府""智慧城市"等建设提出一系列新要求，地方实践趋势正从政务服务向公共服务、便民服务延伸，向超大城市综合治理方略深化。成都12345热线通过扩容升级、服务外包、整合归并、

提质增效、建章立制，不断优化运营服务，基本实现"一号通""一网办""一键回应"，成为群众和企业诉求表达的综合性服务平台、超大城市整体性治理枢纽。

一是在"一号通""一键回应"方面彰显效度。成都从 2015 年开始对政务热线进行整合归并，到 2021 年已完成 119 条非紧急救助政务服务热线的整合，集成市、区（市）县、乡镇（街道）三级 2352 个领导网络信箱，构建起全市统一的 12345 社会诉求"一号通""一键回应"平台。随着优化营商环境成为高质量发展、城市建设、政府治理越来越重要的主题，12345 热线也特别强化了服务企业功能。通过开设专用账号，配备服务企业专员，确保全年 365 天、7×24 小时快速受理群众和企业来电，以高质量回应诉求助推高质量服务，高质量服务助力高质量营商环境打造。

二是在制度建设方面彰显效度。建章立制水平直接反映了 12345 热线的发展水平。经过多年持续的制度建设，成都目前已形成"10+6"制度体系，通过建立健全涵盖受理、转办、承办、监督、考核等各环节的标准流程与成熟规范的工单直派、公开监督、回访沟通、接转联动、紧急联办、联动督查、通报考核、协调处置、学习培训、舆情预警十大工作机制，逐步形成全闭环分类办理体系、全天候紧急联系办理体系、全流程公开透明体系、多方位办理监督体系、全周期研判调度分析通报联动体系和全方位热线应急灾备体系等六大体系，确保群众和企业诉求"接得更快、分得更准、办得更实"。

四、问政问计、问质问效，体现共建共享热度

共建共享、集智共治是习近平总书记反复强调的立场、观点和方法。12345 热线调动各方治理主体力量主动有为、积极参与，是人民城市人民建的生动体现。

一是在意见建议征集方面彰显热度。12345热线不光汇集诉求，也收集意见建议。其中不乏关心城市建设、精通城市管理的真知灼见。2021年，成都12345热线共收到意见建议7万条，2022年收到10万条。同时通过引入第三方专业智库和数据公司，将人口数据、地理数据、气象数据、房屋数据与热线数据融合分析，对居民诉求进行趋势研判和模拟预测。高质量发展、高品质生活、高效能治理让成都市民的获得感、幸福感、安全感显著增强。

城市是载体，人民是主体。调查中，市民反映"今天生活条件一方面肯定是越来越好了，但另一方面想找个缝衣服、扦裤脚、配钥匙、磨菜刀的摊点还真不容易，能不能在社区周围增加这方面的生活类服务？""现在地铁快捷、网约车方便，坐公交车上下班的已经很少了，但我们依然保留了大量公交专用道，造成交通高峰时段一边拥堵、一边却空荡荡的状况，可否在科学研判基础上进行合理调整？""弱视、色盲等人群看红绿灯有障碍，能否增设语音播报以保证他们的过马路安全？"等意见建议都通过12345热线反映汇聚并被研究采纳，进而转化为一项项利民惠民的具体举措。人人有责、人人尽责、人人享有的社会治理共同体氛围蔚然成风。

二是在政民互动方面彰显热度。12345热线坚持人民评判标准，把公开作为最好的监督，实行"阳光办理"。市民可以随时随地查询诉求工单办理全过程，了解自己反映的问题到了哪个部门、谁在办理以及办理进程，热线工单像"快递单"一样清晰可查。强化解决问题的导向和群众满意的目标，在按时办结率、诉求解决率和群众满意率三个核心指标中突出"办成""办好"权重，由过去注重程序上"办结"转变为注重实质上"解决"。

"干部是为解决群众实际问题而配备的。"12345热线开发上线办理移动端（政务版），热线受理的群众和企业诉求内容可一键直达各级政府负责人。2021年，各级政府负责人签办回应诉求共65879件，有效联通和增强了政民互动，坚持和巩固了人民对党和政府的信任度。

五、党群连心、政企直通，体现利民惠企温度

大国之事千头万绪，但万流归宗指向人民的幸福安康。胸中有大局，更要有人民；一切以人民为上、事事以人民为先，不仅要记在心上，更要落实在想问题、作决策、办事情的各个环节。12345 热线通过推动解决群众和企业"三最"问题、急难愁盼问题，把对群众和企业最真的情转化为最实的举措。

一是在遵循底层逻辑方面彰显温度。为什么人、靠什么人的问题，就是中国共产党的底层逻辑，也是新时代我们党全部理论和实践的鲜明底色。12345 热线没有任何门槛，以最平等的理念、最广泛的包容给予群众和企业最大的诉求表达自由。如果说中国共产党是人民的党，是为人民服务的党，那么 12345 热线就是人民的热线，是遵循党的信念宗旨，在人民身边、24 小时为人民服务的热线。热线全部工作的目的、意义和价值就是要为老百姓办事，把老百姓的事情办好。

枝叶关情，热线连心。12345 热线始终坚持与民同心同向同行，诸如"工业园区内没有微型厂房，哪里才有资源场地？""城市的智慧导盲设施不足，无法保障盲人出行安全""疫情防控政策是不是科学精准，有没有充分关照到独居老人、儿童、孕妇、重病求助就医者等群体的利益？"等诉求，12345 热线都全心全意倾听、全力以赴回应。从诉求接听到问题解决，体现的不仅是治理的效能，更是城市的文明和温度。

二是在办好每件小事方面彰显温度。让群众叫好，是最难的，其实也是最简单的，就是要把事情办到群众心坎里。中国共产党的为民宗旨、习近平总书记的为民情怀都告诫我们：我们党的执政水平和执政成效都不是由自己说了算，必须而且只能由人民来评判；检验我们一切工作的成效，最终都要看人民是否真正得到了实惠，人民生活是否真正得

到了改善，人民权益是否真正得到了保障。同样，12345之所以能成为党群连心线、政企直通车，也是因为它从来不是党委、政府的"自选"项目，而是全部来自群众和企业的期盼。

"做群众工作，要善做小事。"2022年2月28日上午，邛崃市市场监管局收到家住临邛街道柏树村的毛先生送来的印有"保民财产 尽职尽责"的锦旗，感谢成都12345热线和邛崃市市场监管局为其挽回之前通过微信从贵州省白云区的一家农业科技公司购买桑黄1.24万元的经济损失，让他重拾生活的希望和信心。钱不算多，但却几乎是毛先生全部的积蓄。事情发生在2月23日，办理工单流转至邛崃市市场监管局。面对跨省诉求，愿不愿意接招，敢不敢协调？他们随即成立工作专班，将这个问题提级办理，并请求市局、省局帮忙处置协调。经过多方努力，既以情感人，又以理服人，更以法育人，商家最终同意退货退款。

"政策好不好，企业说了算。"2022年7月下旬的某天，成都高新区健道健身工作室负责人邓军收到了政策申报"审核通过"的短信通知。"没想到，一次不经意地拨打12345热线行为，给我自己带来这么大的便利和惊喜。"邓军说。原来，一年多前，自主创业的他听说高新区扶持政策多、政策好，就在高新区登记落户了企业。但后来申报政策、项目的时候，遇到了"三难"——及时获取申报信息难、申报资料填写难、申报成功难。于是，他试着拨打12345热线反映了情况和诉求，本来没有抱什么希望的他却遇到了"三个没想到"：没想到高新区的工作人员专门拜访他听取意见建议；没想到高新区很快推出了"高新通"企业服务平台和"成都高新企业服务"微信公众号；没想到高新区还持续优化平台功能，政策申报从"线下走向线上"、从"有纸化走向无纸化"、从"PC端走向移动端"，政策落地可及性、便捷性和企业满意度、获得感持续提升。

公园城市治理，打造现代化建设样本

成都以建设人民城市、幸福成都为目标，以 12345 热线为抓手，一年一个节点，一步一个脚印，将执政为民作为党之大计、国之大者、政之要义根植于城市治理中，带给成都品质生活、精细治理、韧性发展日新月异的变化。解决民生问题，成都是动了真情、下了真功的。作为成都市统一受理群众和企业诉求的热线服务平台，12345 热线经过系统集成改革，服务能力"提起来"；建立诉求提速提级处置专班，应急效能"强起来"；创新集成企业服务平台 12345 亲清在线，营商环境"优起来"，人民群众的获得感、幸福感、安全感显著增强。12345 热线成为名副其实的党和群众的"连心桥"、政企互动的"直通车"、城市运行的"晴雨表"、科学决策的"指挥棒"及干部素质的"训练营"。"可视"数据与诸多"可感"案例的背后，是党建引领下，一条热线所牵引的城市治理变革，形成了公园城市示范区治理现代化的建设样本。成都为实现人民对美好生活的向往提交了一份情深意重的答卷。

一、探索了党建引领超大城市治理"新机制"

习近平总书记强调："中国共产党是中国特色社会主义事业的领导核心，所以必须加强和改善党的领导，充分发挥党总揽全局、协调各方的领导核心作用。"①成都做实做强12345热线启示我们，要以有效载体实现党的组织体系和城市治理体系的深度融合，将党的领导优势充分转化为城市治理的强大效能，探索适应超大城市特点和规律、以高质量党建引领超大城市治理现代化的新机制。一是以党的政治优势提升城市治理能力。坚持把党的领导摆在首要位置，构建起党委领导、政府负责、社会协同、群众评价的热线引领城市治理机制，通过把党的领导落实到城市治理的各领域各方面各环节，压实党委主体责任，为提升城市治理能力提供了坚实的政治保证。以党的组织优势汇聚基层治理的强大合力。12345热线串联起市、区（市）县、镇（街）、社区四级领导机制，以基层党组织为重心，以党员干部先锋模范作用为保障，形成了齐心协力、齐抓共治的工作格局，以"一竿子插到底"打通了城市治理的"最后一公里"。新冠疫情防控期间，通过搭建"社区（村）总网格党组织——一般网格党支部—微网格党小组"组织动员体系，13.93万名到社区报到党员带动市域内60万疫情防控力量同心抗疫。基层治理的平时机制迅速转换为社区防控的战时机制，交出了一份应急治理的"成都答卷"。二是以党的密切联系群众优势增强党员干部的为民情怀。以12345热线为抓手，各级党员干部将群众诉求直接转化为"执政行动力"，"当官即（为民）办事"，"政务即（为民）服务"。发现问题"从群众中来"，解决问题"到群众中去"。锦江区从事网络理政工作的干部小戴认为："群众有很多的诉求表达渠道，但相比之下，12345确实是反应最快的。"12345热线以"马上就办、办就办好"的态度，用心用情用力解决群众急难愁盼问题，把好事实事做到群众心坎上，在实践中处处体现着为民造福是最大政绩。

---

① 习近平：《毫不动摇坚持和加强党的全面领导》，《求是》2021年第18期。

二、形成了以人民为中心发展思想"新实践"

人民是中国共产党的精神基因。习近平总书记强调,"中国共产党把为民办事、为民造福作为最重要的政绩,把为老百姓办了多少好事实事作为检验政绩的重要标准"①。只有坚持以人民为中心的发展思想,坚持发展为了人民、发展依靠人民、发展成果由人民共享,才会有正确的发展观、现代化观。一是突出人民群众的主体地位。12345 热线"一键回应"就是践行初心使命,就是践行党的宗旨。人民群众真正成为治理问题的发起者、治理过程的参与者、治理成效的受益者、治理程序的监督者,让人民民主广泛、真实、管用的重要特征生动化、实践化,让全过程人民民主落地生根,看得见、摸得着。二是贯彻民生主导的治理导向。12345 热线树立了人民群众主导的价值导向,构建了以响应率、解决率和满意率为基础的反馈机制,积极解决人民群众反映的问题和诉求。人民真正成为城市治理的主体,实现了党委、政府工作围着百姓转、治理重心下沉的目标。三是提升联系群众、服务群众能力。群众路线是中国共产党的老法宝,在今天非但不能丢弃,反而要在新的治理场景中更好发扬。12345 热线以诉促办提能,干部们直奔一线、深入实际、现场解决问题的工作作风越发鲜明。市网络理政办专门负责数据分析的老文说,"看到有的诉求时,真的心都是揪起的,恨不得亲自去帮他们解决"。部门和区(市)县围绕解决群众诉求,积极探索创新,涌现出"三服务三提升"②、提供企业开办服务"大礼包"③,以及"把超市搬到家门口"、公交买菜专线、"轻松办"、"能办尽办"、"一件事一次办"等一

---

① 《习近平关于尊重和保障人权论述摘编》,中央文献出版社 2021 年版,第 42 页。

② 三服务三提升:服务群众,提升满意度获得感;服务企业,提升营商环境建设质效;服务驻区单位,提升共建共治共享水平。

③ 企业开办服务"大礼包"包括:一窗办理、一事办理、一对一帮办代办、一个生命周期服务。

批创新做法和暖心举措。党的密切联系群众优势在新时代成都得到充分发扬和全面彰显，12345 热线成为城市运行的底线、干群之间的"连心线"，是名副其实的"人民热线"。

三、实现了超大城市治理能力"新提升"

"民之所忧，我必念之；民之所盼，我必行之。"习近平总书记指出："推进国家治理体系和治理能力现代化，必须抓好城市治理体系和治理能力现代化。"① 一是提升党委、政府破解难题的能力。以问题场景化治理为导向，针对 12345 热线诉求中发现的便民停车难、办房产证难、大件垃圾清运难等重难点问题进一步理顺条块关系、厘清职责分工，为牵头部门在解决问题过程中加强统筹、相关部门协同联动提供可操作、制度化的工作指南，逐步成为基层解决具体问题的工作指引。二是促进城市治理更加简约高效。各区（市）县、各部门围绕高频事项、高频区域持续发力，对突出问题、共性问题进行规律性研究。将精准回应式的接诉办理与积极行动式的主动治理有机结合，逐步探索出一系列新机制新办法，给城市治理带来了前所未有的新变化。党委领导、政府负责、公众参与、多元共治的城市治理格局日臻形成，法治、德治、善治、细治、智治水平得到提升。推动以群众诉求驱动超大城市治理的深刻变革，逐步形成以 12345 热线为牵引的超大城市治理的成都实践，更健康、更宜居、更安全的公园城市示范区治理效能更加凸显。三是树立强化基层的鲜明导向。习近平总书记强调，"基层强则国家强，基层安则天下安，必须抓好基层治理现代化这项基础性工作"②。"一条热线听诉求""一张单子管到底"，有效破解过去"看得见的管不了，管得了的看

---

① 《习近平关于城市工作论述摘编》，中央文献出版社 2023 年版，第 114 页。
② 《习近平关于城市工作论述摘编》，中央文献出版社 2023 年版，第 161 页。

不见"等基层治理实践顽疾。长期关注基层、始终聚焦实事，在个案处理中找到解决普遍性问题的线索和抓手，12345 热线推动实现了从精准治理、精细服务向主动治理、靠前服务逐步迈进的发展路径。

四、书写了幸福成都品质生活"新篇章"

习近平总书记指出："解决民生问题是为政的根本，改善民生状况是最大的政绩。""坚持把实现人民对美好生活的向往作为现代化建设的出发点和落脚点。"中国共产党是人民的党，党的百年奋斗、各级党委政府所做的一切工作都是为了让人民过上好日子，让老百姓幸福就是党的事业。

成都享有"来了就不想走"的美誉，连续 15 年位居"中国最具幸福感城市"榜首。在九项一类指标中，城市吸引力幸福度位居第一，生活品质、安全、教育、医疗健康、就业、交通、生态环境等幸福度排名进入前三。城市建设好不好、生活幸不幸福，市民群众最有发言权。每一个心声诉求的倾听、每一次用心用情用力的回应，12345 热线一键直达的就是市民群众的幸福感。成都市幸福美好生活十大工程第三方万人问卷调查显示，市民满意率达 93.3%。一是解决了群众身边的关键"小事"。12345 热线的发展历程，正是践行提升城市治理水平、提高人民生活品质理念要求的过程，从解决群众家门口的事做起，让人民群众的美好生活体验获得大幅提升。二是攻克了城市治理的难点"大事"。12345 热线数据库真实再现民生问题，精准发现不足及痛点，推动党委、政府下大力气补短板、强弱项，城市发展成果更多更公平惠及全市人民，群众和企业的获得感、幸福感、安全感更加充实、更有保障、更可持续，12345 热线迸发出强大的生命力和影响力。三是彰显了民生福祉的实绩实效。增进民生福祉是发展的根本目的，群众和企业的高满意率不仅是对 12345 热线服务本身的满意，更是对成都城市面貌、生活品质的满意。一批乱搭建、乱停车等家门口的烦心事，养老托幼、看病就医的操心事得到解决；一批菜场超市、公园绿地等便民利民设施相继建成。通过"一件事一次办"流程的不断优化，群众普遍反映诉求响应更快、问题解决更及时。"12345真管用，成都让生活更美好！"成为群众和企业由衷的赞叹。

五、打造了国际一流营商环境"新优势"

打造国际一流的营商环境，是进一步扩大开放的重要基础和关键一环。习近平总书记多次强调："营商环境只有更好，没有最好。"面对2022年新冠疫情冲击、高温限电等多重考验，成都市仍然推动市场主体逆势增长17.8%，达363.9万户，位居全国副省级城市第二位，GDP历史性迈上2万亿元台阶，连续两年获评中国国际化营商环境建设标杆城市，连续9年蝉联"中国最具投资吸引力城市"榜首。一是在服务企业平台搭建上发挥了更大作用。12345热线通过创新12345亲清在线利企服务机制，构建了"12345助企热线""蓉易办""蓉易享""蓉易见"一体化平台，相关政策直达企业，促进企业聚资源、降成本、提能力，全力营造国际一流营商环境。新加坡伊顿学校廖校长说："我们之所以选择在成都办学，首先是因为这里很美，然后是因为这里的民主法治氛围比较好，政府在听民情、解民忧、主动服务方面做得很用心，几乎都不用操什么心。"二是在亲清新型政商关系构建上发挥了更大作用。12345热线为全市360多万市场主体搭建起与党委、政府便捷沟通的桥梁，让"人人都是营商环境、事事关乎营商环境、处处彰显营商环境"的意识和作为层层传递、积厚成势。四川科道芯国智能技术股份有限公司董事长朱琳琳表示："我们就是希望跟政府的关系是简单的、政策是明确的、服务是高效的、环境是正能量的、解决问题是动真格的。12345给了我们一个更直接和相关部门沟通的渠道，企业可以少花精力去维系政府关系，更加专注业务发展。"三是在有效解决企业发展问题上发挥了更大作用。12345 热线围绕企业集中反映的急难愁盼问题，深化了与"放管服"改革的深度融合，优化审批流程、压缩申请材料、缩短办理时限，实行急事急办、繁事联办、难事督办，推进更深层次、更高水平的"减环节、减时间、减材料、减跑动"，有效解决了企业运行发展中的堵点痛点问题，确保"事事有反馈、件件有落实"。2022 年 7 月 26 日，成都高新投资集团有限公司接到 12345 热线转办单。不过这不是一个诉求电话，而是一个感谢电话。2022 年 6 月底以来，成都相继发布多次高温橙色预警。新怡花园 A 区 16 号商业楼因用电负荷高，电闸频繁跳闸，严重影响商户正常经营。接到转办单后，高投集团第一时间成立工作专班，支部党员发挥先锋模范作用，克服非常时期的非常困难，将施工周期从 7 天压缩至 2 天，以最快速度完成 300 余米电缆敷设，满足了商户的正常经营及安全用电，得到街道、社区和商家的一致赞扬。

六、构建了超大城市智慧治理"新模式"

在习近平总书记关于超大城市治理的系列重要论述中，精细化和智能化一直是贯穿城市治理体系和治理能力现代化建设的主线。"既要善于运用现代科技手段实现智能化，又要通过绣花般的细心、耐心、巧心提高精细化水平，绣出城市的品质品牌。"[1]智慧智能是超大城市现代化治理的显著标识，也是 12345 热线上千万件来电来信精准高效回复的必然要求。一是实现"一键回应"向"全面感知"升级。12345 热线作为"智慧蓉城"建设的重要组成部分，积极发挥拥有准确、实时、全面的公众需求和诉求数据优势，初步建立起一套 12345 热线诉求智能化风险预警机制，以数字化和智能化实现对城市细枝末节、角角落落更细颗

---

① 《习近平关于城市工作论述摘编》，中央文献出版社 2023 年版，第 156 页。

粒度的理解，实现了城市各类诉求的"一屏全观"。2022年，12345热线数据分析平台预警量达21万余件，有力守护了人民生活与城市安全命脉。正在筹建的12345热线知识大脑项目也将全面提升智慧蓉城社会诉求感知平台综合服务能力。二是体现工具手段和人本价值的统一。以人为本是智慧蓉城建设的首要原则。12345热线一头连着人民群众美好生活的具体需求，另一头连着城市经济社会发展的宏观大局，架起的就是民心与初心的桥梁。新技术对城市管理活动的深度嵌入，使得系统集成、数据融合和流程打通变为现实。12345热线通过发挥"耳聪目明、智能研判、四肢协同和精准发力"功能，广泛动员城市管理资源，激活线上线下、条块结合等协同治理机制，为城市实现高效、精细、全面、智慧、人性化等目标提供了支撑平台。三是实现从"传统管理"向"智慧赋能"转变。基于12345热线诉求的智慧化场景，连接起城市一系列变革——由人力密集型向人机交互型转变、由经验判断型向数据分析型转变、由被动处置型向主动发现型转变，城市精治共治智治水平显著提升。超大城市治理中依靠传统的人海战术和一般的技术手段看不清楚、管不过来、处理不了的很多问题，都可以从数据资源中寻求更优解决方案，甚至更早预见风险。一批智慧管理、智慧服务、智慧场景释放出精彩纷呈的创新活力。比如，鉴于绿道骑行、环城生态公园休闲的网络理政诉求呈现增长态势，天府绿道公司打造了环城生态公园智慧运行管理中心，探索出一条"场景驱动、建运一体"的智慧城市发展路径。龙泉驿区建起民生诉求预警分析平台，依托政务云，通过智能化技术汇聚多源诉求，围绕趋势性、偶发性、苗头性、特殊性、敏感性、针对性等指标特性，全面监测各行业、各区域点位存在的市民关注的问题，实现社会诉求一屏可视、全面可感、阶段可阅。金牛区为了解决长期居于市民投诉前列的油烟扰民问题，率先建立餐饮服务企业信息管理平台，为每个餐饮商家赋"身份二维码"等。"实战中管用、基层干部爱用、群众也感到受用"是智慧赋能后大家的共同感受。

实践案例

你的急难愁盼，
我用心用情用力

　　我们的目标很宏伟，也很朴素，归根到底就是让老百姓过上更好的日子。

——习近平总书记于 2023 年 12 月 31 日
发表的二〇二四年新年贺词

用好热线听民声，践行宗旨解民忧 ①

成都市委坚决贯彻习近平新时代中国特色社会主义思想，深刻领会习近平总书记"人民就是江山"的深厚情怀，牢固树立"民心是最大的政治"的执政理念，充分发挥党总揽全局、协调各方的领导核心作用，以 12345 为民惠企服务热线为总牵引，用心用情用力办好群众和企业的操心事、烦心事、揪心事，积极探索超大特大城市转型发展新路径，切实践行"让人民生活幸福是'国之大者'"的本质要求，成都连续 15 年位居"中国最具幸福感城市"榜首，成为唯一入选 2022 年"世界最具幸福感城市"十强榜单的中国城市。主题教育中，成都市委将"打造12345 为民惠企服务热线"作为典型案例，深入调研、复盘总结，引导广大党员干部自觉强化宗旨意识、树牢正确政绩观，努力让主题教育成效可感可及，让城市发展更有温度、市民生活更有质感。

一、12345 为民惠企热线实践情况

成都坚持"人民城市为人民"的价值取向，以"一键回应"听民声、集民智、办实事、解民忧，着力将 12345 为民惠企服务热线打造成为 2100 余万市民群众诉求表达的"民情总枢纽"、360 余万市场主体信

---

① 本案例为成都市委学习贯彻习近平新时代中国特色社会主义思想主题教育典型案例。

赖的"城市总客服"。

伴随成都高速高质发展，12345 热线在政民沟通、服务发展、城市治理等方面发挥的作用日益显著。成都市委坚持以人民为中心，对 12345 热线进行系统性重构和集成化改革，整合政务服务热线 122 条、各级党政领导网络信箱 2300 余个、国家和省市网站及新媒体群众诉求渠道 23 个，建立起社会诉求"一键回应"平台；同时，构建与 110、120 等紧急热线、公共服务热线协同处理体系，设立成都大运会服务专线，细化全周期为民服务，将 12345 热线打造成为诉求受理中心、处置调度中心、数据分析中心和实时感知预警中心，实现从"民呼必应、接诉即办"向"民呼快应、未诉先办"转变。

成都深学笃行 2022 年 6 月习近平总书记视察四川时提出的"老百姓的事，要实实在在干，干一件是一件，干一件成一件"重要指示，以 12345 热线为总牵引，在老百姓最关心最直接最现实的利益问题上下功夫。一是创建 12345 热线群众和企业诉求提速处置"一热线两专班"工作机制，提速处置诉求更为顺畅。抽调 2 名市管副局级干部分别任组长、20 余个市级部门骨干为成员组建专班，构建"市级领导联系调度 + 市管干部联动会商 + 专班干部协调处置"新格局，提级提速处置群众和企业急难愁盼。二是打造 12345 亲清在线品牌，营商环境更加优化。开设 12345 亲清在线助企热线，联动政务服务"蓉易办"、惠企政策"蓉易享"、线下沟通"蓉易见"，推行一体化全周期企业服务。三是建立党建引领提示调度机制，纾难解困能效更为显著。坚持党建引领，完善党政负责同志主责主抓、定期通报机制。在常规接听转办基础上，通过制发提示函催办一般性难题，报请带班市级领导调度督办共性、紧急问题，市委常委会定期研究解决跨层级跨领域疑难事项。四是强化数据赋能，城市治理更加敏捷。把 12345 热线纳入"智慧蓉城"统筹规划，推动线上办理与"微网实格"线下治理联动，提升智能预警、辅助决策、城市治理等功能。

成都始终坚持以人民为中心的发展思想，以求解优解思维增强12345热线为民服务能力，用心用情解决群众急难愁盼，让12345热线成为党和群众"连心桥"、政企互动"直通车"、城市运行"晴雨表"，市民获得感、幸福感、安全感显著增强。这次主题教育，成都市委将12345热线列为典型案例，主要考量是其蕴含的价值取向、实践逻辑体现了主题教育的要求。一是体现主题教育价值取向，12345热线以"一键回应"民心彰显为民服务的初心，在回应和解决群众诉求中听民声、解民忧、暖民心，是"人民城市为人民"的创新实践，与主题教育坚持人民至上的立场一致。二是体现主题教育目标导向，以人民更幸福、城市更美好作为目标，创新机制提级提速解决12345热线群众急难愁盼，在解决群众实际问题中增进民生福祉、在线上线下响应互动中密切党群干群关系、在补齐短板弱项中提升城市治理质效，与主题教育坚持的问题导向相统一，与促进发展、为民造福等目标有机统一。三是体现主题教育实际成效，研究解决12345热线群众急难愁盼的过程，也是深化理论学习、调查研究、推动发展、检视整改、建章立制的过程，在处理诉求中践行党的创新理论、调研找问题谋对策、破难题助发展、固化诉求处置长效机制，通过12345热线为民办实事实效体现主题教育良好成效。

二、12345热线实践成效剖析

"民惟邦本，本固邦宁。"成都以人民群众满意不满意作为评判主题教育成效的根本标准解剖正面典型案例，把12345热线作为实践党的创新理论的生动课堂、调研找问题谋对策的有效渠道、推动高质量发展的创新举措、检验问题整改实效的有效手段，引导党员干部把学习、调研成果转化为推动群众高品质生活、城市高质量发展的实际行动。

一是坚持把12345热线作为理论学习的实践课堂，推动入脑入心、真信笃行。12345热线是践行习近平总书记"人民城市为人民"重要理念和党领导人民探索城市治理现代化路径的具体实践。成都将 12345 热线创新实践纳入领导干部提升群众工作本领的学习内容，将其建设为全市干部挂职实践基地、青年党员干部践行新思想的实训课堂。主题教育开展以来，市级领导干部多次专题研究 12345 热线，引导党员干部在深学细照笃行中体悟真理力量和实践伟力，在解决群众诉求中入心见行、善思善用，自觉做党的创新理论的坚定信仰者、忠诚实践者。截至目前，全市中青年干部培训班学员、机关干部等分批多次到现场进行沉浸式实训，在解决群众和企业诉求中践行党的创新理论、提升群众工作本领。

二是坚持把 12345 热线作为调查研究的重要平台，摸实情、找问题、寻对策。成都深入践行习近平总书记提出的"深入基层、深入实际，问政于民、问需于民、问计于民"重要指示，把 12345 热线作为发现问题、解决问题的重要渠道，在调研中通过群众诉求问政于民摸实情、问需于民找问题、问计于民想对策，在全流程分析研判中摸清社情民意、评估解决问题实效，把调研成果、群众反馈问题及时转化为增进民生福祉、推动发展的思路办法和政策举措。主题教育开展以来，将消费纠纷、物业服务等群众诉求中的十大高频共性问题纳入市级领导干部的问题清单，市级领导干部带着问题直插基层一线调研 200 余次，主动问难问需问策。

三是坚持把 12345 热线作为推动高质量发展的创新举措，积极打造服务市民、服务发展的城市新名片。紧扣高质量发展第一要务，把学习和调研成效转化为推动高质量发展的务实举措和实际成效，切实为群众办实事解难题。市委、市政府主要领导多次主持召开 12345 亲清在线座谈会、现场办公会，研究解决"硬骨头"问题。细化任务清单，强化"12345 助企热线""蓉易办""蓉易享""蓉易见"四位一体服务，优化营商环境，助推成都高质量发展。主题教育开展以来，积极打造 12345 亲清在线亲商助企服务品牌，受理企业诉求 5 万余件次，诉求满意率达

98% 以上。

四是坚持把 12345 热线作为深化检视整改的有效手段，创新工作机制、抓实整改整治。发挥 12345 热线问政、问效于民的作用，认真检视问题症结是否找准、整改整治是否到位，让群众切身感受新成效新变化。坚持"当下改"与"长久立"相结合，实现"处置一件事"推进"解决一类事"，制定出台《关于建立物业小区问题用心用情马上解决长效机制》《改善就医感受提升患者门诊体验工作试点方案（试行）》等政策文件。主题教育开展以来，市级领导及牵头单位现场督办 21 次、召开协调会 24 次，提级处理诉求 1.38 万余件，群众满意率提升 3 个百分点、达 95%，企业满意率提升 4 个百分点、达 98%。此外，推出《12345·追踪》等融媒体栏目公开报道群众诉求办理情况，邀请来电较多的市民代表、企业代表等 500 余人现场参与诉求解决，听民声、顺民心、问民效。

三、12345 热线的有益启示

主题教育中，成都市委认真学习借鉴"浦江经验"，深入剖析 12345 热线典型案例，深刻认识到要实现人民对美好生活的向往、不断提高城市发展活力和幸福感，必须始终坚持全心全意为人民服务的根本宗旨，更好地学思践悟党的创新理论蕴含的科学真理力量和磅礴实践伟力，站稳人民立场，树牢群众观点，践行好"人民城市为人民"重要理念，在践行新发展理念的公园城市示范区建设中建新功，努力书写好中国式现代化万千气象的成都篇章。

一是体现了人民至上的群众观点，工作中就要坚持一切为了人民、一切依靠人民。12345 热线将人民至上作为一切工作的出发点，以"一键回应"开创"人民城市为人民"的创新实践。新时代新征程上，要引导党员干部深入践行以人民为中心的发展思想，树牢为民造福的政绩观，走好新时代群众路线，解决群众急难愁盼，不断提高人民生活品质，让群众可感可及。

二是体现了守正创新的改革思维，工作中就要敢于担当、善作善成。创新打造 12345 亲清在线亲商助企品牌，创建"一热线两专班"工作机制，有效推动解决市民群众和市场主体急难愁盼。新时代新征程上，要引导党员干部敢于担当作为，善于用党的创新理论中的科学立场观点方法研究解决新情况新问题，以求解优解思维，在增进民生福祉、推动高质量发展上善创新、出真招、建新功。

三是体现了解决矛盾的问题导向，工作中就要提高找准问题、解决问题的能力。12345 热线坚持问题导向，以解决问题实效架牢新时代党和群众"连心桥"。新时代新征程上，要引导党员干部学好用好"浦江经验"，敢于正视和发现问题，深入研究解决发展所需、改革所急、基层所盼、民心所向的问题，运用新思路新办法，推动高质量发展有新突破、人民生活品质有新提升，开创事业发展新局面。

四是体现了普遍联系的系统观念，工作中就要坚持用系统观念提升超大特大城市精细化治理能力。12345 热线运用系统思维谋划工作，实现技术上线上线下同步处理、机制上纵横联动、流程上"四位一体"全周期服务，推进城市精细化治理，筑实筑稳群众幸福高线和社会安全底线。新时代新征程上，要引导党员干部坚持和运用系统观念，注重系统集成、协同联动，全局性谋划、整体性推进经济建设、民生改善等各项工作，提升城市治理效能，实现众治善治智治。

12345 热线：架起为民服务"连心桥" ①

拨打 12345 热线电话后，人们往往要听一段语音导航，再按键选择，而语音菜单分类多，有时听了后面忘记前面，有时让人感到"选择困难"。如今，整合后的成都市 12345 热线一头连着"一网通办"，一头连着"一网统管"，成为党委和政府服务人民的好助手。

结合"我为群众办实事"实践活动，成都市依托 12345 热线搭建密切联系群众的"连心桥"，全面推进智慧蓉城建设，不断提升城市治理体系和治理能力现代化水平。2021 年，共接听市民来电 560 余万件，诉求解决率和群众满意率均高于 90%。

一、实现"一键回应"，当好为民服务的"总客服"

"您好！成都市 12345 热线，请问有什么可以帮您？"这是成都市民遇到困难寻求帮助时，总能在 12345 热线听到的一句问语。电话的那一头，是 300 多名接线员每天 24 小时用心倾听每一位市民的诉求。

怎样让分散在各级各部门的热线统一归并，实现一号受理，真正让群众记得住、用得好？成都市推动少数话务量大、专业性强或具备

---

① 本案例为党史学习教育实践活动中四川省唯一入选案例，收入党史学习教育领导小组办公室编《百年初心成大道——党史学习教育案例选编》。

个人信息查询、业务办理等功能的政府部门热线以专家坐席形式归并到 12345 热线，实现受理、办理、标准、流程、考核、共享"六个统一"。建立 12345 热线与水、气、轨道交通等公共服务热线"一键直达"机制，与 110、120 等紧急热线实现"一键互转、协同联动"。目前，成都市已完成 106 条非紧急救助政务服务热线整合，基本实现 12345 热线"一号通、一网办、全覆盖"。依托"一号通"平台，集成市、区（市）县、乡镇（街道）三级 2300 余个各级政府负责人网络信箱，实现群众写信"一网通"，构建形成全市统一的 12345 社会诉求"一键回应"平台。

二、聚焦急难愁盼问题，当好民心民意的"前哨兵"

"我摇中了龙泉驿区华润置地未来之城，楼盘就要开了，但受疫情影响不能参加选房，能否延期开盘？"2021 年 10 月，市民彭先生通过成都市 12345 热线寻求帮助。接到该诉求后，由龙泉驿区疫情防控指挥部牵头，区卫健部门指导，项目业主根据疫情防控要求明确方案、现场演练，相关购房者 10 天左右顺利有序完成选房。

如何坚持以人民为中心，通过解决群众急难愁盼问题，提升城市治理能力和为民服务实效？成都市 12345 热线取消自动播报语音流程，减少群众拨打电话等待时间，不断改善热线体验感，提升亲和力。依托信息化手段对 12345 热线办理情况实施全过程闭环式内部监督管理，建立健全接听业务"双质检"、工单质量"双审核"、诉求办理"双闭环"工作机制。将市民来电内容、办理节点、办理结果全流程全要素向群众本人公开，实现群众查看诉求像网上购物一样便捷。建设 12345 平台移动端（政务版），企业及群众诉求可以"一键直达"各级政府负责人，负责人直接通过手机等移动端及时关注、查看和签批群众诉求，推动诉求办理扁平化、适时化、高效化。

三、聚焦数据赋能，当好民智汇集的"参谋员"

"疫情防控期间能否采取尾号不限行措施，让家长每天都能驾车接送小孩，降低病毒传播风险？"2021 年 11 月 7 日，成都市 12345 热线不断，市民的呼声最终成为政府在分析研判后作出特殊时期"尾号不限行"决策的重要参考。

成都市通过 12345 热线及时倾听企业及群众的呼声，发现问题、分析问题、解决问题，办好事、服好务，一系列创新措施陆续推出。

完善民生问题"双闭环"办理机制，定期通报各级各部门 12345 热线反映问题的诉求解决率、群众满意率、超期率等，着力提升办理效能。运用多种技术手段深入挖掘数据，高效分析民生诉求，及时研判处置企业和群众反映的紧急性、苗头性、倾向性问题，助力政府决策更加科学。建成 12345 热线企业和群众诉求多维度大数据分析引擎和多终端显示的智能化辅助决策平台，助力公共服务更加高效。

从社会管理到社会治理，从单向管理到双向互动，从线下转向线上线下融合，12345 热线"一键直达"的是民心，彰显的是为民服务的初心。

"网络理政＋公益诉讼"：
共同回应，携手守护

12309检察服务中心是全国检察机关统一对外的智能化检察为民综合服务网络平台，向社会提供便捷高效的"一站式"检察服务。成都12345市长热线平台是在整合全市各级各类非紧急救助类政务服务热线基础上形成的市级层面统一的诉求归集平台。

坚持以人民为中心的发展思想，以社会化、协同化发展将检察公益诉讼体现为不断满足新时代人民日益增长的美好生活需要、不断推动社会治理共建共治共享的检察职能。近年来，成都市检察院和网络理政办共同推动出台《12309检察服务中心与网络理政平台公益诉求办理工作办法（试行）》（以下简称《工作办法（试行）》），实现12309检察服务中心与12345市长热线等网络理政社会诉求平台和"大联动·微治理"网格化服务管理平台的信息共享，引导社会组织切实履行公益保护职责，完善公共法律服务体系，强化公益保护理念教育宣传，形成鼓励、引导、规范社会公众参与，支持检察公益诉讼，加强社会监督和社会支持的制度体系。通过精准掌握和回应事关人民获得感、幸福感和安全感的公益关切，努力满足新时代人民日益增长的美好生活需要。

一、创新建立联动机制，出台工作办法

习近平总书记指出，检察官作为公共利益的代表，肩负着重要责任。根据党的十八届四中全会的部署，成都市建立了检察机关提起公益诉讼制度，是主动服务经济社会发展大局，推进国家治理、基层治理和城市治理的重要抓手。为深入推进成都市的公益诉讼检察工作，市委、市政府办公厅于2018年8月印发了《关于深入推进公益诉讼工作的实施意见》（以下简称《意见》），《意见》中明确提出检察机关应与相关行政机关建立信息共享等联动协作机制，共同提升依法履职能力，增进公益保护共识，增强公益保护合力，提升公益保护实效，不断满足人民群众日益增长的美好生活需要。2019年11月，市检察院与市网络理政办就网络理政社会诉求平台公益诉求办理问题进行了广泛调研和认真研究，决定依托网络理政社会诉求平台，按照资源共用、信息共享、定期研判的原则，研究制定《工作办法（试行）》，主要内容包括信息共享、"一键互转"、数据分析和成果共享、定期会商等联动机制。《工作办法（试行）》的出台，推动了12309检察服务中心与网络理政社会诉求平台公益保护诉求数据信息互联互通，推进了两家单位在公益保护诉求办理工作中协同联动，是以法治思维和法治方式推进国家治理体系和治理能力现代化的具体举措。

二、聚焦热点难点，提升公益诉求办理效能

《工作办法（试行）》通过对涉及生态环境和资源保护、食品药品安全、国有土地使用权出让、国有财产保护、英雄烈士保护等公益诉讼领域信息的无缝对接和适时共享，进一步发挥了检察公益诉讼在促进行政机关依法行政中的积极作用，同时深化了网络理政内涵，促进了行政效能整体提升。从市网络理政办向市检察院推送的诉求数据看，主要集中

在群众关注的油烟污染、扬尘污染、生活垃圾和建筑垃圾处理、违规抽取地下水、违法占用破坏农用地等热点难点问题上。检察机关依托网络理政社会诉求平台办理的公益诉讼案件精准回应了群众的公益保护诉求，推动了群众反复投诉的公益受损问题得到有效解决，提升了社会诉求的办理效能。特别是在成都大运会筹备期间，针对群众诉求中反映的某大运会场馆外施工区域有扬尘污染和安全隐患，涉大运会本土知识产权保护存在"空白地带"，大运会场馆周边自动售货机贩卖食品的保质期、冷链食品保存、散装食品标识等"舌尖上的安全"、辖区大运会场馆 AED（自动体外除颤器，被称为心脏骤停者"黄金 4 分钟"的"救命神器"，是关键时刻给生命安全上的一把保险锁）配备情况等问题，检察机关都在进一步调查监督基础上，依法向行政机关发出检察建议，为举办简约、安全、精彩的成都大运会营造了良好法治环境。

三、健全完善公益诉求"1+1+3"办理制度体系

市检察院与市网络理政办提出了推动公益诉讼规范化、专业化、协同化和社会化"四化"发展的工作思路。在《工作办法（试行）》印发之后，市检察院印发了《关于全市检察机关深入推进 12309 检察服务中心与网络理政平台公益诉求办理工作的实施方案》。切实有效地推动《工作办法（试行）》的落地落实，在进一步推动数据信息的互联互通与智能分析、加强案件线索的排查和管理、加大案件办理力度、强化与网络理政部门的协作联动等工作的基础上，推动形成包括 1 个市委市政府《意见》、1 个公益诉求办理工作办法，以及信息共享、定期磋商、分析汇报等 3 个工作机制在内的"1+1+3"公益诉求办理制度体系，最终进一步形成检察机关与网络理政部门共同推进公益诉求办理，共同推进国家治理、基层治理和城市治理的工作合力。

四、拓展"网络理政＋"范围，助推城市治理水平提升

市网络理政办与市检察院建立的"网络理政＋检察公益诉讼"联动机制是推进公共利益诉求司法保护的创新。将公益诉讼办案职能向社会治理延伸，推动公益受损问题得到系统治理、源头治理。在聚焦群众反映情况"点"的基础上，扩大监督视野、延伸监督纵深，推动社会治理问题的系统解决。例如都江堰市检察院办理督促乡镇整治生活垃圾的案件，根据群众反映的"点"上的问题，排查了 12 个乡镇并推动 8 个乡镇解决了"面"上的同类问题。在推进"网络理政＋检察公益诉讼"联动的基础上，市网络理政办也在同步加快推进社会诉求平台智能化、智慧化升级改造，积极推进"网络理政＋纪检监察问责""网络理政＋政协网络议政"等联动机制的建立与完善，拓展数据应用、聚焦热点问题、提供精准服务，让政府治理更精准、公共服务更便捷、民生服务更温暖，努力提升成都市城市治理体系和治理能力现代化水平。

公益诉讼办理典型案例①

一、简阳市人民检察院督促简阳市某镇人民政府履行耕地资源保护职责行政公益诉讼诉前程序案

简阳市人民检察院梳理网络理政平台数据发现，简阳市某镇村民于 2011 年租用该镇邻村部分村民的耕地，在未办理土地转用审批手续的情况下，在耕地上修建厂房用于生产水泥管道，违法占地面积约 360 平方米。有关行政机关通过网络理政平台回复群众已采取监管措施，但经简阳市人民检察院实

---

① 案例来源：成都市人民检察院。

地调查核实,耕地被违法占用的情况依然存在。2019 年 11 月 7 日,该院决定立案审查,并在调查核实后向该镇人民政府提出诉前检察建议,督促其依法履行监管职责。2019 年 12 月 18 日,该镇人民政府回复整改后,简阳市人民检察院对整改情况进行了跟进,确认违法建筑物已经拆除,被违法占用的土地已经全面复耕。

二、龙泉驿区人民检察院督促龙泉驿区某镇人民政府履行耕地资源保护职责行政公益诉讼诉前程序案

龙泉驿区人民检察院发现,群众通过网络理政平台投诉位于该区某镇的某景区附近农户将承包地违规改建停车场营利,造成耕地破坏。某镇人民政府在接收网络理政平台对投诉件的派单后虽在处理期限内作出已责令农户自行整改的回复,但群众在回复后多达 7 次反复投诉该问题。龙泉驿区人民检察院立即对该线索进行核实,通过调查发现,某镇人民政府在作出责令通知后的一个多月内农户仍未整改,某镇人民政府也未采取有效监管措施,群众投诉的公益受损问题长时间未得到有效解决。该院在调查核实的基础上,向某镇人民政府提出诉前检察建议,督促其责令关停该停车场,并组织恢复土地原状。龙泉驿区人民检察院在某镇人民政府回复整改后及时对建议整改落实情况进行了跟进,经实地踏勘确认被破坏耕地已经复垦,群众投诉的公益受损问题已得到彻底解决。

三、彭州市人民检察院督促彭州市某镇人民政府履行城乡环境综合治理职责行政公益诉讼诉前程序案

彭州市人民检察院通过梳理网络理政平台数据发现,群众举报位于彭州市某镇的某小区周边存在生活垃圾随意堆放、满地散落的情况。在群众于2019 年 7 月 9 日向网络理政平台投诉后,彭州市公开电话办公室于 7 月 11日答复道:"我镇赓即联系环卫清运公司进行处理,现此处垃圾已清理,同时我镇将督促环卫清运公司加大清运频次,及时清理此处垃圾,做到日产日清,避免垃圾堆积,并且针对农产品交易中心在此倾倒的果蔬垃圾进行巡查监管,避免乱倾乱倒。"彭州市人民检察院核实后,发现该问题并未得到彻

底整治，某镇人民政府并未按照答复对群众反映的问题进行彻底整治，现场生活垃圾仍然大量随意堆放，恶臭熏天、蚊虫聚集的问题依然存在。该院于11月18日向某镇人民政府提出诉前检察建议。该镇人民政府随即开展清理工作，并建立垃圾清理及收运的日常监管机制。

四、某区人民检察院督促区规划和自然资源局履行耕地资源保护职责、区水务局履行水资源保护职责行政公益诉讼诉前程序案

某区人民检察院发现群众通过网络理政平台投诉该区某村某洗涤公司违法排污的情况，相关行政机关和属地街道办多次进行现场检查后，群众仍反复投诉。该院经调查核实发现，该企业污水排放抽查检测结果合格，企业不存在群众投诉的违法排污问题，但同时发现该企业租用约1亩耕地用于建设沉淀池，且在未取得水务部门取水许可的情况下长期抽取地下水作为企业生产经营用水。该院在查清案件事实、问题根源，并与行政机关多次磋商后，向区规划和自然资源局提出诉前检察建议，督促其责令该企业纠正违法行为，恢复土地原状；向区水务局提出诉前检察建议，督促其对企业的违法取水行为依法查处。某区人民检察院在行政机关回复整改后对建议整改落实情况进行了跟进，经实地踏勘、调取证据，确认被破坏耕地已经复垦，该企业已按照行政处罚决定缴纳罚款2万元，同时投入20余万元用于自来水管网铺设。目前，该企业已使用城市集中式供水水源进行生产经营。

五、都江堰市人民检察院督促都江堰市某镇人民政府履行固体废弃物治理职责行政公益诉讼诉前程序系列案

都江堰市人民检察院发现网络理政平台中存在群众举报某镇存在生活垃圾等固体废弃物治理不及时、不到位的公益受损共性问题。该院在对12个乡镇进行延伸排查后，发现其中8个乡镇均存在生活垃圾处理不及时、不到位等问题。都江堰市人民检察院分别向8个乡镇人民政府提出诉前检察建议，8个乡镇均及时对生活垃圾问题进行了整改，部分乡镇人民政府还建立了相关长效机制。如某镇组织开展了为期一个月的某河道专项整治，投入

资金20余万元对某河道进行全流域清理，共计出动人工400余人次，机具400余小时，重点沟段清淤约2000米，清除淤泥1000余立方米。在某河道沿岸新建垃圾堆放站2处，扩建7处，并增加35个垃圾桶，生活垃圾治理设施设备安装基本完善。该镇人民政府还建立了水环境生活垃圾保洁长效机制，与周围群众签订禁止向沟渠倾倒垃圾承诺书，并配备1名专职保洁员，每天4次对沟渠开展清理工作，督促社区签订村规民约。另有某镇人民政府组织拆除4处垃圾收集站，投入资金3万元新建标准化垃圾收集站2处，新投入垃圾桶20余个，成立了卫生管理领导小组，新增保洁员9名并制定保洁员管理考核办法，保洁员网格化达到全覆盖。

创新城市质量体征指数，赋能超大城市精细化治理

道桥、照明、扬尘、执法等城市管理问题一直是 12345 热线诉求的主要领域，根据成都 12345 热线平台运行分析报告显示，小区底商经营噪声扰民、工地施工噪声、流动摊贩占道经营、道路设置隔离栏不合理、树木倒伏、井盖损毁无人处理等均成为市民的热点诉求。为了切实提升城市治理的精细化水平，实时动态监测超大城市管理中的"老大难"问题，成都参考空气质量指数（AQI）做法，探索基于超大城市生命体的联动管理模式，创造性提出城市质量体征指数 CQI（city quality index），建立城市质量体征指数与城市管理问题高效联动处置体系，赋能超大城市精细化治理。

一、夯实基础，筑牢智慧城管数据底座

智慧城管作为智慧城市建设的重要内容，是实现城市治理能力现代化的重要支撑。近年来，成都市积极推进智慧城管建设，探索创新城市高效能治理方式，以科技赋能强化全周期管理，持续提升城市智慧管理水平。在城管数据资源中心项目基础上，建设智慧城管数据底座，开展数据大会战，制定《政务数据资源共享管理办法》，构建城市管理基础数据资源库，在全市数据目录体系内细化制定了包括 133 个数据大项、

299 个数据小项、3359 个数据字段的《城市管理数据资源目录》。

整合数字城管案件数据及道桥、照明、扬尘、执法等部分行业业务系统及工作数据，实时汇聚城市管理业务数据，完成城管信息系统数据、区（市）县数据和其他各类数据的同步沉淀、储存、清洗、治理和设施数据 CIM（城市信息模型）化，实现从数据底座、各处（室）业务指标、城市管理各项指数到智慧城管体征应用的"金字塔型"支撑，以数据为抓手，让城市管理从经验治理转向科学治理、精准治理、敏捷治理。

二、构建体系，形成四个维度体征指标

城市体征指数 CQI 来源于数字城管、道桥、照明、扬尘、执法、实时传感器 6 个系统数据，由安全、整洁、有序、便民四个维度构成，通过 387 项指标权重计算，每个维度的指数都有对应的指标集群与之关联，其中"安全"指标 226 项，"整洁"指标 67 项，"有序"指标 77 项，"便民"指标 17 项，城市管理人员通过一块大屏幕，就可以实时查看整个城市的整体管理运行情况。城市体征指数（CQI）、城市运行指数（COI）和城市康复指数（CRI），实时展现城市运行状态及城市管理问题处置效率。

CQI 以不同的颜色和分数表征城市的三个体征状态，以 95 分和 85 分为两个分界点，绿色表示指数在 95 以上为理想态，橙色表示指数在 85 以下为预警态需进行整改，蓝色表示指数在 85~95 为正常态。当关键指标出现重大告警时，对应的指数会直接以红色表示应急态。例如，当某地的桥梁发生位移，该数据会影响宏观 CQI，导致对应的指数直接以红色表示应急态，从而产生告警，桥梁监管单位可以立刻进行处理。2022 年 9 月 5 日 12 时 52 分，四川泸定县发生 6.8 级地震，系统监测到地震波到达时，成都市内一座桥梁结构响应数据异常。城管部门立即结

合系统监测数据及现场应急排查情况综合研判，最终判断地震未对桥梁结构产生较大影响，确保了桥梁运行安全。

按照成都市智慧蓉城建设统一部署，基于 CQI 体系，已将城市道桥、城市照明感知设备数据接入成都市智慧蓉城体系，宏观层面可以全局同步查看影响 CQI 的问题维度、各区（市）县 CQI 排名情况与指标详情；中观层面能够查看每个维度的指数及指标详情；微观层面能够查看产生预警的街道及问题详情，打造城市管理的中枢。截至 2022 年底，成都已将 1369 个桥梁监测传感器、24535 根智慧灯杆以及 200 个光照传感器、3392 台配电箱的感知数据全部接入市智慧蓉城运行管理平台；完成 282 项数字城管案件基本信息数据对接，提供 53 项部件数据和部件系统符号；将数字城管系统立案案件信息开发接口与智慧蓉城运行管理平台完成对接。

三、深化应用，助力城市精细化治理

城市是一个有机生命体，通过智慧化手段实时监测城市的健康，不仅明显提升了问题发现和处置的效率，还能真正实现润物细无声般的城市治理。坚持需求导向和节约利旧的原则，充分利用市级平台感知中心的已有感知源和各委办局感知源，着力优先补全满足道桥安全监测、油烟在线监测、照明智慧监管等多场景治理的固定和移动传感器设备，基本建立城市管理"一网统管"机制，实时监控城市顽疾。

基于 CQI，建立影响指标 TOP5 事件排序、区（市）县排名、预警区域及趋势图等功能模块，通过实时体征指数，提升城市管理者对城市质量状况的实时、全面的掌握能力；通过指标动态预警，提升城市质量异常信息的精准、高效传达能力；通过城市体检报告，提升城市管理者对城市质量问题的精准定位；通过应急告警库与疑难杂症库，提升城市管理的疑难案件的处置效率，最终建成以安全、整洁、有序、便民为核心的城市管理高质量发展指数指标体系。利用全面、实时、动态数据构建鲜活有脉搏的城市管理体征运行系统，建立科学合理的指标阈值体系，主动、精准检测城市管理运行。当出现微观案件时，该案件会分别对其区域、体征维度以及行业这三方体征指数产生关联影响，进而对宏观的成都市 CQI 得分产生联动影响，从而通过不同维度的体征指数实现城市生命体联动管理。

智慧城管典型案例 ①

"知屋漏者在宇下，知政失者在草野。"认真倾听群众的呼声，是了解民情民意的有效途径，也是全面提升为民服务水平的重要途径。截至 2023 年底，成都市共有功能照明设施 43.3 万个、光源 74.3 万盏，公共景观照明设施 1308 处。根据市网络理政办相关数据，2020—2023 年全市照明类网络理政案件平均每年 6800 余件，其中五城区范围案件 2100 件。"解决问题是市民满意的关键"，把问题聚焦到市民关心的问题处置上是重点，始终坚持践行"城市照明、便民利民"服务理念，聚焦主责主业，通过线上线下同向发力，着力解决照明突出问题，有效构建起"12345 热线"这一为民服务"连心桥"。

一盏灯不亮对全市亮灯率的影响不到万分之一，但对周边居民的影响却是百分之百。为了解决城市"背街小巷"照明设施问题，着力化解服务群众"最后一公里"，成都市城市管理委员会照明监管中心在积极处置网络理政市民投诉问题的基础上，主动靠前找问题，以"蓉城掌灯人"党建服务品牌为载体，将直管区域的 62 个街道办、420 个社区对应到 4 个监管所党支部，

---

① 本案例系作者根据成都市城管委照明监管服务中心工作人员文洋撰写的工作感悟改写。

组织支部党员每月深入基层，走访街道办、社区。通过发放服务联系卡、服务清单，建立联系服务微信群等方式，形成常态化联系机制。面对社区、街道办反馈的照明设施问题，各支部书记带头深入现场，拟订方案，协调建设、维护单位，靠着"揪住问题不放手"的劲头解决了一批群众急难愁盼的照明设施问题，"蓉城掌灯人"品牌也逐渐被更多的市民所认可。

2023 年 10 月，《成都市城市照明管理条例》正式颁布实施，照明监管中心通过宣贯落实，加强智慧管理，完善三级督办机制，陆续解决了 20 余条道路照明设施的突出问题，微网实格分区划片，责任从管理人员到一线巡查人员、维护检修人员全部落实到位，处置各类设施问题 3900 余件；"蓉城掌灯人"品牌创建以来，共走访街道办（社区）148 个，依托微信平台建立联系服务群 4 个，成员 340 余人，覆盖东湖、西安路、少城等 55 个街道办，晋阳、致强、九眼桥等 160 个社区。城市亮灯，不但要有亮度，更要有温度，城市照明设施遍布在城市的大街小巷，成为人们生活中不可或缺的一部分。

成都市照明监管服务中心以 12345 热线市民诉求为抓手，依托智慧城管数据底座，打造"蓉城掌灯人"党建服务品牌，靠着"揪住问题不放手"的劲头，倾力解决市民群众反映的一盏盏路灯问题，最大限度地缩短故障熄灯的时间、减小故障影响的范围，切实解决市民群众关心关注的城市照明热点痛点难点问题，提高服务市民群众的水平和能力，以实际行动点亮"幸福成都"，照亮市民归途。12345 热线让城市亮灯，不仅有了亮度，更有了温度。

"当下改" + "长久立"：系统解决物业小区问题

群众最基本的生活诉求不外乎吃穿住行用，而关于物业服务方面的诉求，长期以来居于 12345 热线诉求受理量的前十位。从 2023 年的数据来看，市民关于物业服务方面的投诉有 138935 件，其中不满意的有 9316 件，占比 6.7%。"老百姓的事就是天大的事"的使命感、"时时放心不下"的责任感和"一事未成、寝食难安"的紧迫感，促使党委、政府以整改市民诉求反映较多的物业小区问题为重点，坚持"当下改"与"长久立"相结合，建立健全"用心用情马上解决"长效工作机制，聚力实现最短时间回应、最快速度处理、最小单元化解群众急难愁盼问题。

一、聚焦"当下改"，促进提速快处有效率

深入学习领会习近平总书记关于把惠民生的事办实、暖民心的事办细、顺民意的事办好的重要要求，着眼健全破解市民高频投诉的物业小区问题工作机制，再造反馈处置流程，用心用情解决群众生活中的急难愁盼问题。

畅通诉求渠道促进全面提速。针对市民在"天府市民云"App、"住在成都"应用上反映的诉求，无缝衔接传递至智慧物业系统并推送给相关责任单位，要求物业项目经理在规定时间内响应，超时未响应的系统

将启动自动预警、提醒住建部门介入督办。开展"物业小区问题用心用情马上解决"活动，组织40余家物业公司主要负责人，走进12345热线接听中心，集中聆听民意、反思问题、交流复盘，探索物管协会与12345热线合作"企业直派"模式，推动问题处理再提速。

压实工作责任强化主动作为。建立住建部门、物业企业两级责任体系，以台账式管理、项目化推动、清单式跟进实现上下联动，推进物业企业在小区主动张贴"物业小区问题马上解决"公示牌，严格执行业主满意度调查、业主定期拜访、项目经理服务日等制度，督促物业企业主动自查，从源头上预防和减少投诉，目前全市已有6233家物业企业建立账号、加入体系。

建强"微网实格"力求防微杜渐。健全小区网格体系，建立各类主体共同参与治理的共建共享机制，引导物业企业及相关人员进网入格。打造"智慧蓉城·微网实格"社会治理平台，完善信息收集、问题发现、任务分办、协同处置、结果反馈闭环机制，实现网上网下同步响应、联合调处、快速办结，对群众反映强烈的苗头性倾向性问题早发现、早处置、早反馈，推动问题在网格处置、矛盾在网格化解，网格力量24小时内响应率达90%以上，有效赋能解决物业小区问题（见图1）。

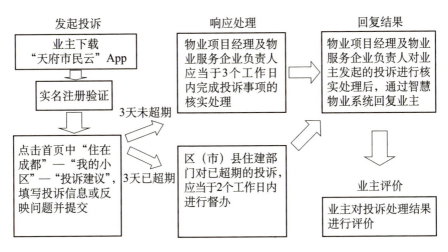

图1 成都市"物业小区问题马上解决"机制流程

（来源：成都市住房和城乡建设局）

二、突出"长久立",实现规范运行有保障

时刻牢记习近平总书记提出的全心全力把老百姓的事一件一件办好的重要要求,将工作中的好做法、好经验及时以制度形式固化下来,推动"用心用情马上解决"形成常态长效。

分类处置提效能。健全完善分析研判、联动处置等机制,定期对综合反映的物业小区问题进行全面排查、系统分析,对重大问题实行提级办理、挂牌督办,强化责任追究,对一般问题依托微网格长实时跟进、协同处置。

鲜明导向激活力。建立小区物业"红黑榜"制度,小区问题响应及时率达到 100%、解决率达到 98%、群众满意率达到 95% 的企业和项目纳入"红榜",减少监督检查频次,在行业创先评优中优先推荐。小区问题响应及时率低于 95%、解决率低于 80%、群众满意率低于 80% 的企业和项目纳入"黑榜",重点监管。对于信用分不达标、未依法履约服务、造成严重社会影响的物业企业,督促及时整顿、规范营业。

强化监督聚合力。实施群众反映问题全周期管理,形成受理端、办理端、评价端、运维端全链条闭环,实时反馈问题处理进展情况,对物业小区问题诉求办结效率、居民满意程度等定期公示,接受群众监督、舆论监督、行业监督。

三、强化"系统治",推动共建共治有支撑

围绕努力把物业小区建设成为组织健全、治理精细、管理有序、服务便捷、邻里友善的幸福家园目标,突出党建引领、深化多元共治,推动小区治理向深耕善治转变。

织密体系夯实治理基础。深化党建引领"微网实格"治理体系建设,推动小区党组织和网格党组织深度融合,社区党组织全面建立小区

（网格）党员台账，选优配强小区（网格）党组织力量，指导小区（网格）党组织成员与业委会、物业服务企业党组织成员双向进入、交叉任职。鼓励引导机关企事业单位在职党员干部"双报到"进网入格，主动参与网格走访、重点人群关心关爱、安全排查等工作。

创新路径强化引领带动。推动依法将党的领导有关要求写入小区管理规约、业主大会议事规则、业主委员会工作规则等，健全小区（网格）党组织引领小区（网格）治理重点职责清单，定期协调各方通过队伍、资源、问题"三张清单"，共商共议共决小区治理服务重大事项。深化"蓉城先锋·暖心物管"创建，引导党组织作用发挥好的优质物业企业积极承接社区微更新、社区文化建设等服务项目，不断提升引领质效。

灵活机制提升自治水平。创新民事共议、遇事共商、难事共办、成事共享"四事四共"议事协商机制，搭建居委会、业主委员会（院委会）、物业、社会组织"四方议事平台"，通过定期召开协商议事联席会议，研究解决居民亟须解决的重点难点问题。积极开展业主宣传教育、小区营造等活动，广泛引导居民主动参与小区治理，增强居民自我管理、自我教育、自我服务、自我监督的意识和能力。

众"智"成城：特色智库牵好辅助决策"智慧线"

辅助党委、政府的科学决策是 12345 热线的主要功能之一。过去，热线主要通过日报、周报、月报、年报、专报等形式致力于提供更立体、更精准、针对性更强、信息量更大的诉求分析报告。但是，12345 热线汇聚到的不仅有海量的数据资源，还有丰沛的智力资源。特别是很多从事网络理政工作的同志并没有把这项工作简单地理解为流水线式的接单、派单，尤其当同类诉求反复出现时，他们能更精准地判断出这是影响辖区发展治理中的某个痛点、难点和堵点，进而主动思考、寻求克难之法。12345 热线敏锐地发现了这股蕴藏在群众和干部中的智慧力量，于是面向市级部门和基层一线遴选富有基层工作经验、有一定分析研究能力的优秀干部，与专业研究人员、市民和企业代表共 108 位组成"成都 12345 热线特色新型智库"，在辅助党委政府科学决策、推动群众和企业问题的系统治理、依法治理、综合治理、源头治理方面发挥了积极作用。

一、运用数据力量，汇聚群众智慧

习近平总书记指出，在人民面前，我们永远是小学生，必须自觉拜人民为师，向能者求教，向智者问策。12345 热线就是这样一条"热心线"和"智慧线"。且不说有些市民电话本来就是反映问题和提出建议的；包括一些投诉性质的，市民在反映问题的同时往往也附带着问题的解决之法。特色新型智库的主要职责之一就是负责筛选甄别 12345 热线平台市民提出的有关政府管理、经济管理、社会治理、环境保护、法治建设、营商环境、城市规划建设、公共安全、数字政府等方面的意见建议，研究分析其合理性、必要性、可行性、有效性，形成优化政策措施建议报告。2023 年，智库"108 将"共提出专题性意见建议 32 篇，多维度、各方面往大城善治同向发力。

二、规范运行机制，增强为民服务效能

12345 热线对时效性和实效性的落实是持之以恒的，这样的理念也反映在特色智库的运行过程中。对群众的意见建议类的问题，按照属地管理、按职承办、行业主管的原则，形成工单转交承办单位限时办理，同时跟踪意见建议办理情况；针对部门回复不及时或办理不力的情况，转交群众和企业诉求提速处置专班实施提级处置，并将意见建议办理情况汇总后定期报市领导。对智库研究成果类的问题，及时转交群众和企业诉求提速处置专班分析研究，对合理化、可行性的建议，涉及单一部门的跟踪督办承办单位办理情况，促进意见建议转化落实；涉及多部门、协调落实难度大的，以专报形式报分管市领导研究协调。

三、积极探因寻策，优化辅助决策功能

辅助党委、政府决策是 12345 热线的基础性功能。智库工作手册规定，围绕市委、市政府重大部署、重要决策、重点工作、重点项目，如三个做优做强、产业建圈强链、优化营商环境、十大幸福工程、基层社

会治理等，确定重点研究领域。按照市委、市政府领导"点题"、市城市运行和政务服务管理办公室"出题"等方式，明确专题研究任务及要求，形成深度专题调研报告，着力促进难点问题、堵点问题、久拖不决问题等的解决。比如 2023 年形成的关于企业上市诉求、早教培训行业、三轮车非法运营治理、源头防范商品房交付矛盾、无证停车场收费、民宿管理服务、老旧小区供水管网改造等问题的分析研究与对策建议报告都较大程度促进了这些老大难共性问题的解决，守护了群众和企业权益，维护了党委政府信义。

四、主动查漏补缺，提升风险预警水平

不能让城市治理中的短板弱项成为风险潜滋暗长的土壤和条件，这是 12345 热线关乎城市发展安全、市民生活安全的重大使命。因此，抓住热线数据中反映的苗头性、倾向性、趋势性问题进行及时研究，针对共性问题、热点问题和长期反复投诉问题开展重点研究，是智库的重要职责。比如，2023 年智库成员就曾专题撰写过《关于处理公共能源（水电气）表后转供末端收费不透明问题的建议》，提出对于居民用户，应加速老旧院落或合表改造，实现居民一户一表。对于底商等商业用户，应严格按照《关于进一步明确转供电环节电价政策有关问题的通知》的规定，规范服务费、管理费收取标准，禁止将其他费用附加在电费中统一收取。进而特别提出私拉乱接、私自转供问题存在较大消防安全隐患，容易引发电气火灾。政府相关单位应做好消防安全督促检查工作，供电公司将协助开展隐患排查，全力杜绝因私拉乱接或私自转供而引发火灾。

2023年度成都12345热线特色新型智库部分建议 ①

一、关于简化企业上市流程，不断优化营商环境的相关建议

2023年1月至10月，12345热线平台共收到与企业上市相关来电来信96件。智库通过对企业上市相关诉求分析发现，问题主要集中在以下三个方面：一是咨询企业生产经营的合规证明如何开具。二是反映申请合规证明，但办理部门无法开具。三是反映可否用信用报告代替无违法违规证明。

经智库研究，目前，上海市、杭州市、天津市、广东省、湖北省、安徽省等地区均推行了以信用报告代替无违法违规证明，以便简化企业办事流程，不断优化营商环境。因此建议我市针对企业反映相关诉求，加快研究用企业信用报告代替无违法违规证明改革的可行性，推动政策加速落地，规范企业无违法违规证明的开具流程，进一步提升企业办事效率，助力我市营商环境持续优化。

市委、市政府主要领导高度重视智库建议，多次在专题部署会议上指出，以信用报告代替无违法违规证明，是充分运用社会信用体系成果，降低制度性交易成本，提升便企政务服务水平、优化营商环境的重要举措。要坚定以习近平新时代中国特色社会主义思想为指导，深入贯彻落实中央、省、市决策部署，积极拓展信用报告应用，按照数据赋能、协同联动、依法依规原则，加快推行以信用报告代替违法违规证明，为建设智慧蓉城、优化营商环境提供有力支撑。要深化智慧赋能，加快推动各类数据融合应用，实现企业精准画像、政策精准兑付，全面提升营商环境的数字化水平，特别要用好12345亲清在线等线上平台，强化数据分析运用，聚焦企业诉求，有针对性地及时出台一些"小切口"的惠企便企政策。要定期开展效果评估，动态优化政策内容，完善服务模式，稳步扩大无违法违规信息查询范围，有序拓展

---

① 案例来源：成都市城市运行和政务服务管理办公室。

专用信用报告应用场景。要强化政策宣传解读培训,让市场主体深入知晓惠企便民政策,真正为企业提供便利,持续打造市场化、法治化、国际化的一流营商环境。

市发改委研究起草了《成都市信用报告代替无违法违规证明实施方案》(以下简称《实施方案》)。根据《实施方案》规定,2024 年 4 月 1 日起,在发展改革、工业和信息化等 25 个领域第一批实施以专用信用报告代替无违法违规证明。2024 年 8 月 1 日起,在全市 39 个领域实施以专用信用报告代替无违法违规证明。届时,企业可在"信用中国(四川成都)"网站、"天府蓉易办"平台、市和区(市)县政务服务中心通过线上线下方式查询、下载、打印专用信用报告。(成都 12345 热线智库徐霁、马枭琴、黄微婷)

二、关于规范网约房管理的相关建议

"互联网+"的兴起,"共享经济"的日益繁荣,网约房这种房东和房客互不见面、利用网络平台实现房屋租赁的经营模式逐渐受到大家青睐。但是,现有的网约房很大程度上处于无主管单位、无准入门槛、无服务标准的"三无"状态。一些平台对网约房经营者的资格、营业执照、房源类型等信息,几乎不进行实质性审核,野蛮式生长下的网约房行业乱象频出,消费者投诉体验感差、收费乱、卫生不能保障、房源品质良莠不齐等情况也越来越多。人员流动复杂,消防、安全等方面均存在隐患,网约房旅客、网约房房东、自住居民之间矛盾经常出现,全市 12345 热线平台网约房相关投诉持续增高且占比越来越重。然而,由于网约房尚未明确主管部门,所以在此类诉求的处理中往往无人"接招"、无章可依,最终只能街道兜底、社区"接单",而缺乏执法权和监管依据的处理只能以协商调解为主,监管和处罚力度严重不足,无法有效维护消费者或经营者的权益。

经智库研究,目前,全国有北京、河北、山东、广东、浙江、江苏、湖北、云南、贵州、海南等省市出台过关于网络预约居住房屋的相关规定。四川省公安厅于 2022 年 8 月发布过征集《四川省网约房信息登记暂行办法》意见建议的公告,但尚未正式印发。为规范网约房管理,保障住宿人员、网约房经营者等合法权益,维护社会治安秩序,更好地推动我市网约房行业经营健康有序发展，提出四个方面的建议：一是明确网约房行业主管部门，加快出台《网约房管理办法》，既保护新兴事物的发展，又维护消费者和经营者权益。二是加强线上平台监管，对接房源发布平台，规范发布流程和审核条件，下架未注册或未备案的网约房。严格按照"实名制"要求登记入住旅客信息，确保租客身份信息的真实性和准确性，同时要求其建立相应的数据安全管理制度和措施。三是建立网约房信用体系，对网约房的经营者进行信用评级，并向社会公开评级结果，引导消费者选择信誉良好的网约房。四是引导成立网约房自管会。对于已形成聚集效应的网约房可以引导经营者成立自管会，从准入审核、巡查监督、惩戒退出、共建共享等环节进行全面规范，推动网约房经营者发挥积极作用建立自治机制，严格落实经营者主体责任，降低不规范经营和安全隐患风险，提高行业自主监督、自主管理、自主规范能力，在政府、社区、业主、物业和网约房经营者之间发挥桥梁和纽带作用。（成都 12345 热线智库杨婧、杨瑞、夏一夫、汪永强）

沉浸体验

感知热辣滚烫，
与城市心心相印

城市是人民的城市，人民城市为人民。……要抓住人民最关心最直接最现实的利益问题，扭住突出民生难题，一件事情接着一件事情办，一年接着一年干，争取早见成效，让人民群众有更多获得感、幸福感、安全感。

——2019 年 11 月 2 日至 3 日，习近平总书记
在上海考察时的讲话

市民走进 12345，聆听城市的声音、感知城市的心跳

从一个电话认识一座城，"12345·和你在一起"邀您走进 12345。这是人民城市向它的市民和企业发出的诚挚邀约。自 2023 年 2 月开始，成都市网络理政办面向全市开设报名通道，邀请市民在每周五走进 12345 热线，实地体验 12345 热线的运行模式，感知这个"城市总客服"的作用和意义。活动开展以来，共有 1100 余名市民代表走进 12345 热线沉浸式体验成都城市发展治理的热度、效度和温度。

这是全年无休、没有淡旺季的"民声"热线，是市民熟悉而又陌生的"民生"热线，也是联通党委、政府与市民、企业之间的"民心"热线。

"我打过 12345 热线咨询，人家很快就给了我答复，我很满意，所以想知道一根小热线是怎么高效运行的。"

"我从来没有拨打过 12345 热线，但是有点好奇，想看看它到底有没有用，所以报名参加体验。"

"我是浙江人，现在是成都新市民。我对成都最初的好感就来自于 12345 热线。我来旅游时打过好多次，每一次提出的问题都得到了又好又快的解决。我一直想更加深入了解这座热情有爱的城市，这是一个很好的机会。"

一、既是最前沿，也是大后方

走进成都 12345 热线接听中心，超过 2000 平方米的大厅里，电话铃声、键盘声与接线员们专业耐心的回复声此起彼伏。这里，每天近 200 人在岗、24 小时在线，日均 2 万余通电话接入，常年与 2100 万市民和 380 万市场主体"保持通话"。头戴耳麦，随声问好，指尖飞舞，接听工位上的接线员胥丽霞熟练地记录下电话中市民的诉求，点击保存，将工单传送至初审部门。她平均 4.8 分钟就要接听一个来电，休息却只能以"秒"计算。胥丽霞说："特别是疫情期间，不少来电市民都比较焦急。如果电话另一端是我，我也希望能够有人赶紧接起我的电话，帮我解决问题。"这里最大的声音就是键盘敲击声，而且一个比一个快。"因为电话背后可能是市民的急事、难事、要事，如果打字慢了，就会耽搁人家，也会影响下一个电话的打进。所以，我们打字快一点，就可以让市民少焦急一会儿，少等待一会儿。"

忙碌、专业、共情是市民代表们体验中最直观的共同感受。太忙了，但却忙而有序。作为市民服务"总客服"，无论是政策咨询还是投诉问题，不同的市民声音从四面八方传来，烦心事、揪心事、闹心事中夹杂着焦灼、不满和无助，而所有的情绪在接线员耐心的询问、详细的解答、快速的处置中逐渐稳定。"接线员态度相当好，我见证了原本情绪激动的市民在接线员的询问和安抚下慢慢地缓和下来。特别感动、真心佩服。"第一时间的问候、聆听和应答，仿佛给急难愁盼的市民服下一颗定心丸。这支平均年龄仅 26 岁的接线员队伍，保持着每天 24 小时不间断在线服务，枯燥而烦琐，隐于后方，却至关重要。

二、不只是一通电话，而是一个联动系统

2023 年伊始，成都市召开"新春第一会"，主题是 12345 亲清在线

启动暨优化营商环境座谈会，会议对打造国际一流营商环境推进高质量发展进行安排部署。会议召开的当日下午，曾女士成为第一个拨打助企热线的人。让她没想到的是，在拨打 12345 助企热线后，回复比想象中来得更快，不到一个工作日，难题就被解决了。"真没想到效率这么高，根据回复，我们迅速就办理好了企业注册手续，现在已经正常开展业务了，企业发展也很平稳。"

接听曾女士电话的成都姑娘张紫颖至今仍清晰记得回访时的心情："对方一个劲儿地表示感谢，心里又温暖又有点自豪。"其实，当张紫颖接起电话的那一刻，企业诉求提速提级处置全流程的闭环就已经开启了。成都市武侯区城运中心的刘亚丽，也在其中一环。曾女士反映的问题涉及外资迁入，接到工单后，第一时间就转至企业提速专班进行提质、提级处置。专班立即与武侯区行政审批局取得联系，不到 1 个小时，实现了第一时间转办、第一时间响应。"接力棒"交到武侯区行政审批局，工作人员胡昕昕多次与曾女士取得联系，一方面要反复了解她的具体诉求，另一方面要详细告知解决诉求的办法和流程。正是有了这份细致，曾女士不仅听得明明白白，而且办得妥妥当当。在最后的回访环节，曾女士连连说了好几个"很满意"。

"不到一个工作日办结"的背后，仅仅是 12345 亲清在线服务企业的一个缩影。为推动企业诉求有效解决，成都优化了企业诉求专席、专员、专班"三专"服务机制，并形成了企业诉求提速提级处置全流程、闭环式工作机制。企业的所有来电来信，能够在线解答的就在线解答，不能在线解答的，将及时转交部门办理，对未办理落实的、须跨部门跨区域协调的重大突发难点诉求，及时转交企业提速专班处置。全市各级各部门形成了上下联动、齐心协力的工作格局，全流程、全覆盖、全方位解决企业急难愁盼问题，服务企业健康发展。

经过一年的运行，成都 12345 亲清在线已经成为市民和企业交口称赞的特色营商环境品牌。零距离，倾听市民、企业的心声；心连心，解决市民、企业的困难，从热线接通的那一刻，"事事有回音、件件有着落"的信赖感就稳了。

三、不仅有了了解，更增进了理解

对于市民来说，12345 热线是一个求助的渠道。而对于工作人员来说，这是一个庞大的信息中转、处理机构。黎小倩是工单审核组的一员，她最大的感受是：审核的工单越多，越能对市民的求助感同身受。"每天能看到各种各样的问题和求助信息，下意识地会急民之所急，想帮助他们尽快解决问题。"

每周五，成都 12345 热线都会迎来一批沉浸式体验的市民、企业代表，实地体验 12345 热线的运行模式，感知这个"城市总客服"的作用和意义。

"太不容易了！"从没拨打过 12345 热线的王新第一次感受到，仅凭一通热线，就能将一个城市的市民和政府紧密相连。在企业工作的张先生则惊讶于热线强大的信息汇集、整合与数据分析能力，感慨"政府治理城市真的很难，需要各方共同努力"。"依托城市运行精细化管理平台，将群众诉求渠道与专业问题处置部门打通融合，逐步建立起城市管理部门与公众之间的信息共享平台和良性互动机制，或许才是城市治理背后的'密码'。"受此启发，张先生似乎也找到了今后工作的努力方向。

作为企业负责人的四川乐多多超市管理有限公司董事长孟刚文一边盛赞工作人员的细心和专业，一边提炼热线的要义精髓："12345 既接地气又接天线，通过热线可以串联起所有相关部门协同联动共同解决问题。"他关于热线对城市发展治理的理解同样精辟："通过 12345 的运行数据，我们能够看到民营经济的复苏，也证明了城市将迈向更规范的治理阶段。这里是城市高质量发展的幕后英雄。"

很多人都是第一次来，如此近距离地聆听城市的声音、感知城市的心跳。温暖、高效，是每次沉浸式体验 12345 热线活动时，市民、企业代表最深的感触。"每天接听量那么大，为什么不增加人工智能服务或者机器人接听呢？""热线秉持的是以人为本的理念。站在市民群众的角度，'人'永远是最具有感情的服务者，能够切实地解决问题。而为了优化服务体验，12345 取消了来电提示音，改进工作流程细节，让市民、企业代表能在第一时间感受到帮助。如果换位思考，我们也不希望跟自己对话的是冰冷的、从头到尾一个语调的机器人。"这道出了 12345 热线的朴素初心。城市的发展、社会的进步，归根结底都要落实到每一位市民、每一个企业的细微体验。一个城市的温度，在于每一个市民的"呼声"都能被听见。这座城市从未辜负大家的热爱和信赖，在看不见的地方，有无数的力量托举着我们的幸福。

四、听思践悟

据统计，共有超过 1200 余万人拨打过成都 12345 热线电话。体验活动开展以来，企业及来自社会各个阶层、不同年龄的市民通过亲自参与、亲身感受 12345 与民同线、与民同心、与民同行的具体实践，增进了对党和政府的理解和支持；12345 热线也收获了不少优化流程的"金点子"和赋能超大城市现代化治理的好建议。

一是优化了 12345 热线的工作流程。针对市民代表提出的进一步规范成都 12345 热线平台运行管理，提高利企便民服务水平等建议，成都市委办公厅、市政府办公厅印发了《成都 12345 热线平台工作办法》，增强了全市办理人员做好 12345 热线工作的使命感责任感；针对基层办理人员提出的反复投诉会影响满意率、不合理诉求如何办理等问题，印发《关于进一步做好 12345 热线平台来电来信第三方评议工作的通知》，减轻基层办理人员负担，解决好群众及企业诉求"最后一公里"问题。

二是让广大市民群众感受到了成都的温度和幸福。通过体验，市民群众了解了 12345 接听、转办、部门处置、提级调度解决等全流程及市委、市政府便民利企的相关举措，听取了接线员用嘶哑声音坚守岗位获得"您多保重"的暖意祝福。出生仅 7 天的重病婴儿疫情期间千里协调最终急赴北京得以医治，一位重症肌无力患者经多方努力收到小众特殊病种用药，在蓉企业用心点赞政府联动切实解决企业大难题等 12345 背后的故事，直观感受到了这座城市的速度、温情和幸福，感受到了不同岗位的工作人员是如何共同维系一座超大城市的运转。有市民说，有这样一个平台每天 24 小时在线，365 天不间断地响应我们的诉求，让我感到很安心。岁月静好的背后，原来有那么多人在默默付出，那么多人在操心我们这座城市的发展。12345 热线是城市治理体系的缩影，也是我们的安全线、幸福线，真的很感谢市委、市政府。

三是增强了党员干部的为民服务情怀。成都市中青年干部培训班学员接听了 3 至 7 件市民、企业来电，学员们结合工作实际还认领了近期本地区、本领域的市民重点诉求。现场体验尚未结束，学员们就已对接听的市民来电、认领的重点诉求开展跟踪协调，部分诉求现场就得到解决。民生无小事，枝叶总关情。每一件看似细微具体、鸡毛蒜皮的小诉求背后，全都是事关民心、民生的大政治。大家深切感受到，12345 热线是市委、市政府坚持和践行以人民为中心的发展思想，解决群众身边的关键"小事"、攻克城市治理的难点"大事"、彰显民生福祉实绩实效、打造国际一流营商环境的重要抓手。基层工作人员通过体验，对 12345 热线的工作流程和闭环运行机制有了更深入的了解；通过交流，也接受了一次业务培训，提升了"群众利益无小事"的责任意识和为民情怀。部分街道办事处办理人员感慨，作为 12345 热线后端的处理人员，以前只觉得自己很辛苦，从未想过前端接听电话人员也是如此不容易。

　　四是增进了政民理解互信实效。广大市民群众通过体验活动，明白了城市是载体，自己是主体。人人参与、人人奉献，群策群力、集智聚力，共建共治共享，城市才能更宜居、更美好、更幸福。上海中联（成都）律师事务所张婧竹在参与市民代表走进 12345 体验活动后，主动请缨担任 12345 热线的普法志愿者，开展了"12345 热线高频法律问题体系化答疑"培训活动；成都大学法学院社会工作系教师和学生通过体验活动，惊喜地认识到 12345 热线简直就是天然的社会实践课堂，热线汇集的数据就是最直接的社会治理研究课题。无论是作为成都新青年，还是专业的社会治理人才，12345 热线都是了解城市运行体系、治理体系的生动场景。把学习中的理论逻辑与 12345 的实践逻辑有机结合起来，就能更好的理解政民互动逻辑，从而提升超大城市的现代化治理水平。

　　五是亲身感受到了 12345 亲清在线服务效能。滴滴、京东、快购、抖音等互联网平台企业代表及民营企业代表听取了 12345 亲清在线品牌的介绍，知晓了 12345 热线建立的企业诉求直派机制（以前是转主管部门和区县后再层层派单，现在 12345 直接派单到平台企业），了解了企业提速处置专班对部分跨区域、跨部门等紧急诉求实施提级办理的处置流程。大家既受惠于 12345 热线的服务，又从中受到启发。有平台企业家代表说："我感到一方面需要提高公司自身管理水平，提升工作效率；另一方面也需要认真聆听消费者的诉求，对平台入驻商户、司机等更加规范管理，进一步维护广大消费者的合法权益，为消费者提供更好的体验，让我们的服务也像 12345 热线一样有速度更有温度。"成都市工商联相关负责人认为，12345 热线的一个重要意义便是公平。近年来，中央和地方出台了一系列鼓励扶持小微企业发展的优惠政策，但由于缺乏细则解读、企业对申请流程不熟悉等原因，优惠政策难以真正落地，有时会形成"阳光照不到小微企业"的困境。而通过 12345 热线，企业可以直接了解到最新的、详细的政策资讯，根据企业自画像迅速找到最适合的政策。对于刚刚成立不久的企业或者从外地来蓉的企业，这能够帮它们少走很多弯路，帮助解决新生市场主体服务的薄弱环节。企业家代表们非常感谢 12345 亲清在线集成了企业最迫切需要的简化办事流程、推送惠企政策、畅通联系机制以及加强线下沟通的"四位一体"服务方式，覆盖企业全生命周期的政务服务体系赋予了企业发展更多的底气、更强的动力、更大的潜力。

角色换位：从"打电话"到"听电话" ①

"您好，成都市 12345 热线，请问有什么可以帮您？"这句暖心的开场白，是致电群众及企业最熟悉的问候语，也是成都 12345 热线接线员重复最多的一句话。作为城市总客服，12345 热线究竟如何更好为市民服务？ 16 位成都市民走进 12345 热线。他们当中，有刚刚举家迁入成都的新成都人，也有土生土长的老成都人；有刚步入校园的大学生，也有已在成都工作多年的"蓉漂"，涵盖企业家、社工、教师、工程师、医务人员等多个职业。从一位打电话的人，到一位倾听电话的人，身份转变的他们有何感受？又有何收获？

市民李琦很激动，因为她是成都铁路局成都车站助理工程师，所负责的工作也曾是 12345 热线的一环——此前她在成都站的工作就是乘客拨打 12345 热线后，会以工单的形式转接到她这里及时解决。"这一次我想换一个角度，去听听大家到底有什么诉求，而不是站在一个处理诉求的角度去回应。"

人群中还有一位头发斑白的市民，她是 67 岁的退休职工秋韵（网名），曾多次拨打 12345 解决自己的问题。作为地地道道的成都人，她深爱这座城市，也因而格外关心 12345 这个"城市总客服"到底是如何运行的。

---

① 本文根据蓉城政事公众号素材改写。

唐大川是成都一家社会组织的社工主管，也曾经是一名社区工作人员。他觉得自己跟 12345 有缘，因为居民反映的诉求工单常常交由他负责处理；而现在，他所在的社会组织也主要关爱"一老一小"，服务社区发展治理，因此很想听听自己服务的群体到底有什么诉求。"我们其实就是 12345 的"最后一米"，是它末端的一环。也许我不能解决所有的问题，但我还是希望自己的工作更有价值和意义。"

参与活动的还有在蓉大学生。王新在川大读研，即将毕业步入社会。她认为这是了解社会的极好方式，同时也好奇一根热线如何让庞大的社会体系运行得井然有序。

李琦倾听到的两个电话，都是回访电话。让她意外的是，两个问题恰好是她所关心的，一个是关于某单车平台存在乱扣费的情况，另一个是健身房退费问题。"这都是与我们年轻人生活息息相关的问题。"而这两个问题都因为 12345 热线的帮助得到了解决。"从电话那头我能感受到，成都是一座能听得到市民声音的城市，既有温度也有速度。"

摘下耳麦，王新第一句话就是："太忙了！"虽然是从没拨打过12345 热线的市民，但这次体验却让她第一次真切地感受到仅凭一通热线，就能将一个城市的市民和政府紧密相连。

唐大川说："我今天一共听到了 3 个电话，印象非常深刻的是一名年纪较大的老奶奶，对一些情况不太了解，焦急地寻求帮助。而无论对方多么焦急，接线员的声音都非常专业、可靠，给人宽慰。如果是我在这种焦急状态听到这种声音，我会觉得我不是一个'孤岛'，这个城市很温暖，社会有很多平台在为我们提供帮助，伸出援手。"

"真不容易！"听了几通电话后，秋韵感叹道。"以前我以为 12345接线员就是一个'传话筒'，但今天体验后，才知道一通电话背后，是多个部门的协同联动。"第一通电话结束后，她和接线员还有几秒钟的短暂交流。但后续，随着一通接一通电话密集打进来，接线员就再也没有时间跟她交流了。

成都市规划设计研究院工作人员周天庆也是 12345 热线的热心市民，他对 12345 有更深的新的理解。"使用得越多，你会发现它并不只是一个让你去投诉的平台，还是一个交流平台，它的功能变得越来越丰富、越来越完善。比如我最近反映过住家附近的红绿灯问题，事实上并没有造成交通拥堵，但还可以设置得更合理一些。这种诉求不是投诉，而是以城市主人翁的心态进行沟通，提出建议，希望整个城市变得更好。"

"接线员们都非常厉害，我想向他们学习。因为他们接听电话时面对的任务都不一样的，就像拥有'百宝箱'一样，能够即时解决很多问题，并给相关部门传递有效信息。我以后也想成为这样专业的人。"这个把接线员的专业技能比作"百宝箱"的杨超是一名中学生，目前高二在读。走进 12345 热线现场，他表示超乎想象，完全被专业和爱折服了。"我愿意以城市志愿者的身份不断地帮助他人，将爱传递下去。"

对于生于斯、长于斯的这片土地，李琦爱得深沉。"我是一个土生土长的成都妹子，在我的眼里，成都是一座充满温暖与力量的城市，这里既有厚重的历史文化，也有科技的蓬勃发展；既有砖瓦房里的慢生活，也有高楼大厦间的快节奏。"在李琦眼里，现在的成都正在高速发展，但希望成都也能留下一点"慢速度"。比如，现在生活中很多便民措施都整合到了线上办理，但对于老年人、脱网人群来说，这反倒成了他们的阻碍。因此建议在整合各项便民措施线上操作的同时，在各个领域都保留一定的线下人工操作方式，为老年人、脱网人群停一停脚步，帮助他们跟得上。

便捷、舒服，大概是市民对成都生活最恰如其分的评价吧。秋韵对成都的喜爱也是溢于言表。政府工作人员会主动添加微信方便服务，公交司机会为奔跑赶路的乘客停留。过去，她更多的是这种便捷和舒服的享受者，但今天体验后，她更想做的是把隐藏在这座城市细节里的温柔传递下去。"12345 帮我们解决了很多问题，也因为这个平台，让成都人民的心紧紧凝聚了起来。"她希望，结合城市有机更新、老旧小区改造，成都可以不断优化完善养老托育服务设施布局，解决停车难问题，不断满足中心城区"一老一小"民生需求。她也希望，有些可以在基层解决的问题，就不要占用 12345 热线这个平台，因为 12345 热线应该帮助更有需要的老百姓解决更为棘手的问题。

作为社工的唐大川对社区居民幸福感和满意度的提升有更为直观和真切的感受，作为城市规划师的周天庆则认识到 12345 热线蕴含的"送上门的调查研究"的独特价值。他们都希望自己的工作能与 12345 热线实现更有机地互促相融。

这是一次生动的体验，更是一次深刻的交流。共谋城市发展、同享城市美好，人民城市人民建，在加深了解中积蓄能量，在增进理解中夯实信任。

市民代表体会摘编 [①]

把课堂设在 12345 热线接听中心这样一个真实的城市智慧治理空间场景里，可以让同学们更加深入直观地了解城市如何运行，以及城市治理背后的不易。一方面，这些学生即将步入社会，他们可能会变成城市新青年，如果能够了解一座幸福之城的背后，其实是政府治理体系的"温度"和"速度"，是很多人在默默辛苦付出，这将增添他们对城市的认同感和归属感；另一方面，作为社会工作专业的学生，未来他们也可能进入基层从事社会治理工作，成为城市治理体系的一部分。作为一个专业的社区基层治理人才，他们需要了解智慧城市治理的工作体系，了解作为一名社会工作者在治理流程闭

---

① 资料来源：成都市城市运行和政务服务管理办公室。

环中如何更好地为城市、为市民进行服务。

（成都大学教授张女士）

专业和耐心的声音能给人一种宽慰，让对方可以感受到有人在认真记录你的诉求，这座城市愿意帮助你，这是12345热线给予这座城市市民向上向善的力量。

（四川大学研究生王同学）

以前很多朋友都常常聊起12345，今天来参观了之后才知道，这项工作背后有如此周密的工作架构、服务体系和推进机制。前台接电话，后台就会有专人立刻着手处理问题，让诉求很快就有反馈。

（浩旺集团车女士）

接线员的压力很大，非常敬佩他们，他们的细心和专业度，在全国来讲都是非常出色的，有他们为企业保驾护航，让我们对未来发展也更有信心。成都的营商环境给了企业很大的支持，包括城市的人文环境、基础设施建设等方面，成都不仅是一个包容的城市，吸纳了许多外来者来此立业，也是一座幸福之城，让人们无论是生活还是工作都能有满满的获得感。

（四川乐多多超市管理有限公司盂先生）

我见证、我守护：三色路的蝶变重生 [①]

2023 年 5 月 25 日，一群特殊的体验者走进 12345 接听中心，他们是三色路青年创业者代表，亲身参与并见证了三色路夜市从野蛮生长到因乱致停再到蝶变重生的过程。

一、初现即成"顶流"

三色路夜市是成都的网红打卡点，一街之隔就是锦江绿道 Woodpark 轻极限运动公园。这是众多平衡车、自行车、滑板爱好者的聚集地。运动元素，露营氛围，特色咖啡……三色路夜市从诞生之初就带着年轻的血液、个性的标签。

区别于成都的很多其他夜市，这里的摊位要么是汽车后备厢，要么是帐篷，走的是时下最流行的"露营风"，经过串灯、荧光招牌等的精心装饰更显个性，一句句或幽默或走心的标语，道出了当下不少年轻人的心声。

集齐了诸多"流量密码"的三色路夜市，很快成为"网红"，吸引了形形色色的城市青年。摊主是年轻人，来的也是年轻人。每天 18 时至 24 时是营业时间，摊贩多达 200 余家。高峰时期，短短约 1 公里的

---

① 本文根据《成都日报》锦观新闻素材改写。

夜市可以聚集上万人。

然而，随着三色路夜市的越来越火爆，暴露出来的问题也越来越多。

原本双向通行的道路被摆摊的车辆占掉一半，人流伴随着车流造成交通拥堵；因餐饮带来的大面积油污，把原本干净的路面折腾成了"大花脸"；一到晚上，烧烤摊位散发出诱人香味的同时，油烟却很浓重；现场音乐把氛围感拉满了，但也让周边群众直呼"噪声扰民"；还有厕所等配套不足、食品卫生缺乏有效监管；等等。

成都 12345 热线不断接到市民投诉，网友也罗列出三色路"七宗罪"。2022 年 11 月，三色路夜市被叫停。那个曾经人头攒动的夜市，自发兴起，又突然消失了。

但是很快，12345 热线又接到了另一种声音的投诉："难道就因为出现了一些问题，这个很多人喜欢的夜市就'一关了之'吗？""是暂时关闭，还是永久关闭？""有问题解决问题，我们愿意接受规范化管理，反对直接取缔的'一刀切'。"

二、一通热线带来的整治

一边是附近居民的怨声载道，一边是夜市拥趸的期待和年轻摊主的心声。两边都是民意，怎么办？

"我们要尽可能满足每一个市民的合理要求，找一个两全其美的办法。"收到来电后，市委、市政府和锦江区高度重视，组织多方实地研究，与基层社区组织加强沟通协调，制定了三色路整治方案。

首先是针对群众反映的各种管理痛点进行"靶向治理"。引入第三方运营公司，提高"入市"门槛。实行"一摊一证"，在不收取商户管理费的前提下，对商户的卫生、安全、资格认证等实行统一管理。加强日常管理，每天至少安排 2 名"走保"人员、1 名"快保"人员、1 名清运人员，并根据现场情况适时增派人员，为三色路夜市环境卫生清洁提供保障。针对居民不堪其扰的油烟和噪声问题，也明确规定现场不得使用煤气罐、明火、重油烟等，晚上 10 点后要限制音量分贝。此后还会陆续增加智能化监控系统，对人流量、环境指数等进行不间断的数字化管理。

不仅考虑治理，同时谋划发展。根据目前的规划，将依托"公园＋集市＋运动"的元素，对三色路夜市进行再升级；片区级谋划也在紧锣密鼓的推进过程中。以"三色路夜市"为核心，打造汽车"后备厢"街区、文创艺术商业街区、高端餐饮美食街区、特色街区集市延伸区四大片区，并向数字产业港园区腹地不断辐射延伸，逐步形成"潮玩锦江"特色街区；同时将其纳入锦江"十二月市"，打造专属于成都的、独一无二的夜市。

在 12345 热线诉求的指引下，融合了治理与发展思路的三色路夜市于 2023 年 2 月 2 日"重装上阵"。

前来打卡的市民说："现在夜市一边是后备厢摊，一边是帐篷摊，感觉更规范了。"

住在附近的居民说："重新开放之后，噪声、油烟这些曾经影响我们生活的问题都得到了治理，我们也能跟年轻人同乐了。"

青年摊主说："虽然暂停了几个月，但夜市的'魂'没有变。环境越整洁，来的人越多，体验感越好，形成良性循环后，我们也不用担心被取缔了。"

三、你的夜色我来守护

这个在城市角落自发形成的夜市，它的出现、消失与归来背后，折射出一座城市的包容与智慧。但治理见一时之效易，收长远之功难。在体验结束后的座谈会上，三色路青年创业者代表们畅谈体会、抒发愿景，对三色路的明天充满责任感，对自己的美好生活充满希望。

"无论是解决三色路上大货车噪声问题，还是厕所少、味道重等问题，都让我们感觉到政府的效率。我们在这里摆摊觉得很安心，对未来也很有信心。"

"今天，我认真体验了接线员的工作，真切地感受到他们工作的细致和辛苦。城市的稳定和发展离不开12345热线工作人员的奉献与坚守。我也仔细了解了市民关于三色路的投诉和建议，以后我会按照市民意见，更用心地提升运营水平、改善服务质量，更紧密地跟小伙伴们团结起来，共同守护、一起擦亮成都三色路夜市的品牌。"

三色路夜市的品牌由青年创业者自己打造、自己维护。政府只在需要时伸把手、搭个台、引条路，而后便退居幕后观察、支持、帮助。这是年轻人的天堂，但不能只有自己，眼里还得有别人；这是轻松放飞的空间，但不能没有规矩，规范下才有真自由。"各美其美，美人之美，美美与共，三色大同"，这是青年创业者们依托12345热线凝练出来的三色路夜市文化之魂。

创业青年代表体会摘编①

以前我们的身份是诉求者，打一通电话就能解决问题，十分便捷。但今天来到成都12345热线接听中心体验了接线员的工作，我真切地感受到他们工作的细致和辛苦。今年2月开市的时候来到三色路时，三色路和以前相比干净多了，作为青年创业者，我觉得我们应该从食品安全、价格、环境卫生等方面尽自己的努力，从自身出发做好点点滴滴。

（三色路摊主吴先生）

———————————

① 资料来源：成都市城市运行和政务服务管理办公室。

最大的感受是政府治理城市很难，找到城市治理的"密码"需要多方共同努力，其中包括企业方、政府方、市民方等。之前不了解 12345 热线已经整合了如此多的内容，拥有很强大的数据分析能力，这对我今后的工作，有很大的启发作用。数据分析只是城市治理的一部分内容，依托城市运行精细化管理平台，将群众诉求渠道与专业问题处置部门打通融合，逐步建立起城市管理部门与公众之间的信息共享平台和良性互动机制，或许才是城市治理背后的"密码"。

（企业职工张先生）

我是一名北方人，记得我刚刚来到成都时十分迷茫无措，又遇到了租房问题，当时我抱着试试看的态度拨打了成都 12345 热线，没想到问题很快就得到了解决。对于一个身在异地的人，一条能随时拨打并给予帮助的热线，真的给了我很多温暖和安全感。

（企业职工田女生）

"办理员"化身"接线员"：
与"差评"和解 [①]

    12345热线，一个倾听市民心声的热线，也是一座为民解忧的"连心桥"。每逢周五，都会有一批市民走进12345热线，实地体验12345热线服务背后的故事。

    2023年12月1日，这里来了29位特殊的访客——他们是来自新都区各单位的基层工作人员，负责处理本单位12345热线相关的工单。不少人有着多年的工单处理经验，噪声扰民、违法建设、市场监管……他们为许多人排忧解难，也在基层工作中积攒了很多困惑。

    例如，已经尽了最大努力，市民还是不满意怎么办？已经给出了政策解释，市民还是不认可怎么办？有人曾为"差评"而担忧。通过化身接线员，他们在电话中听到了一个个寻求帮助的声音，对有些人来说，打出这一通电话，很可能就是他们当时最大的希望。

一、体验12345热线日常感受电话线连接起的共情

    12月1日下午，12345热线接线大厅内，忙碌如常。电话一接通，他们一边详细询问，一边麻利地把关键信息输入电脑，建立工单。一通

---

① 本文据成都发布公众号素材文章改写。

电话刚刚结束，另一通电话又来了。

访客们坐在接线员身边，一起聆听了一通通来电。有咨询的、投诉的、提建议的，还有表达感谢的，来自这座 2100 万人口城市的细小声音，源源不断地从电话另一端传导过来。

短短 5 分钟，来自新都区智慧蓉城运行中心的陈女士见证了接线员一连接了 3 个电话，中间休息的间隔时间只有几秒钟。姓名、电话、地点、诉求……沟通过程中，接线员逐项筛选出有效信息，录入系统，手指在键盘上飞速敲击。挂电话前，接线员再次确认了诉求，便迅速将工单转接到相关单位。

"非常敬佩所有的接线员，他们不仅效率极高，而且展现出很温暖的态度，很能共情，对方有情绪会先安抚再沟通。"陈女士说，自己在日常工作中负责办理 12345 热线转派的工单，无论是基础性的咨询、一般性的反映、还是特殊性的要求、紧急性的求助，都有标准化、规范化的处置流程，部门的协同度也很高。"但坦率地说，以前我更多的还是以按部就班为主，并不总能将心比心、换位思考。经过这次现场体验，我对市民们的急难愁盼问题有了更深刻的感受，以后我会更多的急人所急、解人所难。"

新都区智慧蓉城运行中心的刘先生从事 12345 热线相关工作五年。"新都区每天反映的问题就有 400 件以上，时常会遇到不好处理的棘手问题，但大多数最后都能得到妥善解决，最基础也是最重要的还是耐心倾听和主动沟通。人心都是肉长的，大多数群众还是讲道理的。"

二、把热线工作当作一种修炼

沉浸式体验结束后，大家围坐一起交流，谈体会、说困惑、提建议。

常年处理工单的一线人员，不约而同提出了疑问：基层的实际情况比较复杂，没法做到百分之百的满意率该怎么办？还有一些工单，一看就觉得不合理，也知道是办不了的，但如果没达到提出的要求，可能也会不满意。

市网络理政办的同志则循循善诱，帮助基层同志们打开心结。12345热线是老百姓自己的电话，正是因为它的草根性和无门槛，大家才愿意用；也正因为它管用，能帮助解决问题，大家才喜欢用。为人民服务大家都会说，但是否全心全意，恐怕是需要打上问号的。满意率不是12345热线追求的绝对目标，热线希望筑牢的是党和政府跟群众和企业之间的"连心桥"。有句话听上去也许有点太高大上，但确实也是事实，叫作"精诚所至，金石为开"，不妨把热线工作当作一种修炼。

市网络理政办曾邀请了一些一年之中上百次拨打过12345热线的市民群众来座谈。其中有几位已有七八十岁，起初情绪仍然像打电话时那么激动。但当他们和一线工作人员深入交流之后，看到了大家的不易，理解到了治理好一座城市的难处，自己也很感慨，因为他们知道了，自己的一通电话背后，是多少人的真心付出。

三、市民对处理结果不满意可请第三方评议会"评评理"

针对基层人员担心的"差评"问题，市网络理政办工作人员也给予了回应。一方面，要找我们自身的原因，对市民的诉求，是否用心用情用力去解决了？是否与相关方进行了沟通和协调？另一方面，也要坚持依法依规解决市民的诉求，对满意率的理解不能太片面，追求也不能走极端。对那些限于客观原因或短期内无法解决的诉求，要做好沟通解释工作。

针对市民反复反映不满意的事情，也可开展第三方评议会"评评理"——承办单位组织评议会，可包括诉求人、职能部门工作人员、市民代表、专家代表、律师代表、媒体代表等。会上以市民提诉、部门回应、各方代表发言讨论等方式，讨论诉求是否合理合法，吸纳建议想法，促进充分沟通达成共识。这既是为了尽量为基层减负释压，也是为了促进切实履职担责，更好回应老百姓的需求与期盼。

这次体验给基层办件同志最大的启发是：12345 热线绝不是某一单方面或者单向度的热线，而是党群、政民、政企之间的互动热线。各方的原则、立场、利益、诉求在真诚的沟通交流中彼此体谅、互相启发，政通人和的理想局面由此达成。

政府是人民的公仆，责任就是尽心尽力为人民解决各种问题，因而必须不断改善服务，灵活处理人民的要求，充分考虑个别特殊情况，避免照章行事。而人民也要能够谅解，政府也不可能有求必应，这就要求工作人员具备专业精神，能够以礼相待，互相尊重，秉公办事，保持客观和公正，对所有人一视同仁。

无论是从历史还是现实经验看，这对解决问题都很有帮助。长远来说，如果政府和人民之间通过 12345 热线能够建立起良好的互动关系，政府尽力为各种民生问题寻找最好的解决方法，人民也能够自动自发自觉自为，向政府提建议、出主意。这是最有利于巩固执政基础、维护并促进可持续发展的状态。

中青班学员通过现场教学诠释为民服务初心 ①

作为全国第三个经济总量突破 2 万亿元，第一个常住人口突破 2000 万人的副省级城市，如何提升超大城市发展和治理水平？如何让发展和治理成果更多更充分的惠及人民？成都充分发挥 12345 热线的人民性和引领性作用，以"一键直达"民心彰显了为民服务的初心，筑起了党委政府密切联系群众企业的"连心桥"。

为体验 12345 热线在提升高质量发展、高品质生活、高效能治理中发挥的"牵一发而动全身"的作用，中共成都市委党校把热线接听中心开发成为现场教学基地，通过沉浸式体验、现场认领解决"不满意工单"等形式，帮助学员增强为民服务的意识和能力。

2023 年 3 月 15 日上午 10 时的 12345 热线接听中心，静谧而繁忙。"您好，成都市 12345 热线，请问有什么可以帮您？"的接听与问候，从未停歇。中共成都市委党校第 3 期中青年干部培训班的 55 名学员戴上耳机，协同台席话务员，直接接听市民群众来电，参与 12345 热线诉求现场答复、工单生成及转派等。在近 20 分钟的体验时间里，学员们分别接听了 3 件至 7 件不等的市民、企业来电，诉求既包含企业法人

---

① 本文系中共成都市委党校第 3 期中青年干部培训班学员走进 12345 热线的总结体会。

变更、少儿互助金购买等咨询，也涵盖网约车司机被平台扣服务分、消费纠纷等求助和投诉；学员们还结合工作实际，认领了近期本地区、本领域的市民重点诉求。现场教学尚未结束，学员们纷纷就接听的市民来电、认领的重点诉求开展跟踪协调，部分诉求现场就得到解决。

在成都市智慧蓉城运行中心，学员们认真聆听市城运中心以"绣花"功夫做优公共安全、公共管理、公共服务，打通事件流转、指挥调度、处置反馈通道，深化城市运行"一网统管"、政务服务"一网通办"、数据资源"一网通享"、社会诉求"一键回应"，加快形成态势呈现、风险预警、高速处置、情况反馈的工作闭环，推动智慧蓉城建设落地落实的做法及成效。尤其是12345热线积极发挥社会诉求感知平台作用，全面融入智慧蓉城"王"字形架构，实现城市运行态势实时感知、风险隐患智能研判、突发事件协同处置，推动城市治理更加智慧、更加精细、更加科学。

晚上，学员们针对白天参观体验12345热线接听中心感受，开展了一次深入而广泛的交流与讨论。学员们普遍认为进一步深刻认识到12345热线是市委、市政府坚持和践行以人民为中心的发展思想，以群众诉求为导向、以智慧手段为支撑，解决群众身边的关键"小事"、攻克城市治理的难点"大事"、彰显民生福祉实绩实效、打造国际一流营商环境的重要举措和有效途径；进一步明确表示要把12345作为干部"七种能力""三大本领"重要的一线训练平台，更好发挥12345热线作为党和人民"连心桥"、政企互动"直通车"、城市运行"晴雨表"、科学决策"指挥棒"、干部素质"训练营"作用，以"绣花心"配"绣花针"、下足"绣花功夫"，更加步伐稳健地走好新时代党的群众路线，坚持把以人民为中心作为社会治理现代化的价值取向，尊重人民群众的首创精神，发挥人民群众的主体作用，更多通过12345这样一条人民热线来问需于民、问计于民、问效于民，凝聚各方面的智慧和力量，形成"最大公约数"、画出"最大同心圆"，积极构建共建共治共享的社会治理新格局，让城市治理敏捷高效、可感可及，奋力在全面建设践行新发展理念的公园城市示范区的新征程中，在彰显中国式现代化万千气象的成都图景中，书写"人民城市人民建、人民城市为人民"的新篇章！

学员体会摘编[①]

有三点感受：一是群众的诉求就是工作的"靶心"，不能小看老百姓家门口、眼皮下的小事，正视问题才能解决问题。二是为民办实事重在办事，既要善于"小题大做"，也要有耐心"大题小做"，更需要想深一层、寻找规律、把准症结，把好事办实、实事办好、难事办成，让群众有感有得、真心点赞。三是数字化让服务更泛在可及、智慧便捷、公平普惠，让政府决策更科学、公共服务更高效、社会监督更透明。作为来自郊区新城的干部，如何在当地用好"连心桥"、建牢"连心桥"，还需要绵绵用力、久久为功。

（彭州市政府副市长陈楠）

有四点感受：一是"将人民置顶"。12345 热线把群众利益放在首位，体现了人民至上，是对宗旨意识的践行。二是"连心桥"。热线是政府与市民的"连心桥"，畅通了民意诉求渠道，保障了市民的合理诉求得到及时妥善解决，体现了成都这座城市的温度。三是"绣花功夫"。热线汇集了群众的一件一件诉求，需要以绣花功夫精心解决，耐心解决，科学解决，才能回应市民期盼，才能服务城市发展。四是"智慧治理"。智慧蓉城建设深化城市运行"一网统管"，强化政务服务"一网通办"，健全 12345 热线平台接诉即办响应机制，这些都体现了治理能力和治理水平现代化的深刻探索。

（成都市商务局机关党委书记王有辉）

---

① 本文为作者收集整理，学员职务均为参加中共成都市委党校第 3 期中青班学习时的职务。

有三点体会：一是深化了要义。通过接听市民来电，熟悉处置流程，增强了宗旨意识和群众情感。二是熟悉了评价体系。通过接听来电，一起来处置老百姓反馈的问题，我们知道了怎么处置才能让老百姓满意。三是掌握了分类标准。市民来电多种多样，包括可以现场答复的咨询，以及一些倾诉类的来电。不管什么来电，都必须认真倾听、认真分析、快速处置、及时反馈，做到让老百姓满意。据悉，现场涉及的问题，关联的相关部门和区县分管负责同志，已针对问题的类型进行剖析，及时对接了与所在部门和区县的职能单位，极大地提高了 12345 对个案的处置效率，形成了处置中的新渠道。

（金牛区人民政府副区长张建）

通过今天的现场教学，深刻体会到了成都建设践行新发展理念的公园城市示范区的为民情怀。热线人员不厌其烦地对市民反映的问题进行记录、分析、解答，热线人员不能直接解决的问题通过一张张工单从这里派向涉及问题的相关部门、相关区县，小到柴米油盐，大到生命救援，都通过热线进行实时传递。以为民解忧为出发点，用声音传递微笑，用热线解决问题，热线真正架起了一座政府与成都市民沟通的"连心桥"。民生无小事，事事有回音，件件有落实！成都正通过全天候认真倾听企业群众的声音，及时解决百姓的困难，用心为老百姓办好事办实事，用实际行动践行党的二十大精神。

（郫都区统计局局长姚洪梅）

通过现场学习和观摩，让我们深刻认识到了网络理政热线的重要作用，是党和人民的"连心桥"，是便民惠企的"暖心线"，是检验群众工作的"一把尺"。现场热线的接听，让我们明白了市民群众的生活事、身边事对我们来说都不是小事。解决得好与坏，直接检验了我们是否是全心全意地为人民服务。城运中心体现了科技为底、数字为媒，充分利用互联网和大数据优势为城市安全、高效治理运行保驾护航。我们只有把市民群众的幸福和安全时刻扛在肩上、放在心上，我们工作的方向和价值才能得到真正体现。"润物无声抒温情，最是平凡暖人心。"我们当持续用力、久久为功，不负韶华、不负人民，为成都建设践行新发展理念的公园城市示范区贡献自己的全部力量！

（郫都区人民政府副区长陈建霖）

在热线接听中心，看到大厅共有300余个接听座席一片繁忙的景象，深刻感悟到现场每一声电话的响起，背后就是民意的诉求，我们的每一句回答，都代表着政府的责任与温度。热线背后是所有关乎市民生活的大小事，也是第一时间的民生诉求应答，更是第一时间回应群众急难愁盼问题的"定心丸"，可以说12345热线电话温暖了我们一座城。在城运中心，我深刻感受到当前成都加快推进城市运行"一网统管"，推进三级城运中心和市级部门城运分中心一体化实战化运行成果的现实体现，期望未来成都能够下足绣花功夫做优做强公共安全、公共管理、公共服务和数字经济发展，实现超大城市数字治理跃迁。

（都江堰市人民政府副市长周俊）

热线坚持问题诉求导向，用心用情用力解决好群众和企业的急难愁盼问题，构建起了党委领导、政府负责、社会协同、群众评价的热线引领城市治理机制，通过微网实格打通城市治理"最后一公里"，探索出了党建引领超大城市治理的新机制。同时，配合城运中心，围绕高频事项、高频区域持续发力，对突出问题、共性问题加强规律性研究，推动实现超大城市治理能力的"新提升"。二者通过为民服务效能、辅助决策功能、风险防范能力的提升，逐渐成为党和人民的"连心桥"、城市发展的"总客服"、便民利企的"总平台"，为提升超大城市治理体系和治理能力现代化发挥了积极作用。

（邛崃市委常委、宣传部部长宋亮）

我深切地感受到"智慧蓉城"推动成都城市治理实现了风险感知、精确预警、智能研判、高效协同的高度统一。12345热线成为政府和蓉城群众的"连心桥"、"暖心线"。作为来自天府新区的学员，我将在公园城市先行区建设中，立足推动新区高质量发展，围绕对标智慧蓉城运行框架，完善"王"字形智慧城市运行管理架构，打造示范街道城运中心和示范社区城运工作站，提质提级处置12345市民热线等思考和实践，不断探索公园城市智慧治理、敏捷治理、精细治理路径实践。

（四川天府新区党工委委员、党群工作部部长彭天宇）

成都 12345 热线，一头连着千企万家，一头连着各级党委政府，是超大城市高质量服务能力的重要标志。一方面，12345 热线是城市温度的直接表达。市民的急难愁盼都可以在这里找到答案，千千万万的点赞评价就是这座城最温暖的底色。另一方面，12345 热线是城市发展的重要支撑。企业的诞生、成长、壮大都可以在这里找到政策指引，极速增长的市场主体就是这座城市最蓬勃的活力。再一方面，12345 热线是城市治理的智慧应用。你我他在线上的交集都可以在这里找到存在、表达与归依，精准敏捷智慧就是这座城最和谐的秩序。

（简阳市委常委、组织部部长杨新秋）

今天现场参观了 12345 热线接听中心，并旁听了两位群众来电，感触颇深。以前自己都是作为来电转办处理者的角色，今天实地在接通的电话中，感受到了群众在遇到问题时，对于政府的那种期盼，留下了深刻的印象。群众的事无小事，处理好每一件群众的大小事，对于社会和谐，提升市民幸福感至关重要。体验活动增强了工作的责任感和使命感，在工作中只有尽心尽责处理好每一件诉求，才能不负人民的使命，不负一个公务员该有的担当和责任。

（金牛区凤凰山街道党工委副书记、办事处主任林威）

2023 年，成都正式启动 12345 亲清在线，在原有"人民热线"的平台上，增加了便企助企惠企、优化营商环境的内涵。通过现场接线体验，既深刻感受到了政心连民心，"绣花功夫"回应群众关心关切的城市温度，更直观感受到了亲清促发展，"赤子之心"护航企业做大做强的城市态度。作为经济工作一线的年轻干部，我将坚定贯彻市委、市政府优化营商环境的战略部署，坚持"无事不扰、有求必应"，"马上就办、办就办好"，在降低融资成本、强化要素保障、畅通产业链供应链等方面开展精准服务，为企业成长保驾护航。

（都江堰市经济科技和信息化局党组副书记、市科协主席邓帆）

通过参观学习，让我更加深刻认识到热线是作为政民沟通平台、政府决策参考、城市治理抓手的重要功能支撑。"知屋漏者在宇下，知政失者在草野。"接下来我会更加坚定坚持以人民为中心，站稳人民立场，切实为民办实事谋幸福。一是认真学习贯彻习近平总书记关于以人民为中心的发展思想，结合石钟镇实际，策划一批民生改善项目。二是进一步优化石钟镇政府服务尤其是便民中心窗口服务，对标12345热线的服务理念和服务态度，建立跟踪督效便民机制。三是立刻落实解决自己认领的有关诉求，已经责成镇政府专人跟进，倒排工期，按时序分环节解决，并已经再次向来话人做了沟通解释。

（简阳市石钟镇党委副书记、镇长刘一夫）

思考展望

————

为人民服务，
我们一直在努力

坚持以人民为中心的发展思想，体现了党的理想信念、性质宗旨、初心使命，也是对党的奋斗历程和实践经验的深刻总结。必须坚持人民至上，紧紧依靠人民，不断造福人民，牢牢植根人民，并落实到各项决策部署和实际工作之中。

——2020 年 5 月 22 日，习近平总书记在参加十三届
全国人大三次会议内蒙古代表团审议时的讲话

全国 12345 热线发展述评及成都表现

根据中国信息协会官网公开发布的 2020—2022 年《全国政务热线发展研究报告》以及 2023 年 9 月在武汉召开的第五届全国政务热线发展论坛上公布的获奖名单看，成都在 2020 年、2021 年、2023 年全国热线服务质量评估中均被评为 A+ 等级，2022 年则为 A。其主要原因可能在于几轮疫情突暴，导致话务量急剧攀升，在相应的资源投入和管理机制尚处于应急和应变状态期间，使热线平台的运营和服务能力遭遇前所未有的考验。2021—2023 年，全国政务热线服务质量总体评估均为 A+ 等级的城市是：北京、广州、杭州。（见表 1）

表 1　全国政务热线服务质量总体评估 A+ 等级城市

年度	城市	数量
2020	成都、福州、广州、海口、杭州、上海、深圳、西安	8
2021	北京、成都、长沙、福州、广州、杭州、上海、深圳、西安、银川	10
2022	北京、广州、海口、杭州、合肥、青岛、深圳、武汉、厦门	9
2023	北京、成都、长沙、达州、广州、杭州、合肥、淮安、青岛、厦门、上海、太原、天津、武汉、驻马店	15

一、在价值与定位上充分彰显人民性

全国有超九成的城市政务服务热线部门有发展定位与目标，并出台了相关政策规划用以指导当地政务热线的发展，制定了关于热线发展具体的实施方案和管理办法。推动热线整合成为政府"总客服"、将热线作为政民沟通的重要平台、政府决策的重要信息源、优化城市营商环境的重要窗口、智慧城市和数字政府建设的重要抓手等成为多数城市的共识。成都更是将这些定位集大成，从市民群众角度、党和政府角度、城市治理角度将热线定位为：广大市民群众维护合法权益，行使知情权、参与权、表达权和监督权，参与社会治理的重要渠道；党和政府听民声、察民情、解民忧、纾民困、集民智，全方位践行为民服务宗旨的重要载体，是党和人民的"连心桥"；提升城市治理体系和治理能力现代化水平、推进智慧城市建设的重要切入点，是推进共建共治共享城市治理不可或缺的重要载体。

二、在投入与合作上有待进一步增强

各地政府对政务热线的重视程度和投入水平在逐年提高。2021 年的调查数据显示：有超九成的地方政府在近 3 年来加大了对政务热线的财政投入，人口规模在 700 万人以上的城市，平均每年财政投入达到 9651 万元；副省级城市的政务热线平均每年财政投入为 2.17 亿元。政府的资金支持与城市人口规模和话务量紧密相关。成都市 2021 年末城市常住人口总数达 2119.2 万人，2021 年话务量达 593.7 万件；2022 年受疫情影响，话务量更攀至 1032 万余件新高。近年来，在成都市委、市政府的关心支持下，成都对政务热线的财政投入稳中有增，2018—2022 年的年均增长率为 5.3%，能较好满足热线的常规运营和发展需要，但在突发应急情况下就显得捉襟见肘。虽然 2022 年专投 455 万元用于大数据建设与智能化建设，但因前期投入较大，财政投入仍有待增加。

合作协同方面，2021 年的统计数据显示，全国有超过七成的热线已经与公共事业服务热线、紧急热线建立了联动机制，有近九成的政务热线与其他党政部门建立了工作联动和协调机制，有超过七成的热线与其他城市政务热线开展了合作。2022 年 3 月 15 日，四川省政府办公厅印发《四川省 12345 政务服务便民热线运行管理暂行办法》，明确了要建立川渝两地 12345 热线联动机制，这是落实成渝地区双城经济圈"放管服"改革合作要求的重要举措，成都更应加速推进成渝热线的互联互通。

三、在管理与服务上有必要深化优化

全国有超九成以上的政务热线都建立了规范工作流程的管理制度，并建立了应急管理、安全管理、考核督办等相关制度机制。比如成都通过建立健全"1+10"办理机制，逐步形成了全闭环分类办理体系、全天候紧急联系办理体系、全流程公开透明体系、多方位办理监督体系、全周期研判调度分析通报联动体系、全方位热线应急灾备体系等六大体系的制度机制，确保企业和群众诉求办得快、办得成、办得好。成都市委、市政府对热线平台高质量发展高度重视，在各种相关调研、会议、讲话、签批中，特别是在智慧蓉城建设有关工作专题会议中，热线平台作为智慧蓉城建设的重要组成部分经常性的被高频强调。

从服务质量上看，2022 年度全国的 12345 热线问题解决情况普遍提升，诉求有效解决率为 63.95%，较 2021 年提升 23.68%。但作为衡量政务热线服务质量基础性指标的接通率却有所下降，热线平均接通时长为 27.82 秒，较 2021 年增加 17.66 秒。成都通过提级提速处置机制在有效回应解决企业和群众紧急疑难问题方面取得积极成效，但关于接通率的指标也有所下降。虽然微信、网站、App 等渠道受理诉求量的稳步

提高在一定程度上缓解了话务运营压力，但电话渠道依然占主要地位。

四、在数据与场景上须强化创新驱动

越来越多的城市开展了多维度的数据分析，超过七成的热线认为数据分析成果在助力地方政府决策、改善其他政府部门、优化内部管理服务等方面均有较好成效。成都除坚持定期报送日报、周报、月报、季报、年报、专报等分析报告外，还建立了多维度大数据分析引擎平台和多终端显示的智能化辅助决策平台，基于时间、空间、人物、事件、类型等数据画像完善诉求场景，为党委、政府决策提供第一手信息，为及时妥善处置、化解矛盾纠纷提供了有效支撑。

不同城市在智能化技术应用场景上存在较大差异。比如南京主要应用在智能派单、智能分析、自助查询上；嘉兴主要应用在语音识别、智能语音服务与智能质检中；而广州对智能化则有更多的应用，包括智能派单、文本识别、智能知识库、数据智能分析、智能预警、智能回访等；深圳创意性地上线智能模块与"视频坐席"；上海积极融入城市数字化转型，开发上线"点点通"功能模块，推进手语视频服务；成都也正在筹建 12345 热线知识大脑项目，将建成集数据整合、智能搜索、智能问答、智能导航、诉求关联、辅助分类等功能于一体的政务信息知识大脑，全面提升智慧蓉城社会诉求感知平台综合服务能力。

12345 热线的价值再认识与角色新定位

党的二十大报告将"站稳人民立场、把握人民愿望、尊重人民创造、集中人民智慧"作为党的理论和实践创新的重要依据加以强调，为我们在新时代迈上新征程、更好地坚持人民中心立场、树牢全心全意为人民服务的宗旨意识、切实走好新时代党的群众路线，提供了根本的政治保证、思想引领、理论指导和工作遵循。12345 热线作为新时代践行党的群众路线的重要载体，作为坚持和发展新时代"枫桥经验"的重要实践，必须把报告精神深入融汇到对热线价值的再认识、角色功能的再定位中，以更大的责任感、更深的情怀、更高的能力造福人民、服务人民。

一、服务市民，提供政治和社会价值

12345 热线平台自设立以来，因其具有一号直达、突破壁垒、党群连心的应用特点，成为群众表达诉求、反映问题和保障权益的首选通道。党的二十大报告指出，要畅通和规范群众诉求表达、利益协调、权益保障通道，完善网格化管理、精细化服务、信息化支撑的基层治理平台。这表明党和国家越来越强调社会治理效能对国家安全、执政安全和社会稳定的重要作用。12345 热线作为党和政府与群众之间直接而畅达的沟通与互动平台，兼具"放"和"收"的双重功能。一方面疏放民意、化解矛盾、缓释压力；另一方面积累民心、巩固执政的信任基础。其固本强基的重要性体现在：关乎人民切身利益，关乎政府治理能力现代化，关乎党的长期执政。因此，12345 热线既要继续实现好"连心桥""同心圆"的民心价值，同时也要更加充分发挥好"定心丸""安全阀"的政治和社会价值。

二、服务政府，提供决策和治理价值

经过 30 余年的发展，成都 12345 热线已经成为一个精准的感知平台、敏锐的发现平台。"民心所望、施政所向。"热线为成都打造宜居、韧性和智慧城市提供了知的底气，行的依据。但是，超大特大城市面临治理半径更长、向心力递减更快、公共服务需求更多元、安全风险更高、应急管理压力更大等治理难题，给城市发展和治理带来严峻考验。习近平总书记要求，要探索具有中国特色、体现时代特征、彰显我国社会主义制度优势的超大城市发展之路。要推动治理手段、治理模式、治理理念创新，加快建设智慧城市，率先构建经济治理、社会治理、城市治理统筹推进和有机衔接的治理体系。因此，12345 热线需要进一步赋能、提质、增效，更多依托数字技术，释放数字化发展红利，充分应用数字治理成效，助推城市发展和政府治理向集成服务、效能、整体、数字、智慧等现代化治理要素的调整升级和综合转变，为全国超大特大城市发展和治理贡献成都方案。

三、服务企业，提供经济和市场价值

服务企业是 12345 热线设立之初即蕴含的题中应有之义，但过去在服务群众和服务企业方面却没有实现相应的平衡。2020 年 12 月，国务院办公厅印发《关于进一步优化地方政务服务便民热线的指导意见》（以下简称《指导意见》），明确提出要提高政府为企便民服务水平，加快转变政府职能，深化"放管服"改革，持续优化营商环境。2021 年 4 月，国务院办公厅印发《关于服务"六稳""六保"进一步做好"放管服"改革有关工作的意见》，要求进一步推动减轻市场主体负担，健全惠企服务机制，优化涉企审批服务，提升便民服务水平，完善企业和群众评价机制。2021 年 11 月，国务院出台《关于开展营商环境创新试点工作的意见》，提出要优化经常性涉企服务，健全常态化政企沟通机制和营商环境投诉处理机制。党的二十大报告也再次强调了"深化简政放权、放管结合、优化服务改革"的重要性。因此，12345 热线要在这些意见精神的指导下，充分发挥其作为政企互动的枢纽价值，在新时期逐步建设成为服务型政府与营商环境优化的重要平台。

四、成为服务型政府的重要依托

人民政府是践行党执政为民理念最重要、最直接的主体。建设人民满意的服务型政府是政府的不懈追求，为企业和群众提供便捷高效的服务是 12345 热线的核心定位。与其他服务渠道相比，政务热线具有求助便捷性、沟通充分性和受众普惠性的特点；与传统网络问政相比，政务热线也具有更强的回应性、更深的互动性和更全的信息归集性的优势。

12345 热线要将平台建设的价值导向、科学规划和实践应用进一步统一到为人民服务、为人民负责、受人民监督的人民中心立场上来。按照《指导意见》的规定，优化流程和资源配置，致力于建设企业和群众寻求帮助时的"最优选"，部门和层级间良性互动、深度合作的"传导线"，全过程参与诉求处置、办理、评估的"度量衡"等目标，确保企业和群众反映的问题和合理诉求及时得到回应和解决，打造便捷、高效、规范、智慧的政务服务"总客服"，成为服务型政府的重要依托。

五、成为整体性政府的重要枢纽

协同共治是推动国家治理体系和治理能力现代化的重要内容。统一协调、各方联动是打造整体性政府的关键路径。12345 热线作为直接面向企业和群众的窗口性平台，既是汇聚诉求的"入口"，也是政府服务的"出口"。一方面，有助于打通部门区隔，把部门联合起来，提升行政效率；另一方面，也可以撬动资源壁垒，让资源流动起来，提升整合效能。

12345 热线平台连接企业、群众与各层级、各业务部门，作为协同调度中枢的优势十分明显。必须把握政务热线在治理能力现代化建设中的整体性定位，理顺热线与其他部门之间的关系，第一时间转办而非代办，回答一般性咨询问题而非替代部门职能职责。加强顶层设计，高标准建设热线信息共享机制和诉求协同联办机制，强化信息互联互通和跨区域、跨部门、跨层级的业务联动，通过制度和机制构建流程优化、互动透明、信息共享、应用集成的扁平化组织结构。

六、成为智慧型政府的重要支撑

在世界之变、时代之变、历史之变的内外新形势下，政府治理能力越来越成为国家和地区竞争力的核心因素，同时也直接决定着对人民美好生活需要的满足水平。与传统的治理模式相比，智慧治理强调政府决策从经验驱动向数据驱动的转型。12345 热线汇集的数据中蕴藏着真实性高、可靠性强、覆盖面广、时效性强的社情民意信息，是施政的导向、决策的依据。

12345 热线平台要进一步发挥拥有准确、实时、全面的公众需求和诉求数据的优势，突出专业支撑，加强集数据全面采集、规范存储、安全管理、深度分析、科学应用、交互治理于一体的智慧系统建设。用好数据识别需求，从个体到群体、区域到整体、个别到普遍，建立相对应的问题画像，成为政府感知企业和群众诉求、城市运行的"传感器"。帮助政府更深入地把握诉求规律，更精准地了解城市治理的痛点堵点和政务需求的要点基点，掌握发展和治理主动，实现政务热线与大数据、人工智能等现代科技以及社会治理的深度融合，成为"智慧型政府"的重要支撑。

热线融入城市治理的代表性探索与借鉴

城市是中国式现代化的重要载体，城市治理是国家治理体系和治理能力现代化的重要内容。习近平总书记指出，城市的核心是人，城市工作做得好不好，老百姓满意不满意、生活方便不方便，是重要的评判标准。党的十八大以来，习近平总书记就北京、上海、广州等超大城市规划、建设、治理水平提出一系列重要批示指示，我国超大城市沿着习近平总书记指引的方向，始终坚持治国有常、利民为本初心，探索形成了一系列具有地方特色、体现时代特征、彰显我国社会主义制度优势的超大城市治理经验。这些已被实践证明了的宝贵经验，充分彰显习近平新时代中国特色社会主义思想指引新时代超大城市发展的真理力量，这对作为超大城市的成都市下一步聚焦落实党的二十大精神，围绕企业群众最关心的问题提出解决问题的综合方略，加快转变超大城市发展方式具有重要借鉴意义。

一、北京：接诉即办、主动治理——"中国之治"首都样板

接诉即办改革是北京市委、市政府坚决贯彻习近平总书记关于北京工作和新时代首都发展的重要指示和系列讲话精神，践行以人民为中心的发展思想，始终围绕"建设一个什么样的首都，怎样建设首都"这一

重大时代课题，全市统一领导、整体谋划、统筹推进的一整套全渠道接诉、全领域响应、全主体参与的总体改革创新举措。5年来，北京党建引领接诉即办改革一年一个节点，每年都有新变化，为"中国之治"提供了鲜活的首都样本，为探索国家治理体系和治理能力现代化贡献了北京案例、交出了人民满意的北京答卷（见表1）。经过近5年的实践探索，北京形成接诉即办、主动治理的改革实践做法主要有以下五个方面。

表1　北京党建引领接诉即办改革实践

实践历程	吹哨报到（2017—2018年）	接诉即办（2019—2020年）	主动治理（2021年至今）
功能目标	城市治理重心"沉下去"	城市治理主体"动起来"	城市治理效能"强起来"
工作要点	2017年源于平谷区实践探索；2018年列为全市"1号改革课题"整体推进	2019年整合12345市民热线，增设企业热线，完善12345市民热线派单、考核、专项治理、挂账督办、重点问题协调调度等工作机制	在市级层面建立"每月一题"和治理类街乡镇两项工作机制；采取"冬病夏治""未雨绸缪""周期防治""春风化雨"等措施
制度保障	2018年2月，北京市委办公厅、市政府办公厅出台《关于党建引领街乡管理体制机制创新实现"街乡吹哨、部门报到"的实施方案》；2018年11月，中央深改委第五次会议审议通过《"街乡吹哨、部门报到"——北京市推进党建引领基层治理体制机制创新的探索》	2020年10月，北京市委、市政府出台《关于进一步深化"接诉即办"改革工作的意见》；2021年9月，北京市第十五届人大常委会第三十三次会议表决通过《北京市接诉即办工作条例》，以立法形式为接诉即办改革保驾护航	2021年12月，北京市委深改委"接诉即办"改革专项小组出台《关于推动主动治理未诉先办的指导意见》，将主动治理实践探索进行制度化提升，明确了主动治理三项工作机制、十项工作措施

续表

实践历程	吹哨报到（2017—2018 年）	接诉即办（2019—2020 年）	主动治理（2021 年至今）
改革举措	明责赋权；力量下沉；减负增效	推动"吹哨报到"向接诉即办深化延伸，将群众诉求直接转化为"哨声"，施行民有所呼、我有所应	推动接诉即"有一办一、举一反三"和"共性问题"相结合，向主动治理、未诉先办深化，端口前置解决难题
共治体系	党和政府单方主体	党和政府、企业、市民多方主体	全社会动员共同参与，人人有责、人人有份、人人尽责、人人享有
实践成效	增强了条块合力、部门联动，推动了政府职能部门向基层报到、向一线报到、向群众报到，实现上级围着下级转、部门围着街乡转、干部围着群众转	形成以 12345 市民服务热线为主渠道，对群众诉求快速响应、高效办理、及时反馈的为民服务机制	将制度力量充分化作治理效能，着力解决难啃的"硬骨头"
理念方向	政府自上而下的内部改革	群众诉求驱动政府自下而上改革	从事件处置向制度安排转变，治理体系和治理能力更加成熟、更加定型

一是高位统筹的组织领导体系。市委常委会听取接诉即办改革情况汇报，研究、部署相关工作。在市委深改委下增设接诉即办改革专项小组，负责全市接诉即办改革工作的统筹谋划、整体推进、督促落实。市政府主要领导不定期专题调度难点问题，研究改革办法，推动问题加快解决。分管市领导挂帅督办，每月以会议和现场检查等方式加强专题调度，围绕解决问题听民意、解民忧。

二是全链条的工作责任体系。坚持党委领导、政府负责，突出"书记抓、抓书记"，各级党委、政府将接诉即办作为"一把手"工程。市委书记主持召开区委（部门党组）书记月度工作点评会，各区委书记定期召开街道、乡镇党（工）委书记点评会，形成了从市、区到街道、乡镇各级"一把手"领导、指挥、协调、督办工作机制。将接诉即办工作情况纳入各级部门年度党建述职评议考核，纳入各级领导班子和领导干部日常考核，作为干部选拔任用的参考。市纪委、市监委对群众诉求办理不作为、慢作为、假作为现象开展专项监督。

三是全生命周期的工作体系。全面接诉，整合 64 条政务便民服务热线，将全市 343 个街道和乡镇、16 个区、65 个市级部门、46 个国有企业和 60 个绿通企业全部接入 12345 市民服务热线平台系统，实现一条热线听诉求，全年 365 天、每天 24 小时快速受理群众来电。一单到底，按照诉求分类和管辖权属，编制共计 2395 项三级分类的派单目录，受理办理直达街道乡镇、委办局一线、直达现场、直求结果。四级响应，区分咨询、投诉、建议、应急等诉求类型，根据轻重缓急和行业标准，按照 2 小时、24 小时、7 天和 15 天分级处置。

四是科技赋能数据决策体系。全量汇聚社情民意数据库，以诉求量、类别、地域、考核排名、城市问题台账为主要内容的大数据分析决策平台，动态监测社情舆情（见图 1），提高风险性问题主动治理能力。完善"热线 + 网格"为民服务模式，发挥网格主动发现问题、主动处置解决的特点和平台、机制、人员等方面的优势，实现协同治理、主动治理、智慧治理、长效治理。深化"创城 + 热线 + 网格"联动机制，将文明城市创建的考察测评指标纳入 12345 市民服务热线和网格化，建立共享问题台账目录、明确互通问题整改标准、规范问题处置流程等工作机制。

五是科学系统的评价体系。将接诉响应率、问题解决率和群众满意率"三率"作为考评核心指标，开展"部门 + 行业"联合考评，建立"七有""五性"监测评价指标体系定期对各区进行综合评价，坚持月度全市"三率"大排名、街道乡镇环比排名，建立接诉即办末位约谈制度。针对群众关注、媒体反映的热点问题、高频共性难点诉求，市区两级党委、政府督查部门实行联动督办，加大督办力度，直至问题解决。

城市地区主要诉求　　城乡接合部主要诉求　　农村地区主要诉求

图 1　北京城市副中心 12345 词频数据分析

二、上海："一网通办""一网统管"——超大城市治理新标杆

"一网通办""一网统管"是上海市委、市政府坚决贯彻落实习近平总书记关于上海工作指示和党中央对上海的战略定位要求，践行"人民城市人民建设、人民城市为人民"的指导思想的实践。上海市委、市政府始终围绕"五个中心"功能建设，高位统筹、深化改革、整体推进政务领域"一网通办"、城市运行领域"一网统管"，"两张网"协同推进取得良好实效，成为超大城市治理的标杆。

（一）"一网通办"：高效办成一件事

"一网通办"，坚持以用户为中心、以服务对象为本位，聚焦高效办成一件事，不断完善全方位服务体系，提高电子政务服务水平，推动政务服务向公共服务和便民服务转变，实现"进一网，能通办"，让每个人都能感受到城市的温度。上海"一网通办"政务服务入选 2020 年联合国全球电子政务调查报告经典案例，排名全国第一（见表 2）。

表2　上海"一网通办"改革实践

工作机制	领导小组	政务公开领导小组统筹领导
	牵头协调	市政府办公厅牵头协调
	协同推进	区、各部门、各单位协同推进
	落实到人	各区、各部门、各单位主要负责同志作为"一网通办"改革第一责任人
责任机制	市区两级政府	市、区人民政府应当加强对"一网通办"改革工作的领导
	市级各部门	各市级部门应当加强对本领域"一网通办"改革工作的统筹指导
	各区、街道、乡镇政务服务中心	加强区行政服务中心和街道、乡镇社区事务受理服务中心（以下统称政务服务中心）建设
	公共服务机构	各级机关以及履行公共管理和服务职能的事业单位、社会团体等（以下统称公共服务机构）应当按照"一网通办"标准规范，实现服务事项全流程、一体化运行。本市各级机关和公共服务机构应当将其政务服务移动端应用统一接入"随申办"移动端，不再新建政务服务移动端
推进机制	2019 年、2020 年、2021 年、2022 年连续制定推进"一网通办"工作要点	
保障机制	制度保障	《上海市推进"一网通办"工作要点》《深化"一网通办"改革构建全方位服务体系工作方案》《上海市人民代表大会常务委员会关于进一步促进和保障"一网通办"改革的决定》《上海市数据条例》等
	人才保障	强化业务培训，提升工作人员业务办理水平。加强对一线窗口人员智能辅助支撑能力，完善系统性激励机制，开展全市立功竞赛活动。开展"一网通办"使用者培训，培养用户使用习惯

续表

协同机制	跨省通办	推进全国跨省通办事项率先落地
	长三角"一网通办"	打造"免证照长三角"
数据机制	安全保护	依法保护"一网通办"服务中涉及国家秘密、商业秘密、个人隐私的各类数据，维护个人以及企业等市场主体的合法权益
	开放共享	依托市大数据资源平台，有序推进公共数据开放，形成开放应用示范，打造社会化应用标杆

经过近 4 年的实践探索，上海形成"一网通办"改革实践做法主要有以下五个方面。

一是平台服务集成。2018 年上海组建"大数据中心"平台，逐步实现门户集成、接入管理、用户管理、授权管理、资源管理、安全防护上的"六个统一"，形成"中国上海"门户网站 PC 端总入口，"随申办"移动端总入口，"随申码"二维码数字名片为依托的政府、行业和社会数据可以跨层级、跨部门、跨系统、跨服务共享交换式"一网通办"总门户。

二是流程再造革命。以群众和企业高效办成一件事为目标，集成一件事所涉及的服务事项，以用户视角、场景应用，引领业务流程革命性再造，系统重构部门内部操作流程和跨领域、跨部门、跨层级协同办事流程，实施"一次告知""一表申请""一口受理""一网办理""统一发证""一体管理"，加快推进一网办、一窗办、一次办。

三是牵住"四减"牛鼻子。通过调用电子证照、数据共享核验、实施告知承诺、运用行政协助实现材料免交，以数据整合共享应用助力"四减"，推进更深层次、更高水平的减环节、减时间、减材料、减跑动。

四是分类施策供需精准对策。坚持用户思维，拓展个人事项服务场景应用，依托"一网通办"市民主页，打造从出生到养老的数字生活服务体系。坚持服务思维，拓展企业经营全周期服务场景应用，依托"一网通办"企业专属网页，围绕企业经营全周期、产业发展全链条，打造国际一流营商环境服务体系。

五是坚持"好差评"评价机制。实施全事项、全渠道、全平台、全流程的"好差评"制度，"一次一评""一事一评"，确保服务事项、服务渠道、评价对象全覆盖，评价、回复"双公开"，办事人、服务事项、窗口工作人员"三对应"，评价、反馈、整改、监督全闭环，实现服务绩效由群众和企业评判。

（二）"一网统管"：一屏观天下、一网管全城

"一网统管"的发展经历了从区域（2017年浦东率先建设城市运行综合管理中心；2018年浦东建设"城市大脑"）先行试点逐步扩大到2019年全局部署的过程（见表3）。

表3　上海"一网统管"改革实践

责任机制	市政府组织领导	纳入国民经济社会和社会发展规划，协调解决重大问题
	区政府落实部署	制订行政区域实施方案，完善工作机制、联动机制、线上线下业务融合
	街道、乡镇落实	推进实战应用，提升基层治理效能
运行机制	市政府	负责拟订全市城市运行智能化管理战略和发展规划，高位统筹推进，应急处突
	区政府	负责上下联通和资源整合，融合市民热线等功能，日常与应急联动
	街道、乡镇	负责一线协调处置能力，依托综合执法等处理基层治理问题，设立城市运行工作站
	5级应用体系	市、区、乡镇和街道、网格化区域、社区和楼宇5级应用体系

保障机制	制度保障	从规章制度上升到地方立法,如2020年上海市政府办公厅制定《关于加强数据治理促进城市运行"一网统管"的指导意见》《上海市城市运行"一网统管"建设三年行动计划》等规章,2022年上海市人大常委会通过《关于进一步促进和保障城市运行"一网统管"建设的决定》
	资金保障	建设经费纳入本级财政预算
	人才保障	通过聘任制公务员、引进专业技术人才等方式,加强人员配备和培训
	智库保障	建立专家咨询委员会
评价机制	评价指标	设定城市运行体征的指标体系
	督办核查	城市运行管理中心按照管理权限督办核查相关部门接受派单、处置等情况
	考核机制	上级对下级工作成效考核,纳入年度绩效考核和领导干部综合考核评价
	人大监督	市、区人民代表大会常务委员会监督
数据机制	数据归集共享	减少重复派单和报送信息
	数据赋能基层	向街道、乡镇提供人口、法人、房屋等基础数据
	网络数据保护	严格落实网络安全等级保护制度,加强数据分类分级保护,依法履行个人信息保护义务
惩罚机制	有关部门及其工作人员有不接受城市运行管理机构统筹协调、派单调度、督办核查,不按照要求归集或者共享公共数据,不履行法定职责或者不正确履行法定职责等情形的,由其所在单位或者上级部门予以纠正,并依法给予处分	
未来趋势	推动"两张网"双向融合、相互协同,促进政府职能转变和流程再造,提升数字化治理能力和水平,建设数字政府	

经过近5年的实践探索,上海形成"一网统管"改革实践做法主要有以下五个方面。

一是目标效能愿景。以一屏观天下、一网管全城为目标,坚持科技之智与规则之治、人民之力相结合，构建系统完善的城市运行管理服务体系，实现数字化呈现、智能化管理、智慧化预防，聚焦高效处置一件事，做到早发现、早预警、早研判、早处置，不断提升城市治理效能。

二是多重功能集成。"一网统管"的平台治理模式构建了多重功能集成系统，集精准服务、监测预警、决策支持、全程监督、协同办公五大功能于一体，将原本不同治理领域的业务和流程统一整合起来，形成一个多功能集成系统。

三是建立专属平台。专门成立了市级城市运行管理中心，各区相应成立区级城市运行管理中心，负责"一网统管"规划、建设以及数据指标开发等工作，汇集50多个部门的185个系统、近千个应用，贯通市、区、街镇三级，覆盖经济治理、社会治理和城市治理。

四是全域系统架构。"一网统管"平台治理构建可用于面向的前台（市民和企业组织用户）、中台（数据处理、智慧和算力呈现）、后台（政府内部及特定管理权限开放）模式的分工的多个子平台相互协作配合的全域系统架构，以保障整体平台的正常运作与功能的有效发挥，已由最初的1.0版升级到3.0版。

五是整体流程再造。建立对跨部门、跨层级和跨区域的办事流程进行整体性重构，以线上信息流、数据流倒逼线下业务流程优化创新。为了使跨层级之间能够做到协调分工和相互配合，上海城市运行管理服务平台建立了三级平台、五级应用的运作体系。

三、广州："穗好办""穗智管"——超大城市治理新范式

"穗好办""穗智管"是广州市委、市政府坚决贯彻落实习近平总书记对广东重要讲话和重要指示批示精神，牢记习近平总书记关于实现老城市新活力、"四个出新出彩"的殷殷嘱托的具体实践。广州市围绕"放管服""智慧城市""数字政府"等工作要求，高位统筹、实践探索、深

化改革，扎实推进政务服务"穗好办"、城市运行"穗智管"，不断探索超大城市治理新范式（见表 4）。

表 4　广州市 12345 政务服务热线实践做法

功能目标		提高便民利企服务水平，推进依法行政，优化营商环境
工作机制		遵循为人民服务的宗旨，坚持权责明确、智能高效、便民利企的原则，实行属地管理、分级负责、统一接收、限时办理、科学考核的工作机制
组织领导	市人民政府	建立热线联席会议制度，统筹指导热线工作，协调解决热线工作中的重大事项和重点难点问题，并开展监督检查
	区人民政府及市相关部门	各区人民政府和市有关单位为热线联席会议成员单位，热线联席会议办公室设在市政务服务数据管理部门
组织机构	市主管部门	市政务服务数据管理局是本市热线工作的行政主管部门，负责热线规划建设和管理工作，统筹协调督办跨部门、跨层级的事项，建立热线工作情况报告、通报机制，组织实施本办法
	区主管部门	由区人民政府指定的部门负责指导和监督本辖区的热线工作，完善区热线工作机构建设
	市区两级热线工作机构	市热线工作机构负责热线日常运行管理工作，接收、转派、协调、督办、审核、回访热线事项，汇总、分析热线数据，开展全市热线工作考评。区热线工作机构负责本辖区的热线日常运行管理工作
诉求分类	应急类	通过 110、119、120、122 等紧急服务热线处理，转接或者指引诉求人拨打相应专线
	涉诉类	告知诉求人相应反映渠道
	涉密类	向诉求人做好解释工作
	咨询类	直接答复诉求人；不能直接答复的，1 个工作日内转派至承办单位办理
	求助、投诉、举报和意见建议类	1 个工作日内转派至承办单位办理

续表

评价考核	诉求人评价	诉求人对办理情况进行满意度评价
	热线工作机构督办	市热线工作机构可以采取电话督办、网络督办、现场督办、会议督办、发文督办等方式推进热线事项办理
	考核	市政务服务数据管理制订热线工作考核机制

广州市在城市治理新范式方面形成的做法主要有以下五个方面。

一是有平台聚功能。为聚焦政府数字化转型和政务服务品牌塑造，将数字技术广泛应用于政府管理服务，推动政府治理流程再造和模式优化，不断提高决策科学性和服务效率，探索超大城市数字化治理新路径。广州市先后就政务服务创建了"穗好办"和城市运行管理"穗智管"品牌。将"穗好办"作为移动政务服务总入口，负责统筹全市办事应用的整合优化，市各部门通过"穗好办"平台统一为群众和企业提供移动端政务服务咨询、查询、预约、办理等服务。将"穗智管"作为城市运行管理核心中枢，运用大数据、云计算、区块链、人工智能、物联网等新一代信息技术，以基础数据、应急管理、社会舆情、经济运行、公共安全、医疗卫生、规划建设、城市管理、交通运行、营商环境、生态环境、民生服务等城市运行管理要素为重点，建设感知智能、认知智能、决策智能的城市治理新内核。

二是有清单聚落实。在推进"穗好办"实践过程中，广州市研究制订了"一次办""马上办""网上办""就近办""随心办""轻松办""联合办""智能办""惠民利民办""指尖办""全城办""跨城办""自助办""企业代办""邮件接办""容缺容错办"等"穗好办"政务服务事项清单，提高数字政务服务效能。

三是有评价聚决策。在实施"穗智管"实践过程中，探索形成了一套具有广州特色的城市运行指标体系，从经济发展、文化建设、交通便捷、生态环境、医疗健康、社会保障、公共安全、党建政务等8个维度、

35 个领域、50 项综合指标、161 项分解指标，运用大数据分析、算法等方法，全时域、全景式把脉和诊断"城市生命体征"，建立起城市秒级监测、智能预警、每月体检的城市运行效能评估机制，促进城市科学演进和成长成熟，服务城市治理决策。

四是有制度聚革新。推进"穗好办""穗智管"工作，坚持"全市一盘棋"思路，探索建立市区协同联动模式，先后印发《广州市"数字政府"改革建设工作领导小组办公室关于加快推进"穗智管"区级平台建设工作的通知》《"穗好办"政务服务事项认定标准》《"穗好办"政务服务事项清单》《广州市政务服务便民热线管理办法》等制度规范，有力保障政务服务和城市运行管理高质量发展。

五是有关联聚协同。以问题、目标、结果为导向，破解职能交叉、条块分割、服务治理碎片化，通过技术融合、数据融合和业务融合，"穗好办""穗智管"以"小切口"驱动"一件事"高效解决，指导各区按照统一规范、上下联动的要求，结合本区实际情况建设"穗好办""穗智管"区级平台，重点解决跨部门、跨区域、跨行业治理问题，实现政务服务一网通办、全市通办，城市运行一网统管、全城统管协同推进。

通过北京、上海、广州超大城市实践探索，践行了以人民为中心的发展思想，呈现出观念转变、治理转向、数字转型、智慧融合的发展阶段性特征，体现了从市民热线、政务服务网和城市运行管理网向"两张网"融合发展的实践机制，在此过程中，突出高位统筹，加强组织领导，创新工作机制，完善制度体系，健全数据安全体制等创新实践做法，对推进成都市市民热线平台深化改革具有一定借鉴意义。

深化12345践行人民热线的思考与展望

　　人民就是江山，老百姓的事就是天大的事。解决民生问题，重心在基层，关键是付诸行动、见诸实践、取得实效。新时代新征程，全面深入贯彻党的二十大精神，应该站在高位求进、高位统筹的角度看待12345热线改革的人民性和引领性，坚持功能提级推动高质量发展、幸福提质创造高品质生活、智慧提能实施高效能治理，着力构建经济治理、社会治理、城市治理统筹推进和有机衔接的治理新图景，开辟公园城市治理现代化的示范区建设新境界，奋力打造中国西部具有全球影响力和美誉度的社会主义现代化国际大都市。

一、在行动指引上，坚持并发挥好党的领导这一最大优势

　　中国共产党是一个使命党、行动党，为了兑现向历史和人民的庄严承诺而不懈奋斗。12345热线作为城市运行中枢，在部门、区（市）县和承担公共服务职能的企事业单位中起着穿针引线作用。面对跨领域、跨部门、跨层级的复杂疑难诉求的处置，必须坚持党的坚强领导，必须充分发挥党的政治引领、思想引领、组织引领、制度引领优势。经过大量案例的比较分析可以看出，但凡解决得又快又好的此类诉求，必定是党组织居中核心领导，"一把手"亲自部署、亲自过问、亲自协调、亲自督办，党员发挥先锋模范作用，方能有力推动、效果立现。健全有力

的组织领导体系、科学规范的工作运行体系、严实结合的责任考核体系对于激发和保障 12345 热线充分发挥出其"牵一发而动全身"的治理效能至关重要。市委以 12345 热线为抓手,一年一个节点,一步一个脚印,带给成都品质生活、精细治理、韧性发展日新月异的变化。12345 热线的高使用率和高满意率反映出群众和企业对热线的信赖,并由此促使其不断优化自身运营服务,给群众和企业提供更好的服务体验。市民小月在访谈中说:"反正我遇到问题,12345 一定是我的首选。"目前,12345 热线在"接"和"转"的"前半篇"功能已经做到全国一流水平,回应咨询类和一般性诉求也越来越准、越来越快;要实现打通疑难诉求解决的"最后一米",实现由"办结"到"解决"再到"满意"的质变和升华,形成真正的"闭环",必须靠广大党员干部攻坚克难地"干"出来。是把工单当作负担,还是当作改进工作的机遇,不同选择自然带来不同结果。成都建设社会主义现代化国际大都市,必须打造堪当现代化建设重任的高素质干部队伍。

二、在价值遵循上,始终坚守人民至上的立场与情怀

"坚持以人民为中心的发展思想,不是一句空洞口号,必须落实到各项决策部署和实际工作之中。"[1] 这要求我们做任何工作都要站稳人民立场、把握人民愿望、尊重人民创造、集中人民智慧。12345 热线反映的问题绝大多数都是小事。但正如习近平总书记自地方工作时起就反复强调的:"像这样的小事、实事,看上去不那么隆重,不像一个大楼建起来那么精彩,但它是惠及群众的,我们就是要把这样的事情一件一件办好,我们就是要设身处地地想想,假如我们是那里的居民,我们最期盼解决什么。换位思考以后,群众的期盼就应该是我们的实

---

① 《习近平谈治国理政》第四卷,外文出版社 2022 年版,第 53 页。

际举措。"①换位思考是个很高的标准。就像成都公园城市研究院张老师跟课题组感慨的："我们原以为对金牛公园的改造升级是做了件惠民的好事、实事，没想到开园两个月就收到 12345 热线转来的市民投诉，促使我们对公园进行二次改造升级。大家都说好才是真的好。"12345 热线由人民出发、以诉求驱动，帮助党委政府把群众想的变为我们做的，让我们做的成为群众真正叫好的。把事情办到群众心坎上，需要我们把坐标对准，把需求聚焦，把方法用对，我要怎么干变为按照群众要求干；扑到一线去，问题卡在哪儿就盯住哪儿；来自谁、为了谁，就紧紧依靠谁；一件接着一件干，干一件是一件，干一件成一件。群众和企业体验到"可视""有感"的实实在在变化，就是人民至上价值理念的最好体现。

三、在目标导向上，从人本逻辑探索超大城市发展方式转变

中国共产党的百年奋斗、各级党委政府所做的一切工作都是为了让人民过上好日子。"人民城市人民建，人民城市为人民"的重要理念深刻反映出，以人为本的更高境界是不但要一切"围绕人"，还要让一切"依靠人"；不仅要提供高质量的"民生公共品"，也要通过一系列方式，强化城市的"民心归属感"；不仅要坚持从小事抓起，办好每件具体实事，又要在体制改革、机制创新上下功夫，在解决深层次问题上下功夫，探索出破解超大城市治理难题的综合方略。"大"的好处与难处在超大城市都得到集中而突出的体现。人民日益增长的美好生活需要与我们的治理模式能否更好地满足这种需要，成为超大城市治理面临的主

---

① 本书编写组编著《当好改革开放的排头兵——习近平上海足迹》，人民出版社、上海人民出版社 2022 年版，第 218 页。

要矛盾。老百姓的生活品质，与党委、政府服务是否到位息息相关。人民群众通过 12345 热线所反映出来的问题，有力推动了政府职能转变和流程再造。通过建设服务型政府、效能型政府、整体型政府、数字型政府、智慧型政府，以更高质量的服务、更具效率的回应、更兼具整合性的总揽、更为敏捷的反应、更有前瞻性的预判不断回应人民群众的关心、关注与关切。12345 热线可以进一步发挥深化城市治理改革、促发机制创新的基点和引擎作用，推动构建加强社会治理与优化公共服务互促双赢的新模式，积极探索寓治理于服务的新机制，通过服务减少治理压力，激发群众诉求驱动城市治理新动能，以大城善治升华品质生活。

四、在路径选择上，推进"热线 + 网格"深度融合

"我们国家的真正稳定，靠我们基层的同志。"[1]基层安则城市稳，人民安则国家稳。在跟基层同志的座谈中，大家普遍认为，12345 热线跟基层治理存在良性的互动关系。基层治理水平高，该区域的诉求也会相对较少；反之亦然。成都有很好的基层治理基础，党建引领、双线融合所积累的组织资源、社会资源、信义资源相当丰厚；特别是"微网实格"治理机制的探索，进一步在社会最小细胞做到了心中有底、工作有数、动员有力，把党的组织优势更好转化为了治理优势。在基层治理中，书记们八仙过海、各显神通，而有一支既有战斗力又有群众基础的可靠网格员队伍是造就良治社区的重要支撑。如果说 12345 热线的民生数据是线上"智汇"，那么网格员对辖区"人、地、事、物、情"等治理要素的收集便是线下"人聚"。通过推进 12345 热线与"微网实格"的深度融合，加强基层力量、基础要素、基本能力建设，促进综治维

---

[1] 本书编写组编著《当好改革开放的排头兵——习近平上海足迹》，人民出版社、上海人民出版社 2022 年版，第 188 页。

稳、城市管理、民生服务"多网合一"，实现社区发展治理与社会综合治理资源平台的整合提升，推动由"稳事控局"向"深耕善治"转变，共同发挥"放"和"收"的双重功能：一方面疏放民意、化解矛盾、缓释执政压力；另一方面服务群众、积累民心，巩固长期执政的信任基础，全面构筑起基层发展治理的幸福高线和社会综合治理的安全底线，以"微网实格"支撑大城善治。

五、在动力支撑上，保持改革创新永远在路上的劲头

改革创新是当代中国最突出、最鲜明的特点，是中国共产党百年奋斗练就的内功，也是走向未来的动力。目前，成都在 12345 热线系统集成改革方面取得积极成效，荣获"中国改革 2022 年度地方全面深化改革典型案例"。实践探索无止境，改革创新亦无止境。调研过程中，课题组在认真学习北京、上海、广州等城市的相关做法和先进经验后发现，几个城市一个共性的突出特征都是勇于改革创新：向问题要方向、向改革要动力、向创新要机遇。北京的系统宏阔、上海的精细卓越、广州的活力智慧都形成了响亮的城市品牌。改革创新需要"破"的勇气和"立"的决心。北京的"接诉即办"改革就是坚持问题导向，毫不回避首都治理中存在的问题和体制机制不顺的现实，深刻认识到：如果不加快改革创新，不能破旧立新，问题就会积重难返，影响首都高质量发展。上海的"两张网"改革是在经济实力、城市面貌、公共服务都已经达到较高水平的情况下，依然坚守消除民生短板，探索解决全国性、时代性共性难题的决心。成都承担着城市现代化的国家试点任务，市委十四届二次全会提出的"五个率先突破"之首就是致力创新驱动、精明增长、智慧治理，在探索超大城市转型发展新路径上率先突破。这是成都使命，也是成都担当，更是成都机遇。在推进城市智能服务和智慧治理的进程中，12345 热线作为重要突破口和着力点，可进一步通过技术、

制度、机制创新，聚焦治理理念更新、政府职能转变、组织结构改进、工作流程再造、运行机制优化和队伍能力提升等关键任务，围绕公共管理、公共服务、公共安全领域，实现各类城市管理系统、管理数据、管理流程相互赋能和相互融合，最大限度弥合城市管理缝隙，提升超大城市敏捷治理、科学治理水平。同时，深度释放 12345 热线互联互通、整合共享功能，更好顺应成德眉资同城化发展、成渝地区双城经济圈建设背景下大流动、大循环、高标准的城市群管理需要，为城市和谐发展、安全发展、有机交融发展贡献成都力量。

六、在深化探索上，勇于开创超大城市治理现代化新路子

发扬历史主动，开辟超大城市治理现代化新境界，必须将习近平新时代中国特色社会主义思想的立场观点方法贯穿始终。坚持和加强党对城市治理的全面领导，构建党建引领下上下贯通、执行有力的治理体系，确保城市治理始终服务推动高质量发展。强化问题导向，以"敢攻坚""深突破"的改革方法论着力解决高频共性复杂问题，"致广大而尽精微"，扩大 12345 热线推进超大城市治理的"破题效应"和"牵引效应"。提升依法治理水平，形成机制更加完备、程序更加规范、标准更加清晰、运转更加有效的制度体系。树立城市品牌意识，进一步整合"蓉易办""蓉易享""蓉易诉""蓉易登"等系列城市营商惠民平台，把 12345 热线服务市民的好做法、好经验进一步运用到热线服务企业中，加快提升"蓉易"系列品牌影响力。以"智慧蓉城"建设为总揽，加快构建公共服务"一网通享"，实现政务服务"一网通办"、惠企政策"一网直达"、政府信息"一网公开"、社会诉求"一键回应"、民生服务"在线可及"。深化理论研究，加强实践训练，推动 12345 热线案例进党校、进高校、进机关、进企业、进社区，编写典型案例，打造现场教学基地，举办专题培训班，让"人民热线为人民"成为成都建设人民城市

的显著标识和生动名片。

人民城市，一切围绕"人"。建设人民热线、人民城市，归根结底是为人民创造更加美好的生活。治国有常，利民为本。党的二十大报告指出："为民造福是立党为公、执政为民的本质要求。必须坚持在发展中保障和改善民生，鼓励共同奋斗创造美好生活，不断实现人民对美好生活的向往。"全面建设社会主义现代化国家、全面推进中华民族伟大复兴新征程，必须坚持以习近平新时代中国特色社会主义思想为指导，担当服务国家全局和全省大局的使命责任，全面贯彻落实党的二十大精神，认真落实省委全面建设社会主义现代化四川"总牵引""总抓手""总思路"重要部署，聚焦建设"四中心一枢纽一名城"，在深化 12345 热线全渠道接诉、全领域响应、全主体参与方面持续发力，在顺应民心、尊重民意、关注民情、发挥民力、改善民生中久久为功，把人民至上的理念体现到千方百计解决群众最关心、最直接、最现实的利益问题上，落实到处处围绕人、时时为了人的具体行动上，让生活在这座城市中的人们日子更红火、未来更可期，生活更有品质、更有尊严、更加幸福，让城市发展更健康、更智慧、更具韧性，勇于开辟超大城市治理现代化新路径、新境界，与人民群众一起，共同实现美好生活新愿景，形成具有典型性、代表性的超大城市发展转型新理念和新经验。

下编 思·悟

人民热线的服务心声

　　"民声"连着"民生"，"民生"里有"心声"。一条热线连接千家万户，背后是千头万绪，心中有千言万语。每一个热线诉求解决的背后，无不凝结着成都干部实实在在的责任与奉献、努力与汗水；每一个"满意"评价的背后，无不生动诠释着新时代成都干部的初心与使命、理想与情怀、创新与担当。

　　为生动展现成都 12345 打造人民热线、建设人民城市的理论渊源、具体做法、实践案例和显著成效，全面深化成都以 12345 热线撬动城市治理全方位变革的理论和实践，我们面向全市部门和区（市）县的干部和工作人员征集依托 12345 热线解决群众和企业急难愁盼问题的实践经历、个体经验与心路历程，择其优者编为专章。[1]

　　从这些见人见事见情的朴素书写中，我们真实地看见：成都干部如何践行新时代群众路线，当好群众的知心人、贴心人、暖心人；如何不畏难、不避责，用自己的辛苦指数换来群众的幸福指数和满意指数；如何把老百姓的事当作天大的事，树牢为民意识、厚植为民情怀、练就为民本领、筑实为民根基，以谋一域百姓之福而彰国之大者。进而深切地感受到：人民是我们党执政的最强大底气，党的领导是全面推进社会主义现代化的最坚强力量，基层是国家长治久安的最牢固堡垒，干部是各项事业兴旺发达的最可靠保证。

　　坚持一切为了人民、一切依靠人民，想人民之所想，行人民之所嘱，不断把人民对美好生活的向往变为现实，我们就一定能够绘就中国式现代化万千气象成都篇章更为美好、更添生动、更具活力、更加丰富的鲜亮图景。

---

① 作者身份均为文中所述的当时情况。

实干践行为民情怀

一条小热线，撬动大治理

用心倾听，用情服务

践行人民至上，解决急难愁盼

为民解忧，你用电我用心

一条小热线，撬动大治理 [1]

"烟火人间三千年，成都上下猛追湾。"我所在的猛追湾街道，隶属于成都市成华区，占地面积 4.05 平方千米，辖 7 个社区，有小区（院落）232 个，常住人口 120259 人，毗邻春熙路和太古里商圈，是成华区连接市中心的桥头堡。作为成都市中心城区街道，辖区具有总部企业多、老旧院落多，特殊群体多、群众诉求多的典型特点。一年多来，我和街道同志们坚持民生为本、为民服务的初心，把 12345 热线当作"一键沟通民情、一键直达民心"的桥梁与纽带，一起解决了老百姓身边各种"生命安全"的大事、"鸡毛蒜皮"的小事、"解困过坎"的急事、"愁眉急盼"的难事，架起了党心与民心的连心桥，"小热线"撬动了基层"大治理"。2023 年 1—10 月，我街道平台受理量达 9500 余件，诉求办结率约 95%，市民服务满意率达 94.5%。

一、用心用情，"一线"牵起大民生

习近平总书记强调，"老百姓的事要实实在在干，干一件是一件，干一件成一件。"[2] 殷殷嘱托，语重心长，背后是深厚的人民情怀。"上面千

---

① 作者为成华区猛追湾街道党工委书记郭凤杰。

② 《"让人民群众奔着更好的日子去"——习近平总书记考察四川纪实》，《人民日报》2022 年 6 月 11 日。

条线，下面一根针"，是对基层工作千头万绪的形象比喻，千头万绪的事，说到底就是老百姓的事、千家万户的事。提到猛追湾，永远绕不开望平坊的烟火气、建设巷的特色美食、339 的夜间消费，人间烟火、繁华市井是猛追的独有特质，群众诉求呈现"社会生活噪声投诉多、消费纠纷退费投诉多、小区治理投诉多"的典型特点，桩桩件件都涉及老百姓的点点滴滴，关联着家家户户。如何把每一件小事办好、实事办实，让生活工作在猛追的人民群众满意，是我做好一切工作的大前提与落脚点。

建设巷作为成都有名的网红美食街区，烧烤、串串、臭豆腐……各种美食云集，热闹、火辣、烟火味是它的代名词，随之而来的油烟扰民、占道经营、交通拥堵、商居矛盾等问题特别突出，周边的居民曾爆炸式向 12345 热线平台反映。"烟火气"不等于"油烟气"，"接地气"不等于"无秩序"！居民要安宁，商户要客流，如何有效解决商居矛盾，让双方都能在建设巷这个片区和谐生活，街道必须找准这个平衡点。街道组织居民、沿街商铺、职能部门一起，开展了 10 余场街区共建大讨论，从街区完善规划、问题妥善解决、环境整治提升等方面共商解决方案，努力打破居民与商户间的隔阂。经过反复调研论证，向上争取支持，历时半年对建设巷片区实施整治提升专项行动，统筹实施商家烟道统一整改，实行烟道全部上顶、油烟净化全覆盖，同步实施建筑立面整治、污水管网整改、特色店招打造和交通秩序优化等，重塑城市公共空间，有效解决了油烟扰民、占道经营、道路安全等问题，打造后的建设巷焕然一新，得到了周边居民、商家、游客的一致点赞。

民生无小事，枝叶总关情。辖区六医院宿舍始建于 20 世纪 50 年代，居民多次通过 12345 热线平台反映小区因水管铺设时间长，自来水管网老旧锈蚀、水压低，严重影响院内百余户居民生活品质和饮水健康。历史的欠账、居民的健康、资金的缺口……各种问题交错交织。为全面解决这一民生问题，街道组建"分管领导 + 业务科室 + 社区"工作专班，明确责任人，先后组织区农业和水务局、成都市自来水公司、成都市第六人民医院等多部门召开"吹哨报到"工作会，问题会商、明确方案，积极向上争取政策及资金支持。经过大力协调，目前相关改造资金已全部到位，施工设计图已出具，改造完成后将彻底解决困扰居民多年的"饮水难""用水难"问题，127 户居民也满怀期待迎接改造成果。

以解决群众诉求为牵引，我们建立"区、街道、社区、网格、微网格"多级联动机制，实行"条块结合"工作模式，明确"主要领导亲自抓、分管领导具体抓、业务科室全力办"的办理模式，对"多人一事""一人一事"多次投诉的案例专题分析，用心用情解决好每一个居民诉求。滴水穿石、聚沙成塔，我们干部用"辛苦指数"换来了群众的"幸福指数"，"我们是一环路东三段 6 号大院居民，从 12345 热线反映厕所下水道爆裂冒污水，社区立马派人维修，一个小时就解决了，你们太棒了！""街道、社区在我们反映下，东风路北一巷安装了期盼已久的路灯，解决了我们多年的困扰，照亮了回家的路"……类似这样的表扬来电，街道 2023 年接到了 50 余个，我们用诚心、热心、耐心换回市民的真心、暖心、民心，得到了老百姓越来越多的肯定与认可。

二、担当作为，"热线"助力大发展

2023 年 1 月 28 日，成都市 12345 亲清在线正式启动，致力于为各类经营主体提供更加便捷、更加优质、更加高效、更加公平的服务。猛追湾街道作为成华区经济贡献首位街道，拥有各类市场主体超 10000 家，纳税贡献占比超全区的 1/3。"让企业的每一个声音都能被听见"，我们以"24 小时办结"为底线，建立企业诉求处置专班，用心、用情、用力解决各类市场主体诉求，让企业安心投资、专心经营、全心发展。

成都贝壳海盐公寓（建设路店）项目成功落地的案例让我印象深

刻。贝壳海盐项目是贝壳租房打造的自营长租公寓品牌，位于成都建设路商圈核心区域，项目落地之初面临很多困难，项目审批怎么走、营业执照怎么办、水电气怎么改、消防设备怎么规划、政策支撑在哪里……企业通过12345亲清在线把诉求反映到街道。看到企业发愁，我们充分发扬"店小二"精神，通过专人"一对一"服务，帮助其理清思路，主动对接区住建交局、区行政审批局、区消防大队等单位，顺畅解决了其行政审批、项目开发、用电用水、消防安全等问题，让企业安心落地发展。贝壳海盐公寓自2023年7月试运营以来，目前已成功交付房屋519间，入住率超90%，实现税收超80万元，弥补了建设路片区核心商圈青年人才的居住空白。

纳税企业是我们的服务重点，个体工商户等市场主体我们也绝不能忽视。2023年5月22日，建设南新路10余家商家联合向12345反映他们商铺门口有16根灯杆桩安了多年却一直没有开过灯，严重影响了正常经营。因灯杆桩属于市政设施，我们需要明确找到其归属方。因年代久远寻主未果，经过多方走访、向上级部门问询，仅了解到可能是10余年前成都市光彩工程遗留所置。没有找到责任主体，街道一时也没有更好的法子。在前期处理中，业务科室向商家们通报解释灯杆桩调查的实际情况，商家明确表示"不满意，不能因为几个废旧灯杆桩影响我们正常经营啊""企业有难题，党委、政府响应就该有效率"……商家议论纷纷、抱怨较大。为快速帮助商家解决困难，消除门口的安全隐患，街道再进一步、积极作为，明确责任领导强力抓、盯着督，通过现场研判、上级争取、自筹资金，历时5天全部拆除废弃灯杆桩并恢复路面，赢得了商家的普遍赞誉。

基层无难事，只要肯登攀。这个案例只是众多商家诉求的一个，诉求解决其实并不难，这需要切实提升治理理念，需要工作人员克服瞻前顾后、怕担责任的心理，扭住一类问题寻根究底、源头发力，想方设法把矛盾问题化解好、敏感问题处理好、棘手问题解决好，辖区才能真正成为企业长久发展的安心港湾。

三、主动治理，"智线"护航大平安

每一条诉求都是群众的心声，如何发挥好 12345 热线的哨点作用，把"民声大数据"转变为"民生大数据"，把市民最普遍最关心的一些共性问题、热点问题梳理出来、提炼出来，为基层治理提供问题蓝本、解决范本，是基层治理富有挑战性和价值性的实践探索。

群众每周反映的热点问题是什么、难点在哪里、科室办理成效如何……我们依托 12345 热线平台对诉求"日分析、周汇总、月总结"，经过梳理分析，老百姓的急难愁盼一目了然。全面感知社情民意，街道对规律性问题提前谋划，对苗头性问题及时预警，做到"未诉先办"，实现"群众反映"变"主动发现"，"被动"处置变"主动"解决。每年岁末年初是农民工工资清欠工作的重要时期和关键节点，民工讨薪类投诉一般会呈"井喷式"增长，仅 2022 年末街道单月诉求高达 200 余件。如何在岁末年初解决诉求爆单的情况，怎样保障民工权益，我们主动思考、积极作为，2023 年 12 月开始全面开展岁末年初民工讨薪整治专项行动，由业务分管领导牵头，多科室、社区联动，深入楼宇、企业、工地全面了解、主动介入，在有企业民工工资支付出现问题苗头时及时干预，发现一起处置一起，让民工讨薪问题未诉先办、提前"避雷"，工作取得明显成效。目前街道民工讨薪投诉每周降低到 2 件左右。

常态化做好"未诉先办"，整合提升发现能力至为关键。我们统筹社会力量共同参与社会治理，街道上线"随手拍"小程序，建立微网格员积分兑换奖励机制，鼓励群众发现问题及时上报；同时依托网格员、微网格员，充分调动物业公司、院落骨干等社会力量，通过"进圈入群"完善"哨点发现机制"，提前感知、及时处置老百姓身边的安全隐患。根据群众举报，我们成功处置了锦泰公寓居民楼违规使用危化品、八二小区 17 栋破墙开店等重大安全隐患问题。

依托智慧蓉城建设赋能基层治理，我们围绕 12345 热线平台诉求热点、痛点难点，从"小切口"出发，还建立了企业智慧服务、网约房管理、建设巷智慧城市管理等特色应用场景。我们打造上线了全市首个街道级经济运行服务场景，通过"小猛企服"小程序"线上＋线下"双向互动，实现政策精准直达快享、资源数据一网通享、企业诉求一键回应、经营问题一屏分析，进一步提升了街道企业服务精度与温度。针对网约房流动人口多、治安隐患多的问题，我们建立了网约房管理场景，通过人脸识别、自助登记、智能翼闸等设备，实现重点人员数据实时对比，有效防范犯罪分子"钻空子"，解决了网约房管理难、发现难、处置难的问题。在建设巷美食街管理方面，我们完善建立智慧城市管理应用场景，通过前端感知设备算法、油烟监测设备赋能，实现城市高效管理。通过诸多管理应用智慧赋能，12345 热线升级为"智线"，城市精治共治智治水平得到显著提升。

"人民城市人民建、人民城市为人民"，建好人民城市，一定要倾听人民群众呼声，聚焦人民群众需求。一年多来，我和街道同志们与 12345 热线平台一起成长、一起探索，每当看到群众诉求解决后脸上绽放的笑容，再苦再累都值得。我深知，提升基层治理能力的路还长，我们还需继续永葆"赶考"的清醒，强化"为民"理念，践行"用心"实干，用心用情回应每一个市民的呼声，尽心尽力解决每一个群众的诉求，让生活在这座城市中的人们日子更红火、未来更可期、生活更幸福。

（2023 年 12 月）

【点评】

"天下难事，必作于易；天下大事，必作于细。"个中蕴含的道理和哲理在基层表现得最典型、最充分。成都的烟火气是幸福成都最具特色的组成部分，但"烟火气"不等于"油烟气"，"接地气"不等于"无秩序"。让城市更美好、让环境更宜居宜业才是幸福城市的内涵。在郭凤杰书记的描述下，我们既看到群众通过 12345 热线投诉的鸡毛蒜皮的小事，也看到不少棘手烫手的难事，但郭书记都以"民生无小事，枝叶总关情"的情怀、"基层无难事，只要肯登攀"的担当把群众期盼的事尽量办成、烦恼的事全力办妥。习近平总书记曾引用成汤"人视水见形，视民知治不"的古训来比喻以民情为镜对于治理的重要意义。实事求是地说，基层对于 12345 热线的态度是比较复杂的，有的甚至认为它是老百姓在无事生非、故意找碴儿、跟政府过不去，但郭书记把每条诉求看作群众心声，把热线数据看作民生账本，把解决共性问题、难点问题看作为基层治理提供有价值的问题蓝本、解决范本的挑战和探索。思路一变方向明，理念一变天地宽。由此，我们看到"向前一步"的提前谋划，农民工年终岁末呈井喷式的讨薪投诉锐减到个位数；12345 热线与微网实格深度融合，共同发挥"哨点"作用，安全预警事半功倍；包括对已然发展成势但治理却相对滞后的网约房智慧化管理的探索也干在实处、走在前列。深化基层治理，永远在路上。永葆"赶考"清醒，强化"为民"理念，践行"用心"实干，生活在这座城市中的人们日子将更红火、未来更可期、生活更幸福。（吴欣）

用心倾听，用情服务 [①]

　　成都是一座拥有 4500 多年文明史的文化名城，是中国最佳旅游城市之一，既有武侯祠、杜甫草堂等底蕴深厚、璀璨夺目的人文美景，也有青城山—都江堰、西岭雪山等异彩纷呈、旖旎迷人的自然风光，更有中国式现代化的万千气象。旅游市场点多线长面广，旅游纠纷取证难、调解难、处置难，我和我的同事们承担投诉举报办理工作。近年来，我们以成都 12345 热线为牵引，坚定为民服务使命，坚持诉求导向，创新实践路径，筑好新时代"连心桥"，收获了旅游者认可、认同和赞赏，以用心优质高效的服务推进旅游市场高质量发展。

一、砥砺前行的动力源于牢记初心使命

　　中国共产党人的初心和使命，就是为中国人民谋幸福，为中华民族谋复兴。让人民幸福生活是"国之大者"，群众反映出来的困难，往往对于每一个个体、每一个家庭都是大事。在长期的旅游投诉处理过程中，我们认识到：不同的人对同一件事可能会有不同诉求，会有不同看法，这很正常，只有沟通协商才能凝聚共识。沟通很难，我们难免充满愤懑、各执己见、相互指责；沟通又易，如果我们冷静客观、设身处

[①] 作者为成都市文化市场综合行政执法总队应急处置支队副支队长贾小龙。

地、换位思考。如果难和易之间隔着一座山,我们就来做那架沟通连接的桥,在万籁俱静、四野无声时,默默地在修修建建、填填补补中留下那些真的、善的、美的东西,这就是 12345 热线工作赋予我们的意义,需要我们承担的使命,践行的初心。

二、打开心扉的钥匙在于耐心倾听

做好新时代旅游投诉举报工作,必须动真情,带着感情去做旅游者工作。我们认为,旅游者只有觉得受到了重视,得到了尊重,才可能理解你、支持你、配合你。

2023 年暑期,旅游者刘女士一行 5 人通过某网络销售平台与四川某旅行社签订了《代驾租车协议》,协议约定由旅行社为刘女士等人代订旅游车辆,保障刘女士等人的 8 天旅游用车需求,协议费用共计人民币 12000 元,旅游者通过某网络平台预付人民币 1800 元,向该旅行社实际支付人民币 9000 元。行程第 7 日,车辆行至四川某地被当地交通执法部门拦扣。经核查,旅行社代订的车辆属于非法运营的私家车辆,交通执法部门将车辆暂扣,并通知旅行社安排合法车辆将刘女士等人送返出发地成都,刘女士等人在返蓉途中就旅行社使用非法车辆导致行程中断的赔偿问题与旅行社多次协商无果后,刘女士拨打了 12345 热线进行了投诉。12345 热线接到旅游者来电后,立即将投诉整理并制作工单交办给市文广旅局办理。收到投诉工单后,我们立即联系旅游者进行了沟通,耐心倾听、细心安抚,缓解了旅游者焦急、愤怒的情绪。考虑到旅游者来自外地、急于离蓉,为了快速处置旅游纠纷、不让旅游者将不愉快带离成都,当即通知旅游者和旅行社返蓉当日进行现场调查调解,避免了事态的进一步扩大。

三、获得信任的本质在于客观公正

公平正义是处理投诉举报的核心要求，是回应旅游者诉求的本质要求，是赢得信任的前提保证。本着负责任的态度，我们以客观公正的立场，在职权范围内寻找最佳解决方案。

在调解刘女士投诉过程中，旅游者提出：旅行社作为旅游服务提供的专业机构，应当足够清楚代订旅游车辆的资质要求，在知晓规定的情况下仍向旅游者提供不合规车辆，旅行社的行为等同于欺诈，应按照相关法律法规，向旅游者全额退还旅游费用并作出3倍赔偿。旅行社提出：此次车辆暂扣的情况发生在旅游用车的第7天，对旅游者8天的用车需求实质影响有限，且旅行社在发生该情况后积极采取补救措施，重新安排了送返旅游者的车辆并支付费用，未造成旅游者滞留或进一步经济损失，仅同意对旅游者再行赔付2000元。考虑到情况比较复杂，我们调取旅行社与旅游者前期沟通凭证，获悉旅行社前期与旅游者约定了一款车辆，因刘女士一行行李较大、人数较多，本着能给旅游者带来更好体验的初衷，在征得旅游者同意的情况下，旅行社为旅游者将旅游车辆升级为空间较大的车型。经过调解人员的持续努力，双方对基本事实达成一致，为成功顺利调解纠纷奠定了良好基础。

四、化解纠纷的秘诀在于以情动人

实践证明，换位思考是做好旅游投诉纠纷调解工作的一大法宝，也是我们赢得旅游者信任和支持的基本经验之一，要用旅游者的眼光、从旅游者的角度去考虑和处理，要对旅游者有一种心心相印的感情，真正把旅游者当作朋友、当成亲人、当作自己，只有这样，我们的工作才能更加符合旅游者的意愿，更加体现旅游者的利益，也才能获得旅游者的理解和支持。

在调解刘女士投诉过程中，我们考虑到旅行社用车安排直接造成旅游者部分行程无法履行，且旅游者来川时间、经济成本较高等实际情况，对旅游者动之以情、晓之以理，多次协调旅游者和旅行社的分歧意见，引导旅游者和旅行社换位思考、将心比心，之后双方的态度均发生了较大改变。旅游者基于旅行社更换车辆的良善初衷，旅行社前期代订车辆和驾驶员服务的经济成本，以及旅行社工作人员付出的时间成本等方面的综合考量，降低了投诉赔偿主张。旅行社充分认识到此次违规用车对旅游行程、旅游者心情、旅游者再次来川时间及其经济成本的影响，主动提高了赔偿金额。最终，旅行社与旅游者达成和解：旅行社退还旅游者所交旅游费用 9000 元，并赔偿每人 100 元。同时，受理机构启动"诉转案"程序，执法机构对四川某旅行社为接待旅游者选择的交通企业涉嫌不具有合法经营资格的违规行为依法开展调查。

五、赢得认可的方式在于真诚努力

"犯其至难而图至远"，向最难之处攻坚，追求最远大的目标，达成最圆满的结局。社会个体中的我们每一次痛苦、伤心、难过、委屈都可以被及时听到、及时回应，每一份意见都能被重视，每一个合理的建议都能被采纳，甚至每一次犯错都可以得到修正，这就是 12345 热线的力量所在。

投诉处理完成后，刘女士现场感慨：没想到不需要烦琐的手续、冗长的流程，仅仅拨打了 12345 热线一个电话，她的问题就能得到如此认真对待、高效处理，深切感受成都旅游的真诚善意和不懈努力，因为旅行社的错误行为造成的不愉快已经在不知不觉中悄悄释怀。因行政处罚案件办理的需要，当我们再次联系刘女士时，她已离开了成都，开朗的她对我们的工作一再地表达感谢，言谈之中更是对成都的城市治理、风土人情充满了好感，不断地表示后期会带家人再来，还热情地邀请我们前往她所在的城市游玩。

悠悠万事、民"声"为大。成都 12345 热线，不仅仅是一串简单的数字，更是联系群众的纽带，是了解社情民意的窗口，是旅游者身边的暖心线。作为旅游投诉行政调解人员，通过处理一件件投诉举报，我们切实做到了依法维护旅游者的合法权益，共同营造规范有序健康繁荣的市场环境，共同铸就乐观包容、友善公益的城市精神，共同维护"来了就不想离开的城市"形象。

（2023 年 12 月）

【点评】

大力发展文化旅游是满足人民对美好生活向往的重要途径。作为中国最佳旅游城市之一，也是中国最具幸福感城市之一，近年来，随着成都的国际知名度和美誉度不断提升，也迎来了世界各地的游客，共同开启探索天府之国的奇妙之旅。大量的游客难免出现了旅游服务不尽如人意之处，12345 热线为游客提供了解决矛盾纠纷的便捷渠道，贾小龙副支队长的体会站在旅游者的角度，愿做那沟通"难"与"易"之间的桥梁，重视尊重每一个来蓉游客的诉求，动真情默默地在修修建建、填填补补中留下那些真的、善的、美的东西，带着感情去做旅游者工作让人感触颇深。"没有落后的群众，只有落后的干部。"只有干部及时听到、及时回应市民游客每一次痛苦、伤心、难过、委屈，让每一份意见都能被重视，每一个合理的建议都能被采纳，每一次犯错都可以得到修正，我们的城市自然会变得越来越美好。正如贾小龙同志说的，悠悠万事、民"声"为大。成都 12345 热线，不仅仅是一串简单的数字，更是联系群众的纽带，是了解社情民意的窗口，是旅游者身边的暖心线，这就是 12345 热线工作赋予的意义。（王胡林）

践行人民至上，解决急难愁盼 [1]

——12345 热线背后的交警担当

打开手机拨号界面，输入号码 12345，市民服务热线的字样便会自动显现。这条热线一头连着政府，一头连着群众，已经成为群众提出民生诉求、咨询政策服务、解决急难愁盼的重要渠道。对于公安交警而言，12345 热线既是密切警民联系的"连心桥"、解决群众诉求的"直通车"，也是直接反映群众满意度的"风向标"、提升交警执法效能的"好举措"。近年来，随着成都经济社会快速发展和群众生活水平不断提高，城市化机动化进程不断加速，全市交通需求总量急剧增长，汽车保有量保持较高速度增长。截至 2023 年 9 月，全市汽车保有量 640.2 万辆，超越北京成为全国汽车保有量最高的城市。面对超大城市交通治理，交警支队坚持民意导向，通过 12345 热线听民声、察民情、解民忧，累积跬步、积微成著，抓实抓细城市交通治理各项工作，切实把实事办在群众心坎上，全力以赴保障城市交通有序运转、群众安全畅通出行。

一、解民忧、暖民心，搭建警民"连心桥"

2023 年 4 月 11 日上午 10 点，李女士驾车携带家人前往成华区途中，

---

① 作者为成都市公安局交通管理局（成都市公安局交通警察支队）政治处杜百达、成都市公安局交通管理局（成都市公安局交通警察支队）第一分局车管科曾丽。

她刚满两岁的幼儿因发烧突然抽搐。当时车辆正在三环主道上高速飞驰，这一突发情况一时间让李女士全家乱了方寸，慌不择路地进入三环路辅道，在前往医院就医途中迷了路。刚好交警五分局一大队的两名警员正在道路上巡逻执勤，在详细询问李女士的困难后，两名执勤交警立即警车开道护送李女士全家安全及时到达医院，患病幼儿得到了及时治疗。下午5时，李女士拨打12345热线向施以援手的两位交警表示感谢，她在电话中真挚地说道："多亏了两位交警同志的帮助，为我们去医院节省了宝贵的时间。赶到医院医生及时给宝宝进行了治疗，现在娃娃情况稳定，我们全家都特别感激两位交警同志，所以专门打电话表示感谢，希望公安局能表扬在人民群众遇到困难时给予帮助的两位同志。"在收到李女士的感谢信后，交警支队第一时间将谢意转达给了当事交警所在单位以及本人，对他们在工作中帮助危急群众解决困难的先进事迹进行了广泛宣传，并号召全警向他们学习。

习近平总书记强调："民之所忧，我必念之；民之所盼，我必行之。"① 群众的认可是对公安交通管理工作最大的褒奖，一次紧急的救助换来群众一声暖心的感谢，这只是成都交警千千万万个救助群众于危难之际的缩影。只要群众有困难，公安交警就会及时挺身而出，一个个12345热线的表扬工单也映衬着"人民公安为人民"的铮铮誓言。在公安交通管理工作中，我们必须始终保持与人民群众的血肉联系，增强群众观念，站稳人民立场，从解决人民群众最现实、最迫切的问题入手，以实际行动解民忧、纾民困、暖民心，努力使人民群众获得感、幸福感、安全感更加充实、更有保障、更可持续。

二、听民声、察民情，倾力为民办实事

在日常公安交通管理工作中，机动车乱停放、噪声扰民是群众通过

———————

① 《习近平谈治国理政》第四卷，外文出版社2022年版，第65页。

市民服务热线反映最多的问题。为积极回应群众诉求，切实规范中心城区静态交通秩序，交警支队坚持民意导向，成立静态交通秩序攻坚整治领导小组，印发《关于开展中心城区静态交通秩序集中攻坚整治的工作方案》，每周对网络理政、962122 服务热线等渠道投诉机动车乱停放、交通拥堵方面的情况进行汇总分析，找准问题症结对热点区域实施"挂牌整治"和"限期销账"，近期查处机动车乱停放执法力度较同期上升31.6%，机动车乱停放投诉较同期下降 19.9%。

随着群众的法律意识和维权意识日益增强，如何充分依托 12345 市民服务热线解决民生诉求，真正将维护群众利益作为工作的出发点和落脚点，是当前亟须解决的重要课题。近期薛先生通过 12345 热线举报其居住地周边夜间经常有车辆飙车炸街、噪声扰民，且居住地附近有一处汽车修理厂存在非法改装车辆的嫌疑，要求属地公安进行处理。在接到相关线索后，交警一分局严格落实"接诉即办"，迅速成立专案组，联合多警种、多部门强化飙车炸街交通违法打击力度，并联合市场监管局、生态环境局、住建局对非法改装源头进行了处罚，全力以赴除隐患、防风险、保安全，为辖区群众出行创造安定、和谐的道路交通环境。在被告知处理结果后，薛先生专程又通过 12345 热线表扬交警一分局，他说："我通过热线反映问题之后，仅仅过了 1 天就收到了交警一分局警官的处理结果，查处速度工作效率可说是相当的高，在交警一分局警官的不懈努力下，换来了人民群众的平安。我向交警一分局、向参加此次查处的部门表示衷心的感谢和真诚的敬意。"

人民群众的满意，是公安交管工作的出发点和落脚点。12345 热线处理的大部分是"小事"，事虽不大，但关系着民生。秉承用心用情为群众办实事办好事的服务宗旨，主动倾听和顺应民意，主动服务和保障民生，主动借助和依靠民力，坚持"只要对群众有利，再大困难也要去做"，从涉及群众利益的小事做起，努力将人民至上落实到办实事、办好事的具体行动中，用心用情用力解决群众的操心事、揪心事、烦心事，着力解决人民群众最关心、最直接、最现实的利益问题。在日常工作中，我们要从群众的角度看待问题、分析问题，推动合理诉求实质解决，进一步规范完善热线受理、承办、转办、回复等工作程序，做到事事有回音、件件有落实。同时，聚焦群众在热线中反映强烈的生活噪声、车辆违停等难点问题，精准发力，逐个击破，真诚回应群众的呼声和期待。

三、为城市"总客服"当好交管"分管家"

"见人见事见情"是对12345热线接办件最基本的要求。2023年11月20日，市民杨女士选择周一下午请假到交警一分局办理业务。下午2时左右，因等候人员较多、等候时间长，杨女士和窗口民警进行了交涉。由于民警回答不规范，杨女士拨打了12345热线进行了投诉。收到工单后，小邱并没有第一时间和杨女士取得联系，而是调取了当时的大厅、工位的录音录像，对反映情况和当日岗位工作时效进行了核实。在后续联系中，小邱认真倾听了杨女士的陈述，并对自己复查当时的情况、下一步对涉及人员的逐级上报处理、窗口所有人员的进一步规范，都进行了告知。杨女士表示，如果当时窗口接待的民警可以和小邱一样，耐心一些，理解一些，表述清楚一些，自己也不会有投诉的决定。

公安交管工作，既有管理又有服务，反映人民需要的不只是"共情"，更是落实。对于接办为"窗口服务不满意"事项，新手工作人员大多数都会从"道歉"出发，希望从态度上缓解群众的不满。但在实际情况下，这是治标不治本的下策。

要做好接诉即办工作，既要政治过硬，也要本领高强。在经历各种各样诉求的长期历练和反复打磨后，很多办件民辅警都练就了一身"独门绝技"。有通过手语和聋哑驾驶人交谈3个小时，妥善解决报废机动车注销问题，帮助驾驶人恢复"学法减分"业务功能的；有帮助少数民族群众对接不良二手车商，依法维护合法权益的；有对接外省交管部门，联系修改因录入数据错误导致本市机动车无法享受免检政策，为车主挽回经济损失的……

2023 年 6 月，分局民警在路面查处外籍驾驶人 Hamson 骑行摩托车，其临时驾驶许可没有摩托车准驾。通过视频向车管科"接诉即办工作小组"负责民警进行业务咨询后，我们发现该驾驶人在办理临时驾驶许可时，没有自述有自带摩托车，所以窗口未向其授予摩托车准驾。辅警谢棣通过手机和 Hamson 取得联系，通过自己的专业英语技能，向其告知了相关业务手续，工作小组为其办理了重新申领临时驾驶许可等业务，为其合法上路资格提供了保障。同时，也杜绝了一起涉外勤务纠纷。

一座城市的温度，在于每个市民的"呼声"都能被听见得回应；一条热线，听的是民生疾苦，投射的是人心向背。常听群众心里话，紧盯群众身边事，12345 热线已经成为公安机关社会治理的"晴雨表"、提升工作效能的"加速器"、警民互动的"连心桥"、队伍管理的"风向标"。只有进一步端正工作态度，坚持"靠前一步、主动作为"，始终坚持"群众利益无小事、群众利益高于天"，把精力和心思用在全力解决群众最关心最直接最现实的利益问题上，对群众反映的具体问题，拿出真招实招解决好群众关注的小事，健全完善群众意见接收、转办、回访、督查、评价、整改工作机制，积"小满意"为"大满意"，才能确保群众反馈问题落地落实，才能兑现为民承诺，才能忠诚践行"人民公安为人民"的初心使命，赢得人民满意。

（2023 年 12 月）

【点评】

"出行安全和通勤效率"的"交通民生"属于满足群众日常需要的基本

民生。12345 热线是什么？对于老百姓来说，是畅通民意诉求的渠道；对于政府职能部门而言，是度量为民服务水平的标杆。我们看到"在人民城市为人民、人民公安为人民、人民热线为人民"的共同理念引领下，公安交管部门通过 12345 热线听民声、察民情、解民忧，累积跬步、积微成著，稳稳地守住了城市的交通秩序和市民的出行安全。尤其让我们印象深刻的是交管民警对诉求办理的独到理解和在实践中锻造出来的独门绝技。比如，诉求反映人需要的不只是"共情"，更是落实。通过道歉舒缓情绪只能收一时之效，实实在在为群众解决问题才是务实之举，由"办成一件事"到"解决一类事"才是治本之策。群众诉求并不总是合理的，有的在联系沟通时态度也不完全配合。在这篇感悟中，交管民警分享了他们的应对之"道"，那就是与其沮丧、委屈、抱怨，不如扎实练好基本功。"道虽迩，不行不至；事虽小，不为不成。"12345 热线涉及的方方面面决定了其综合性和复杂性，因此要求办理人员必须保持对社会脉动的高度敏感，尽可能掌握全面的知识体系、储备足够的专业技能，能够在各层级各方面长袖善舞、触类旁通。只有不断地学习总结提高，以真情实意筑根基、真招实干强支撑，才能更好地满足市民对幸福美好生活品质更新更高的需求。（吴欣）

为民解忧，你用电我用心 [①]

    坚持以人民为中心，是中国特色社会主义事业的根本立场，人民电业为人民，是我们电力行业不可动摇的根本宗旨、精神传承、初心和使命。国网成都供电公司服务 800 多万用电客户，2000 余万人，对群众来说，一盏灯照亮回家的路，同样对我们来说，供电从来无小事，影响群众用电的事，都是我们的大事。为民解忧，为群众办实事，应当心向之、足履之 肩扛之，这些年来，我们供电公司上下一心，协同共谋，以更贴心更主动的服务，满足人们对美好生活的向往，同时也收获着人民群众对我们的认可和满意。

一、一颗初心，为民服务解难题

    城西供电中心深入供电网格化服务，将优质服务这股暖风吹到辖区内的千家万户中。每一位网格员都将"你用电，我用心"的服务宗旨印在脑海中，落实在行动里。每每接到用户打来的电话，网格员都会热心耐心地为居民解答用电疑惑，帮助居民解决用电大小事。

    城西供电中心蜀汉供电所网格经理邹鹏，负责辖区内的抄表收费以及网格服务。2023 年 11 月 27 日，他接到了家住抚琴南一巷的黄女士

---

① 作者为国家电网成都供电公司何玄、李霞。

的求助电话。黄女士收到"次日 8：00—18：00 计划停电检修"的通知，她在电话里告诉邹鹏，家里老人感染肺炎，需在家 24 小时不间断吸氧维持血氧稳定，目前依赖于家中一台医用制氧机供氧，家中确实不能停电，希望能得到供电局的帮助。邹鹏得知黄女士的情况后，立马将情况报告给了所长刘义圣。刘所长当即决定联系共产党员服务队提供帮助。共产党员服务队的两名队员和网格经理邹鹏上门了解了老人的实际情况后，决定在计划检修当天提供一台小型发电机，保障黄女士家中的制氧机能在计划检修期间正常使用。

11 月 28 日，共产党员服务队的队员和网格经理邹鹏带着一台小型发电机，接入楼下集中表箱中客户的进户线，保障黄女士家中用电。共产党员服务队队员楼上楼下不停往返，随时查看发电机发电的情况以及黄女士家中制氧机的使用情况，确保用电正常。直到计划检修结束，黄女士家中恢复正常供电，共产党员服务队和邹鹏才安心从黄女士家中离开。

12 月 13 日，网格经理邹鹏及共产党员服务队接到黄女士致电12345 热线的表扬工单后表示："帮助居民解决用电问题是我们的本职工作，群众的表扬是今后工作的动力。"基层服务最应该做到的就是接诉即办，不管是 12345 热线还是供电服务热线 95598，都只是客户表达诉求的途径。居民用电诉求无大小，积极解决居民的用电诉求是职责和使命。作为网格员和共产党员服务队的一员服务好辖区内的每一户居民，想客户之所想、解客户之所难，用点滴服务，聚成点点星火，"电"亮美好生活。

二、一份担当，为度佳节保供电

持续提升供电可靠性，保障老百姓的冬暖夏凉，是每一位电力工作者的责任和担当。因此面对每一次的停电，哪怕条件再恶劣，抢修过程再苦再难，电力工人都肩负使命，披荆斩棘，勇毅前行，争分夺秒。

2023 年 10 月 2 日晚上 8 时 31 分城东中心接到调度通知，突发故障跳闸，导致成都市成华区泰安街、财富又一城及周边区域停电。由于电网波动，浅水半岛、上林熙华府等居民小区闪停。一时间，城东供电中心收到 12345 热线工单 10 余笔，用户均反映突然停电，询问停电原因及复电时间。当天正值国庆假期，停电严重影响居民客户生活。为了快速恢复供电，抢修比平日里更为紧迫，城东供电中心立即启动故障抢修黄色预警。运检部派出配电运检人员 6 人分 3 组全力开展故障巡视，成华供电营业所网格经理也立即增派人手，前往泰安街附近开展小区居民安抚工作，为小区提供应急电源设备。21 时 26 分，中心顺利发现故障点并快速进行隔离，于 21 时 39 分恢复了居民客户供电。与此同时，网格经理第一时间通过微信、电话联系客户发布了复电信息，联系物业询问用户侧复电情况。社区的居民由衷感慨："现场抢修效率真快，供电公司安排了不少人手前来处理，感谢你们节假日还在为大家辛勤付出，真的非常感谢！"

近年来，为持续提升供电可靠性，中心积极策划部署，安排数条线路改造项目，解决了过去故障频发且无法转供的线路问题，极大地提升了数万名居民的用电可靠性。"以客户为中心"，是电网服务工作的本质要求及宗旨，电网人将继续用细心、耐心、热心为客户持续提供优质服务，让大家放心用电。

三、一句承诺，为办实事送光明

"人民电业为人民"是我们的服务宗旨，也是不懈的追求。12345 市民服务热线是我们电力服务最大的主阵地之一，通过 12345 热线我们听民声、领民意，有呼必应、有难必帮，将"办实事，解民忧"落在实处。

2023 年 12 月 2 日，高新供电公司共产党员服务队队员陈浩燃接到了一个熟悉的电话："小陈，昨晚刮大风，我们有几个小区的电线乱飞，街区孩子们玩得疯，我担心有啥问题。"他马上回复："好的向书记，别着急，我们马上过来排查下。"此时，群众通过 12345 热线工单反映玉林街区线路隐患的工单也同步传递过来。陈浩燃马上联系了正在家休息的搭档杨冰灏一起赶赴现场。他们所负责的玉林片区，是一个老社区和现代气息完美融合的街区，文艺气息浓厚，吸引了不少市民游客前来游玩拍照，人流量大，供电保障和电力安全要求相对较高。在小酒馆、咖啡馆、七号院等市民游客集中的地方，隐隐能看到他们走街串巷忙碌的身影。一整天的工作中，他们对街区内的架空线路、变压器、配电箱进行红外测温，完成 18 个点位的隐患排查工作，消除安全隐患 4 处。

高新供电公司共产党员服务队作为国网成都供电公司与政府协同开展"社网共建"的缩影，以"电力安全、节电宣传、信息互通"三方面为着力点，通过与政府协同开展"社网共建"加强末端服务联动，主动靠前服务，深化电力网格服务触角，推动涉电信息在网格里传递、矛盾在网格里解决、服务在网格里优化，为人民群众排忧解难，不断提升服务质量，实现"重安全、优服务、少隐患、零事故"的目标。

"你用电，我用心"从来不是一句口号，更是我们电力人一以贯之的服务承诺。通过 12345 热线我们收到一些在供电中断时客户的特殊保供需求，为此成都供电公司专门为各区县单位都配置上应急电源，以应对各种突发情况。同时，在对 12345 热线的客户诉求进行分析后，我们靠前一步，肩负好央企的社会责任，通过 12345 热线这座"连心桥"，我们与群众紧密相连，向群众提供最优质的供电服务。

（2024 年 1 月）

【点评】

用电既是千家万户最基本的需求，也是企业发展的根本所在。供电从来无小事，影响群众和企业用电的事，都是电网人的大事。国网成都供电公司始终践行"你用电，我用心"的服务宗旨，针对通过 12345 热线收到市民对于供电的需求，特别是在供电中断时客户的特殊保供需求，想客户之所想、解客户之所难，用细心、耐心、热心为客户持续提供优质服务，让大家放心用电。尤其是本文中举的电力抢修的案例，从 20 时 31 分突发故障跳闸，到21 时 39 分恢复了居民客户供电，仅仅一个小时的时间就完成了市民安抚、应急电源接入、故障排查、快速隔离、抢修恢复等一系列工作，这与 12345热线平台"接诉即办""接诉快办""接诉好办"的理念是高度一致的，也是依托 12345 热线更好体现了用点滴服务，聚成点点星火，"电"亮美好生活的初心和使命，让人备受感动。（王胡林）

创新与发展的互动

顺应民盼不负"企"望，金牌"店小二"护航经济社会高质量发展

"一根热线"的连接：解民忧纾企困

抓铁有痕、踏石留印，以高质量回应助推高质量服务

"锦丰"之变

顺应民盼不负"企"望，金牌"店小二"护航经济社会高质量发展 ①

民有所"呼"，全力以"应"。12345亲清在线服务启动近1年来，金牛区行政审批局作为联系服务企业和市民的"第一窗口"，始终将其作为感知企业市民诉求的重要触角和优化营商环境的有力抓手，有效推进诉求快速响应和高效处置，用心用情用力解决企业、市民急难愁盼问题，真正让12345热线成为政府问计于民、问需于企的"连心桥"。

一、闻风而动接诉即办，在金牛办事无难事

2023年1月，我们通过12345热线接到一则企业诉求：成都某峰商务服务有限公司股东田某来电，表示因公司"被"注销，无法正常开展业务，希望能够尽快撤销企业的注销登记。初步分析研判后，我们迅速启动"红黄绿"分类审批机制，将该诉求划分为黄灯级别，列入审批"疑难杂症"加快推进解决。经过调查核实，该公司被不法分子冒用身份信息、虚假签名认证、伪造登记材料，确认原股东不知情，注销公司并非股东的真实意思表示。经过案委会集体审议，于2023年2月7日正式作出撤销"成都某峰商务服务有限公司"注销登记的决

---

① 作者为成都市金牛区行政审批局局长葛丽英。

定，让这家企业真正"死而复生"，并将不法分子列入黑名单，函告公安金牛分局。

2023年以来，以12345亲清在线收到的企业诉求为切入口，创新推行申办件"红黄绿"分类机制，差异化开展行政审批，坚持依法依规办、提速灵活办、疑难杂症探索办，为企业解现实之难、排后顾之忧。

2022年4月，成都市某商贸有限责任公司发来求助，由于涉及股东争议，该企业不知道如何办理变更登记，希望得到专业指导。企业的需求就是我们服务的方向。我们安排"金帮办"专员面对面指导，联系专业律师帮助企业重新召开股东大会，通过股东决议。真诚的帮助换来了企业真挚的感谢："作为金牛区改革创新、便民利企的亲身经历者、受益者，我一定努力把公司经营好，管理好，为金牛区发展作出自己的贡献。"

相较于市民，企业诉求一般更专业、更复杂，牵涉更广、影响更大，但我们秉持"主动、靠前、联动、延伸、精准"服务的理念，不断创优营商环境，自觉融入和服务保障经济社会发展大局。比如，探索高效解决"同址不能办新证"的问题。某市民通过12345热线求助，其名下房产重新出租需办理娱乐经营许可证，但前租客娱乐经营许可证尚在有效期内，不知道能否办理。收到诉求后，我们第一时间联合区文体旅局开展调查。经联合现场勘查后，确认原歌厅已不在申办地经营。区行政审批局多次联系原举办方未果后，函告相关部门列入经营异常，并指导新经营者办理新证，依法公告注销原歌厅娱乐经营许可证，圆满解决了市民的诉求。经过复盘，针对此类"前证未注销，后证难办理"的难题，区行政审批局通过加强审批监管协同配合，探索创立了"信息联通、服务联动、问题联处、惩戒联合"的四维联动工作模式，为经营主体高质量发展保驾护航。

12345亲清在线服务是市委、市政府站在更高起点上优化服务完善治理、构建亲清政商关系提出的一项重要举措，对于打造市场化、法治化、国际化营商环境，推动金牛区高质量发展具有重要意义。虽然服务对象不同，但服务理念是一致的。企之所忧，我必念之；企之所盼，我必行之。李强总理在谈到加强政府自身建设时提出，凡事要多作"应不应该办"的价值判断，不能简单地只作"可不可以办"的技术判断。这两个判断事实上说明，我们党员干部应该想方设法去做好自身工作，做有创造力的执行者。接诉即办的关键在办、核心在落实，只有把企业群众反映的大事小事都放在心上，一件件解决，一项项落实，真正做到通过有诉即办、有诉必办，实现政务服务"有无熟人一个样、大小企业一个样，国企民企一个样"，才是以人民为中心、以企业为重心的基层实践。2023 年以来，金牛区行政审批局通过 12345 热线处理企业市民诉求 1800 余件，其中企业诉求 500 余件，市民诉求 1300 余件，办理满意率达 96%，居五城区第一。

二、由点及面系统施治，真正办实事解民忧

12345 热线充分调动了人民群众的积极性，展现出城市治理中的一件件"鸡毛蒜皮"，但也督促政府部门在服务管理中"有的放矢"，变"处理一件事"为"解决一系列事"，使一条热线引发的"治理革命"成为可能。通过清晰掌握企业群众所需所盼，及时调整改进工作措施，变"被动办理"为"主动治理"，以一揽子举措确保问题诉求得到源头治理、系统治理。

成都某民营医院在办理证照时向 12345 热线求助，因业务发展，该医院拟从综合性医院转型为专科医院。按照网上系统流程，需先办理注销。但如果先办理注销，则会直接影响该医院的执业与医保资格权益，严重影响该医院正常的经营活动。本着最大限度维护企业利益的原则，我们积极会同其行业主管部门区卫健局、区医保局进行协商，决定特事

特办，帮助医院在最短的时间内完成了转型申办手续。同时，针对此类需求，我们主动"向前一步"，联合相关部门共同推出"医疗医保变更一件事一次办"服务，进一步简化流程，缩短时间，切实做到"想企业之所想，办企业之所盼"。

问题就是导向，诉求就是方向。12345 热线总是会有上限的，我们也不可能总是被动地疲于奔命。只要开动脑筋，接诉即办、有一办一必定会发展到举一反三、深化治理创新上来。

餐饮门店油烟扰民问题一直是困扰市民群众的"顽疾"，投诉长期居高不下。为平衡好促进经济发展和维护群众利益之间的关系，我们强化科技赋能、部门联动，率先探索油烟污染治理部门联动"证照联审"和餐饮食品经营许可"金准勘"模式，确保治理与服务并重并行。

一方面，构建"部门联动、科技赋能、证照联审、源头控制"治理体系，开展全区餐饮行业全覆盖排查，建立企业档案，实现证照许可、油烟净化、食品安全、就餐容量、就业数量等基础信息部门共享。建立全区餐饮业选址负面清单，利用信息化手段对餐饮服务行业证照办理进行在线选址审查。另一方面，开发"金准勘 + 云监督"系统，对包括食品经营许可在内的 73 项现场勘查事项进行梳理整合，立体展示勘查审批标准，让"勘验规范"变成"秒懂百科"，变"事后整改"为"审前指导"。2023 年，金牛区利用"金准勘 + 云监督"系统通过食品经营类许可 3500 余件，回访率、满意率达 100%，全区油烟治理投诉量同比下降 45%。

三、春风化雨未诉先治，更加好办快办易办

人勤春来早，未诉事先办。消费纠纷历来在全市 12345 热线各类投诉中位居榜首，金牛区也不例外。为了切实维护消费者权益，金牛区

以未诉先治理念为引领，在开展美容美发、健身、培训等领域商业预付式消费违规经营行为专项整治基础上，研究出台《进一步加强预付消费监管工作的管理办法》等制度，通过前端化解发力，让消费纠纷止于诉前。区市场监管局与区法院、司法局、工商联、消协等多方资源充分联动，通力合作，集行业调解、消协调解、人民调解、行政调解、司法调解于一体，于 2023 年 3 月 15 日正式上线全国第一个消费者权益保护"一站式"多元解纷中心，实行投诉举报"一站式管理、一窗式办理、一条龙处理"，对老弱病残孕和青少年合理诉求采取提级提速办理。"非常感谢金牛区的政务服务工作人员，是你们用专业的能力、热忱的服务帮我要回了拖欠的培训费。虽然我们未曾谋面，但你们无愧'人民公仆'的称号！"这是 2023 年 10 月底，我们收到的市民赵女士的一封感谢信中写道的，是认可、是鼓励，更是鞭策。中心运行以来短短 9 个月的时间里，已处理消费纠纷 400 件，获赠锦旗 16 面，感谢信 8 封，回访平均满意率较之前提高 3 个百分点。

"群众的需求在哪里，我们的服务就在哪里。"打开"金牛服务"政务微信，在"我要办事"栏目里点击"智慧云服务"，即可查看到全新的金牛智慧"云导办"一站式导办功能。这个系统的诞生与两组数据密切相关：2023 年成都市启动 12345 亲清在线服务以来，金牛区 12345 热线上半年受理政务服务类企业诉求中咨询类占近 68%；另从营商环境满意度调查问卷来看，企业群众通过电话、大厅咨询、网络搜索了解办事流程的分别占 40%、25%、21%。从这两组数据发现，企业市民咨询诉求量大，但咨询渠道分散，最常见方式为来电咨询，但回复时效无法完全满足"即问即答"需求。

"营商环境没有最好，只有更好"，在政务服务规范化、标准化、便利化的基础上，亟须推出更多智慧化、精准化、个性化的高质量服务。为有效解决企业、群众业务办理过程中的堵点、难点、痛点，针对业务办理"到哪办""如何办"等问题，我们在全省率先自主建成轻量级应用"智慧云导办"政务 GPS，已首批上线公安、社保、税务、审批等 100 余项高频事项，通过在线智能引导，生成通俗化材料清单，自运行以来使用应用查询近万余人次。同时，打造集大厅功能分布、窗口业务介绍、室内实景导航等功能于一体的口袋式 VR 全景政务大厅，有效引导企业群众就近办。与此同时，为解决企业反映回复不及时、不精准等问题，我们打造了全天候"金客服"，实现 24 小时不间断政务服务，收录近 4000 条常见问题，建立"智能问答咨询库"，实现高频简易共性问题进行"点对点问答"、复杂专业个性问题专人"一对一在线辅导"，解决企业群众"下班时间没处问"的难题。成都某建材有限公司工作人员通过"金客服"咨询变更法定代表人相关事宜，3 分钟内就收到详细办事流程和所需材料，并在线上直接提交办理完成，实现"零跑路"办成事。金牛区企业开办网办率已达 90% 以上，在全省率先实现企业开办 2 小时，一般变更 4 小时的高效服务。

借助"互联网+"优势，随着"一网通办"平台功能的不断升级完善，政务服务"网上办"已成为更多企业市民办理业务的首选，随着"智慧云导办""金客服"系统的推广运行，12345 亲清在线咨询问题量逐步降低至 34%，政务服务加速从"可办"向"好办快办易办"转变。

办理企业市民诉求，我们是答卷人，企业市民是阅卷人，为企业群众解决诉求是出发点，让企业群众满意是落脚点。一直以来，我们坚持把企业市民反映的每一件小事都当成大事、急事和分内事，做到把握尺度、保持温度、提升效度、增强包容度，不断筑优"金牌'店小二'、我呼必有应"的诉求回应体系，切实做到为企业市民办实事解心忧。2023 年，我局获得企业群众感谢信 100 余封，锦旗 30 余面，营商环境调查问卷满意度达 99%。

（2024 年 1 月）

【点评】

　　我们处在前所未有的变革时代，干着前无古人的伟大事业，必须把创新作为引领发展的第一动力。葛丽英局长在感悟中浓墨重彩书写的关键词也是"创新"。她的认识代表了一些不愿意局限于只是机械接诉、疲于应诉的基层干部的看法：问题就是导向，诉求就是方向。12345 热线总是会有上限的，我们也不可能总是被动地疲于奔命。只要开动脑筋，接诉即办、有一办一必然会发展到举一反三、深化治理创新上来。12345 亲清在线服务首先就是成都市的一大创新，围绕这个基点，金牛区创新推行了申办件"红黄绿"分类机制，探索创立了针对油烟污染治理的"金准勘＋云监督"模式，率先打造了全国首个消费者权益保护"一站式"多元解纷中心，自主建成了轻量级应用"智慧云导办"政务 GPS……实打实接诉即办的同时，金牛区把更多的精力和心思用到系统治理、源头治理、创新治理上来。当然，所有的创新都是根据企业和群众的诉求有的放矢的。习近平总书记曾强调"必须明确好事实事的概念"，因此要根据企业和群众的切身需要来考量，不能主观臆断，不能简单化、片面化。在提升为企业服务质效方面，金牛区可谓不遗余力。他们自称为金牌"店小二"，亲切而热忱。事实证明，当我们的付出是实实在在的，企业和群众给予的回报更是毫不吝啬的。金牛区营商环境的口碑已然体现在一封封的表扬信和一面面的锦旗中。（吴欣）

"一根热线"的连接：解民忧纾企困 ①

习近平总书记说，一切国家机关工作人员始终要把人民放在心中最高的位置，始终全心全意为人民服务，始终为人民利益和幸福而努力工作。锦江高度重视网络理政工作，由区级牵头部门城运中心定期通过学习培训提升各部门、街道、平台公司的业务素质，通过工作提示、工作群等方式方法加强各部门单位间的沟通交流，无论是市长公话、领导信箱还是问政四川、麻辣社区、天府市民云、成都发布、政民互动直派等互联网渠道的来件，通过科学有序的流程模式得以高质高效的回复办理。正是有这样良好、透明的工作互动，有各部门、街道、平台公司的联动机制，生活在锦江的居民、发展在锦江的企业收获的是"1 + 1 + 1 > 3"的幸福。

一、创新"拆墙并院"，写好"民生答卷"

在锦江区繁华的太古里大慈寺以北不到 10 分钟步行距离，一条蜀都大道之隔，有几个老旧小区显得分外扎眼，与周边的繁华时髦格格不入，与日新月异的变化更是严重脱节。北顺城街 39 号、北顺城街 53 号、福字街 18 号 3 个院落建成于 20 世纪八九十年代，为砖混的 7 层楼房，

---

① 作者为锦江区公园城市建设和城市更新局项目服务部部长朱静，锦江区人力资源服务中心主任谢斌。

每个小区都不大，百来户居民，被各自院墙包围着，缺乏基础设施配套，空间布局不合理，公共区域失养、失修、失管。长期以来，这三个院落的改造问题一直困扰在所有人的心间，群众要求改造的呼声，时不时通过 12345 热线平台反馈过来。如何急群众所急，想群众所想？我们与锦江区网络理政办、属地街道（社区）一直积极寻找改进的办法，希望踏踏实实做好每一个点位，实实在在为一方百姓谋福利。

2022 年，由锦江区公园城市建设和城市更新局牵头，对北顺城街 39 号、北顺城街 53 号、福字街 18 号 3 个院落开启了大刀阔斧的院落改造。经过大量的现场勘察、走访调查、征求意见等前期工作，发放了 300 余份问卷征求民意。经调查发现，若让 3 个院子按照传统改造方式，各自院落围墙保留，院落格局不改变、消防通道太窄（其中的北顺城街 53 号无消防通道）、院落停车困难等问题依然得不到解决。要想彻底改变，只有打破传统，拆除围墙，优化院落结构，充分释放院落空间。

通过对安全、基础、完善、提升四大类 20 余项改造更新，三个院落合并而成的"福顺里"于 2023 年诞生。一个新的院改方式"拆墙并院"就这样让 3 个院落的近 400 户居民受益。现在，走进北顺城街 39 号院，随着两道长 100 多米围墙的拆除，与之相邻的福字街 18 号和北顺城街 53 号打通成为一体，一个焕然一新的"大院落"让人眼前一亮。

"拆墙并院"的同时，基础设施提升也在同步推进。在安全类改造方面，自建房拆除，全院落安装安防智能监控系统，配备燃气报警系统，安装院门和单元门智慧门禁，老旧电力设施改造更新，雨污水下水管网改造等。在功能完善方面，大门、路面重新改造，增加"一老一小"公共空间，设置智能快递柜，增加机动车停车位，设置电瓶车充电位、增加公共照明、加装电梯、物业管理用房等。在环境提升方面，原来的院门口大垃圾桶脏乱差情形已打造成垃圾的科学分类管理，老小区到处牵线的通信线缆现在规范有序，小区斑驳的外墙通过外立面整治焕发了新面貌，居民的空调外机、花架、雨棚通过改造，不仅外观整齐有序，同时也避免了安全隐患。

二、从优做实保障，写好"持续答卷"

习近平总书记曾说过："要抓住人民最关心最直接最现实的利益问题，扭住突出民生难题，一件事情接着一件事情办，一年接着一年干，争取早见成效，让人民群众有更多获得感、幸福感、安全感。"[1]在福顺里的新生过程中，始终坚持这个理念，让人民群众有更多获得感、幸福感、安全感。院落间的打通，吸引回很多早就搬走的老邻居，也吸引了新的居住者，使很多相邻院落的居住者成为新朋友。

来自山西吕梁的陈先生原本租住在这个院子，改造后直接在院内购买了一套住房居住，就是看中老小区通过改造焕发了新风采；从贵州到成都工作的小方，同样看中了老小区干净整洁的环境，智慧单元门、院内灯的安防设施为上夜班的家人带来的安全感；已在此居住了10多年的张老师，因周边生活的便利加上院落内新增的活动空间，给其退休生活带来了老有所居、老有所养的新体验。

一系列的改造，拆除了3堵共180米的围墙，实现空间重塑。增加了24个机动车位，3处电瓶车智能充电停车点，4个电动汽车充电桩。增加了室内公共空间512平方米，户外活动空间200平方米。提升改造小区路面3500平方米，绿化面积500平方米。通过"拆墙并院"，北顺城街53号的2单元新增电梯正在修建中，而改造前53号院门仅仅能容纳一辆三轮车通过。通过"拆墙并院"，福顺里新增了公共空间，集养老、文化活动于一体，为居民提供了休闲和社交活动场所。

在院落改造收尾阶段，有居民通过12345热线反映，小区没有安装

---

[1] 《习近平关于城市工作论述摘编》，中央文献出版社2023年版，第158页。

可供电瓶车充电的设备，影响了居民出行。我们收到来件后，十分重视院落改造后出现的新问题。在了解现场情况后，立即明确主体，督促实施单位，尽快整改落实。如今，敞亮的车棚，规范有序的充电设施，在小区已投入使用。一侧新建的"望福驿站"正为居民提供政策咨询、法律援助以及社区超市等便民服务，未来还将植入社区食堂、老年空间、社区健康中心、小区托幼机构、儿童培训空间等民生服务类产业。社区物业通过前期征询居民意见，发现开办老年食堂的呼声最高。我们也将通过"1+2+3 机制"规范运营，确保引进企业按照党建引领、社区主导的模式运作，发挥社区服务居民的优势，坚定群众信任感，共创美好幸福家园。

通过"拆墙并院"的改造，破解了人民群众生活中的疑难问题，保障了人民群众的切实利益。据 12345 市长热线数据，居民建言、咨询、投诉件由 2022 年改造前的 30 余件降至 2023 年的 0 件。对于 12345 热线平台的工作人员来说，无论是接件、派件还是经办人员，都需要具备高度的责任心和踏踏实实的工作作风。这不仅仅是一个倾听群众心声的平台，也是回应群众诉求的渠道，更是发现问题、及时整改、积极落实的一个有力手段。

三、促就业强产业，写好"发展答卷"

2023 年 2 月才成立的位于锦江软件园核心区新华之星"AI 大厦"的人才综合服务中心是一个集成了企业人力资源服务中心、人才综合服务中心、大学生就业服务中心、创新创业孵化中心和科技成果转化中心 5 个中心，整合了组织、人社、科技等部门的人才服务职能，辐射了锦江区重点楼宇、重点企业、各类人才的"一站式"人才综合服务平台。

区人力资源服务中心在梳理 12345 热线咨询、投诉等清单后发现，大多数问题都集中反映出人才事项的分散。比如"大学生创业补贴是不是在你们这儿？""大学生创业项目可以落地在哪儿？""大学生实习见习怎么申请？""人才安家补贴和人才公寓申请是一个事情吗？"等等。其实，这些人才事项涉及到就业、团委、人才、住建等多个单位或部门。作为申请者或者申报人，想要理清这里面的区别确实是有一定困难的。连我们自己的同志也未必能完全清楚这些工作的归属责任部门。这便是打造"一站式"人才综合服务中心的由来。

在 2022 年末走访企业考察摸底的时候，我们尤其注意了楼宇里通过拨打 12345 热线咨询政策或者区长咖啡等渠道反映过需求的企业。其中，成都竹云数字智能科技有限公司（以下简称竹云科技公司）令人记忆深刻。竹云科技公司是 2022 年 12 月入驻锦江区新华之星 B 座的，彼时还只是一个 20 多人的小团队。在业务正式落地成都后，企业业务飞速发展，原本的小团队无法满足激增的业务需求，急需扩充团队规模（主要集中在研发类、销售类）。竹云科技公司管理部负责人李老师考虑到如果是自主招聘人员，那么整个周期差不多要两三个月的时间，而时间等不起，没人可怎么办，于是赶紧拨打 12345 热线，咨询有无其他更快捷的招聘用人渠道。收到工单后，锦江区人力资源服务中心主任谢斌立刻带着新梳理好的企业政策、人才政策"大礼包"直接把服务送上门。第二天就向竹云科技公司推送了 10 个符合条件的人员简历。在后来的跟踪服务中了解到，竹云科技公司对推送的人员表示比较满意，与其中 6 人签订了劳动合同，较好地缓解了业务压力。

把通过走访、热线等获取的信息分类后，区人力资源服务中心还探索建立了"四联一会"工作机制，分别组建了锦江区重点企业 HR 联盟、人才发展联盟、人力资源服务联盟、职业培训联盟四大联盟，定期召开联席会议，集中服务企业和人才。已经举办的"四联一会"活动包括但不限于人才 - 企业面对面、赴外招聘、项目推介、行业沙龙、创新创业大赛等，更高效实现企业用工需求、人才求职意愿互联互通、有效对接、精准匹配。2023 年开展了 150 余场活动，500 余家企业参加，吸引了 3000 余名青年人才。企业和人才实现双赢双满意，大家的参与意愿也越来越强烈。

四、化纠纷促和谐，写好"稳定答卷"

2023 年就业形势严峻，企业劳动关系纠纷、工资支付纠纷、用工纠纷等尤为突出。为消除企业发展亚健康、保障劳动者合法权益，我们联合劳动关系、仲裁、工伤等部门，在人才综合服务中心举办"劳动关系大讲堂"活动 5 期，惠及企业 109 家，发放资料 790 余份，解决企业在招聘、解除劳动合同、申请特殊工时等方面问题 46 个。还在中心设置了"仲裁—企业直通车服务站"，对园区和楼宇劳动法规法条咨询量较多的企业，我们一起上门座谈，主动为企业用工管理"体检"，提前介入消除"隐患"。

调研学习、收集意见建议也让我们意识到智慧赋能的重要性，于是加快建设"锦江智慧人才可视化平台"。这个平台以社保数据为底座，匹配工商、税务、教育、户籍等数据，通过智能算法，监测企业人才流动情况，对人才流动率超过 8% 的企业自动红色预警。针对红色预警的企业，及时将信息推送给辖区街道和劳动监察部门，尽可能实现化解劳动纠纷于萌芽状态，营造"人才放心、企业舒心"的就业用工服务环境。2023 年，平台对 42 家企业发布预警，同步推送给 11 个街道和劳动监察部门。

12345 热线，一头是老百姓和企业的呼吁和诉求，一头是基层党委、政府的积极回应和责任担当。每一个小小网络理政工作中贯穿的是党中央以人民为中心的发展思想，彰显的是"解决好人民群众普遍关心的突出问题"的民生情怀，积累的是基层治理的实践经验。正如习近平总书记所说："只有坚持以人民为中心的发展思想，坚持发展为了人民、发展依靠人民、发展成果由人民共享，才会有正确的发展观、现代化观。"① 我们倾听群众和企业的心声，更快、更准、更好地去反馈、去落实，就是在认认真真地践行习近平总书记提出的"坚持人民至上""共产党就是给人民办事的，就是要让人民的生活一天天好起来，一年比一年过得好"的理念和要求。

（2024 年 1 月）

【点评】

让人民生活幸福是"国之大者"。对百姓的安危冷暖，习近平总书记时时放心不下，强调党的一切工作都是为老百姓利益着想，让老百姓幸福就是党的事业，要让现代化建设成果更多更公平惠及全体人民。锦江区公园城市建设和城市更新局把老旧院落创新改造前后的图景生动地展现在我们面前。"拆"不便之墙、"并"惠民之院后，住在里面的人不愿走，待在外面的人还想进来，这就是生活环境的改变带给人们的满满幸福感。老百姓的生活要跟城市的发展治理水平相匹配，这才是中国式现代化的人民性本质。而锦江区人力资源服务中心也在服务企业上下足功夫。习近平总书记多次强调，营商环境只有更好，没有最好。成都市连续两年在春节长假后的第一个工作日召开 12345 亲清在线工作推进会议，进一步鲜明了持续优化营商环境、全力服务市场主体的坚定决心。如果说服务群众我们也许觉得驾轻就熟，但服务企业有时却可能存在畏难情绪。因为企业诉求往往并不是普通的个体诉求，而是关乎企业生存、工人生计、经济发展和社会稳定的要紧大事。但，这其中的原理是相通的。企业吹哨、部门报到，党委、政府要始终与企业站在一起、想在一处、干在一线，确保企业的每一个声音都被听见，每一个诉求都得到回应，坚持以高质量回应助推高质量服务，以高质量服务助推高质量营

---

① 习近平：《论把握新发展阶段、贯彻新发展理念、构建新发展格局》，中央文献出版社 2021 年版，第 479 页。

商环境打造。这也许正是我们的城市得以坚持韧性发展的密码所在。12345热线在有机互动中不断实现着互惠双赢：热线成为群众和企业联系政府、反映困难、解决问题的第一选择和最快渠道；政府部门也在看似寻常的诉求回应中酝酿出更多惠民利企的真招实策。（吴欣）

抓铁有痕、踏石留印，以高质量回应助推高质量服务 [①]

　　12345 热线积极发挥社会诉求综合受理平台作用，不仅是民生民意实时"传感器"，也是政企直通服务"第一线"。随着优化营商环境成为高质量发展、城市建设、政府治理中越来越重要的主题，12345 热线也特别强化了服务企业功能，并创新集成 12345 亲清在线改革，以最优服务助推企业发展，重点解决企业堵点难点问题。

　　成都作为拥有 2100 多万人口、380 多万市场主体的新一线超大城市，社会经济活动空前活跃、四大结构亟须调整。重化工行业等重点企业环境安全风险突出、点多面广，突发生态环境事件防控责任重、压力较大。近年来，12345 热线充分发挥"连心桥"功能，将环境风险企业和生态环境部门紧紧联系在一起，为响应企业环保诉求、促使机关工作完善、推动经济社会发展与生态环境保护相协调发挥了不可替代的作用。

一、一封充满抱怨的企业来信

　　2021 年 10 月 11 日，一个普通的周一清晨，成都市生态环境局

---

① 作者为成都市生态环境局应急信访与企业服务处处长康岷春。

12345服务平台收到了一封长长的、充满情绪和抱怨的群众来信。邮件标题就是充满了问号和感叹号的质问句:"请问成都市环保局环保应急预案的评审专家资格到底有什么要求???!!!"[①]可见来信人写下这封信时,心情有多么愤懑,情绪有多么激动。

来信人自称是成都区县一家还未投入生产的家具厂的企业负责人,新厂建设、资金筹措、工人招聘等琐事,已经让他精疲力竭、疲于应对。而正式生产前各类政务文件的审批备案,不同机关部门间的重复往返,更加使得来信人对政府工作人员的不满情绪不断累积。

按照相关规定,在投入生产前3个月内,企业必须完成的突发环境事件应急预案备案申请"未被通过",成了压倒来信人的"最后一根稻草"。

"安评啊、环评啊我都弄完了,就是这个环保预案还没整好,明明说的这个环保应急预案可以自己编,为了节约钱我们就喊了3个专家评审,去备案的时候,环保局又说要在什么库里的专家才行。但我们那3个专家也都是有高级工程师证的,请问市环保局的各位领导,我们环保应急预案的专家资格到底啥子要求嘛?我们做企业也艰难啊,疫情期间本来生意就不好做,你们这个部门要这样,那个部门要那样,纯粹就是事多!"

来信人提到的困惑其实很好回应。现行的企业环境预案评审工作指南中,有关专家资质要求的条款不够具体明晰。因此在实际工作中,区(市)县生态环境部门为防止企业环境预案质量参差不齐、可行性欠缺,就想通过规范预案评审专家标准来加强管理,一旦遇到有些备案企业着急、较真,就出现相关法规效力支撑不足等问题。

但是这一封看似充满"攻击性"的长篇邮件,不仅是来信人对预案

---

① 2018年,因职能调整,原国家环境保护部已正式更名为生态环境部,各地环境保护局也相继更名为生态环境局,部分群众仍按旧有习惯,简称其为环保局。

备案标准不清晰的抱怨，更多的还是他前期积蓄压力的一个宣泄出口。我们这边不能只是冷冰冰的回应是评审专家标准不达标，还要站在来信人的角度思考：家具厂马上要投入生产，工人等着上班，不能耽搁。

为了节省时间，让回应更有温度，我处决定先联系属地生态环境部门了解情况，敦促其依规办理，立刻帮助来信人解决其最关心的预案备案问题，后续再逐步完善相关工作。

接到市局电话后，来信人非常惊讶，他没想到当天就能接到市局的回复解释，还是很触动。同事将相关情况作耐心说明后，来信人也表示理解："是的，我也晓得环保局初衷是为了不出事，为了企业好，当时就是事情堆在一起了，我说话态度也不好，刚刚领导也跟我说了，喊我下周带资料去作环保预案备案，这个搞完了我就放心了，12345挺有用的，感谢你们了。"

二、激活相关工作制度的落地落实

通过12345服务平台，来信人的诉求初步解决了，善后工作还要继续，不能"头痛医头，脚痛医脚"。经过反思复盘，我们发现来信人咨询内容确实也是当时预案管理工作中的瓶颈和难点。企业环境事件应急预案是落实企业安全主体责任的有力抓手，但是由于相关支撑体系不完善，仍面临许多突出问题。

市局赓即会同属地生态环境部门，深入展开了专题调查研究，坚持问题导向，多次组织相关处室、各区（市）县生态环境部门代表、资深专家、第三方公司、企业代表等召开会商座谈。经深入研判，确定成都市亟须出台能够涵盖环境应急预案编制、评估管理和技术方法的系列指南。

经请示领导同意，我处举一反三，主要安排了以下工作措施：一是编制《成都市企业事业单位环境应急预案编制指南》（以下简称《指南》），督促企业改进预案，加强预案备案管理，推选一批预案申报国家级预案范例，落实企业环境安全主体责任。二是印发《成都市生态环境局环境应急专家库名单》（以下简称《名单》），建议各企事业单位在组织环境应急预案编写时邀请《名单》中的专家参与评审，推进行业自律，确保所编写应急预案及后续评审工作符合相关文件要求。三是推动最新《四川省突发环境事件应急预案备案行业名录（2022 年版）》（以下简称《省名录》）出台，我局创新性借鉴排污许可管理方法，对 2019 年印发《省名录（试行版）》进行"二次加工"，结合《指南》对应国民经济行业代码表，将行业名录细化到小类，以便于基层应用，明确备案范围。目前，四川省生态环境厅已于 2022 年 12 月出台最新《省名录》，完整采纳了成都实践经验。四是强化企事业单位环境应急预案备案后的监管，建立企业的环境风险管理工作的评估制度。

通过将解决成果扩大化推广，不仅帮助相关企业编制环境应急预案时"有据可查""有专家库可咨询"，还使得基层生态环境部门在规范预案备案审核管理时"有相关条例可支撑""有重点风险企业需关注"，既助推环境质量，又服务更多的企业和群众。

三、助推服务企业的形式创新

近年来，我市的企业环境应急预案管理工作逐步规范，经统计，全市风险企业的环境应急预案备案总量由 2020 年的 1921 家增加至 2023 年的 17902 家，基本实现了"应备尽备"的管理办法要求。

牢牢树立"抓安全就是服务企业"的意识，坚持"送专家上门，送服务上门、送安全上门"。2023 年持续对全市 60 家较大及以上环境风险企业开展"一对一"帮扶工作，并对 2022 年帮扶整改的 100 家环境风险企业"回头看"复核，确保最新的《指南》（2022 版）被亲手送到每一家重点风险企业手中。

我处还积极探索引入对企服务新形式，配合《成都市支持制造业高质量发展若干政策措施实施细则》出台，主动与市经信局建立常态化信息交互机制，帮助未发生突发生态环境事件的企业享受资金补贴（全市每年约 10 亿元 ~20 亿元），通过经济手段促使企业进一步重视环境安全工作。

习近平总书记强调，工作要有"抓铁有痕、踏石留印"的劲头，坚持不懈抓下去。所以在每次看似寻常的 12345 热线诉求回应中，都要把工作做实、做深、做透，持续坚持"解决企业困惑 – 促使机关工作完善 – 成果推广再服务企业"的"三步走"闭环工作机制，以高质量回应助推高质量服务，找准污染治理与产业发展之间的结合点，奋力践行新发展理念公园城市示范区建设。

（2024 年 1 月）

【点评】

何以解"忧"，唯有更"优"。拼经济，拼的就是营商环境。但营商环境不是一个虚无缥缈的口号，它蕴含在一个个"草根"就业创业的励志故事中，体现在"少跑腿"甚至"不跑腿"的办事效率上，也折射在"遇事不求人""规则说了算"的社会氛围里。成都作为拥有2100多万人口、380多万市场主体的新一线超大城市，既有社会经济活动空前活跃的发展优势，也面临四大结构亟须调整，重化工行业等重点企业环境安全风险突出、点多面广，突发生态环境事件防控责任重的空前压力。成都市生态环境局康岷春处长在感悟中讲述了如何从一封充满抱怨的企业来信中发现工作瓶颈和难点，从而有效推动制度出台、助推企业发展的故事。连续三个问号再叠加三个感叹号可见来信人情绪之激动，一句"你们到底要怎样？"足见其愤懑下的无奈。从专业的角度看，这封长长的邮件提出的问题并不难回复，但他们没有简单处之，而是看到抱怨的背后是企业的生存、工人的生计，然后本着既有专业高度，又有执行力度，更有人情温度的方式圆满解决。但事情并没有到此为止。12345 热线不只是一个传声筒，而是敏锐的感知器、有力的指挥棒。大家没有放过这个深入思考、改进工作的宝贵机会。经过调研把脉、会商研判、出台政策、实践检验，12345 热线政企直通车的力量充分激发出了生态环境部门服务企业的动能。将工作抓实、抓深、抓透，这也是通过 12345 热线见微知著、举一反三、改革创新的衍生价值所在。（吴欣）

"锦丰"之变 [①]

我所在的大丰街道，位于成都市新都区，城市规划建成区面积仅有12.5平方千米，但居住着约40万居民，早出晚归潮汐式的律动像呼吸一样。快节奏的生活中有这样一个特殊群体：他们都是异乡异客，大部分是独居人员、刑释人员、戒毒人员、精神病患者等；他们诉求多元、防备心理突出、对立情绪明显、"租客、过客"思想根深蒂固；他们共同租住在锦丰新城小区，其是全市最大的保障性租赁住房小区，有6579套房、10562人。147起12345热线投诉，开启了一段问题小区治理的历程，也改变了一群人，凝聚起了一个"家"。

一、接诉即办就是取信于民

2021年10月，12345热线一个月的时间接到147起锦丰新城小区居民投诉，接警61起，邻里矛盾、困难帮扶和治安管理等方面群众诉求强烈。分类处置过程中，我们发现由于小区配套保障服务滞后、属地管理保障性住房小区的职能职责还未理顺，在运用治理力量手段化解居民矛盾诉求方面捉襟见肘，投诉办结满意度很低，群体性事件时有发生。鉴于此，新都区委批准设立锦丰社区，专门管理服务锦丰新城小

[①] 作者为新都区大丰街道党工委副书记、办事处主任肖繁。

区。大丰街道党工委针对突出问题，成立由我牵头的蹲点工作专班，赴锦丰新城小区开展工作。2022 年 2 月 28 日至 3 月 31 日，工作专班居住在小区，吃喝在小区，穿透式下沉小区。工作之初，敲不开门、说不上话、办不成事，群众极不配合，甚至抵触对抗的情况非常普遍。我曾义愤填膺，也想过借助政法力量强推，但这样势必将本就紧张的关系变得更加尖锐。当时，小区里常常听到的一句话"当心我打 12345 投诉你"提醒了我。我们认识到，12345 热线在居民心中有着特殊的地位，俨然是一块政府为民服务的"金字招牌"，常常很大程度体现了群众当时的急难愁盼，也充分发挥着"晴雨表"、"稳压阀"和"连心桥"作用。因此，工作专班调整了工作思路，一是锦丰新城小区 12345 热线投诉件提级管理，直传工作专班处置，当日件必须当日解决，并且面对面上门解决。二是工作专班带领小区流动党员，组建 17 个党员流动工作站，每周每名党员"访三家、解三难、找三人（热心群众）"。三是梳理两年来12345 热线多次重复反映的问题，解决一批长期存在的纠纷矛盾，用心用情帮扶一批高龄独居患病老人。将 12345 热线投诉问题解决作为突破点，用全心全意服务取信于民。

道虽迩，不行不至；事虽小，不为不成。接下来的三个月时间里，工作专班同志认真倾听群众心声，访明了"完善公服配套、整治高空抛物、倡行文明养宠、实施助老助餐、落实应急救治、强化健康咨询服务、强化治安管理和行为矫正、推行就业指导和培训、广泛开展群众性活动"等群众急难愁盼问题和强烈诉求，全面摸清了小区情况。其间，累计入户走访 2480 户（325 户高龄独居患病老人、230 户刑释戒毒精神病家庭入户走访全覆盖），开展问卷调查 7800 人次，收集各类问题诉求6700 条，有效甄别筛选问题 613 个，解决问题 120 个。在这个过程中，我深刻认识到群众工作只有讲实理、讲真情、干实事，才能让人心悦诚服，矛盾纠纷才能圆满解决。

高龄孤寡独居患病老人 12345 热线诉求工单，一直占据锦丰新城小区投诉件的最大比例。有的独居老人个人餐食起居难以保障，或者不会使用便民小程序，就会通过12345热线反映诉求；有的子女在外，由于老人年纪大了不擅长使用手机，难以实时和父母保持联系，也会诉诸12345热线求助。面对这些问题，社区、小区党组织、管委会和物业公司都行动了起来。大家轮流每天在家里多准备一两个菜，凑到一起送到老人家里。在通过多元主体合力共治解决这些问题的同时，我们也没有停止系统性化解问题的思考。2023年，在街道党工委、社区党总支的主持下，工作专班建成了"e网群深"社区养老综合体，其中社区长者食堂提供"久久套餐"等多样化选择，在"政府补助＋市场营运"双主体支撑下，65岁以上老人每餐9.9元，并可通过电话预订送餐上门，实现"探视＋送餐"双服务。养老综合体还聚焦我们收集到的其他诉求，将生活服务、医疗健康、文娱服务等有效整合进了"15分钟服务圈"当中，为小区老人们提供完善的服务保障。

二、要安身也要安心

作为解决群众急难愁盼问题的重要平台，12345热线数据分析和统计的功能也为专班深入分析问题提供了巨大助力。我们将居民投诉、咨询、建议分类梳理，比对物业提供的租户信息，再导入租户年龄、职业、家庭状况和其他敏感信息，建成特殊人群关爱系统，尤其是对其中刑满释放人员、戒毒人员、精神病患者日常管理服务实现了"预警＋预判"。例如，一名戒毒复吸人员李某，每个月16日总会拨打12345热线，寻求社会救济或者恶意信访举报，并在小区里寻衅滋事，我们将这一情况通报派出所后，成功预判其行为，重要时间段重点盯防管控，增强了群众安全感。

在深入研究群众12345热线咨询件中，我们发现，锦丰新城小区治理难点不仅在于硬件完善，更在于人心治愈。锦丰新城小区居民的低收入和对城市的低认同度给他们带来悲观情绪、对立态度、防备意识、唯利行为和自闭状态，集中反映在面对小区事务的态度和处理邻里关系上，造成了锦丰新城小区治理"热点多，燃点低"的困境。只有认真分析研究这样一个数量庞大、结构复杂群体的思想动态、思维方式和行为习惯，才能紧密联系群众，做实工作，赢得支持，取得实效。

习近平总书记指出："贯彻党的群众路线，首先要对群众有感情，真正把自己当作群众的一员、把群众的事当作自己的事。"[①]带领锦丰新城小区居民摒弃"租客、过客"思想，凝聚起"家"的共识，让他们"安身更要安心"成为工作专班最重要的工作。我们决定从三个方面全面发力。

一是抓组织、建队伍、强核心。工作专班牵头，将查找到的 13 名户籍党员、310 名租户党员紧密团结组织起来，响亮提出"党员在，阵地在；组织在，靠山在"宣传口号，将党员流动工作站建到楼栋口、凉亭里、电梯旁，倡行"向党员报告"活动，解决党建工作找不到人、组织力和核心不强的问题。

二是抓宣传、强引导、占高地。以楼栋为单位，在综治网格基础上，创新建立思想政治宣传网格，结合居民听广播的习惯，开设"锦上花"线上广播台唱响好声音、传播正能量，结合线下"锦丰夜话"沙龙、坝坝会、"阳光下午茶"等活动共同把社区建成居民可信任的心灵安放地和可依赖的精神家园。

三是抓典型、立刚性、树新风。开展"身边都是谁、心里都有谁"主题活动，邻里关系由疏到近；选树 28 名小区优秀党员业主、热心群众为"锦上花"杰出居民，通过榜样示范摒弃"租客、过客"思想，凝聚"家"的共识。建立租户行为积分扣分制度，严格处罚、诫勉。刚柔并济，努力营造"我们都是大丰人"的情感认同。

---

① 习近平：《努力成长为对党和人民忠诚可靠、堪当时代重任的栋梁之才》，《求是》2023 年第 13 期。

慢慢地，工作成效逐步显现出来。一天，我收到一个转办来的12345热线工单："锦丰新城 A 区一位住户，希望向小区困难邻居捐赠 1 万元以共渡难关，请求政府或者街道的工作专班协助。"锦丰新城、万元捐款、邻居互助……几个关键词让我虽未识真面目而已然感动。经上门核实，来电人是锦丰新城一位 90 岁高龄老党员，名叫钟荣森，1956 年入党至今已经 66 个年头，其本人经济条件并不宽裕，居住环境也较差，是工作专班当时找到的流动党员之一，任第 12 党员流动工作站站长。他长期关心帮扶困难邻居，始终为特殊群体提供力所能及的帮助，为 A 区一户困难邻居买菜买肉长达两年，将"近邻"变成了"近亲"。交谈中，钟荣森高度评价了工作专班开展的工作，也是因为当时走访群众的经历，他这一次想再次站出来，为大家做点事。临别时，他拉住我的手，问道："你们专班还回来吗？"听到这句话，我热泪盈眶。这些党员居民他们自己的生活尚不宽裕，也许同属于改革过程中的利益相对受损群体，但他们中的大多数依然不减对党的忠诚和对国家的热爱，依然是一身正气，一心利人、毫不利己的党员楷模。"吾心归处即故乡"，有这样的党员带头，锦丰新城小区一定能越来越好，一定能成为一个真正的"家"！

三、从"当下改"到"长久立"

随着网络理政工作与锦丰新城治理工作的紧密结合，我们越发清晰地认识到，决不能"见子打子"地满足于解决 12345 热线中群众反映的个体诉求，而是要善于运用系统化思维和前瞻性思考，挖掘群众诉求背后的根源问题，为群众提供精准服务，探索从"解剖一个问题"向"解决一类问题"转化。我们紧紧把握全市党建引领"微网实格"治理体系建设机会，充分发挥锦丰新城小区赋闲人多、爱管闲事、喜欢聚集摆龙门阵的特点，创新建立"微网实格"治理体系和治理队伍。

一是抓机制创新，实现闭环联动运行。建立起"核心户 + 邻里哨 +

专业岗"的微网发现机制、"线上＋线下、分级＋分类"的微网响应机制、"政府主导＋社会参与"的微网服务机制。在锦丰新城治理难点小区专门建立"市、区联席会议＋街道工作专班＋社区、小区物业党员交叉任职"的工作联动机制，进一步细化分区、挤压缝隙，将网格体系从"主动脉"延伸至"毛细血管"，构建起横到边、纵到底、全街道域覆盖的"微网格"，形成了互联互通、全员在格的联动处置机制。

二是抓平台集成，强化资源高效整合。先行试点市域社会治理"四个一"体制机制改革，推进完成"一支队伍统管、一张网格统揽、一套机制统筹、一个平台统调"任务目标，搭建集城市管理、隐患排查、信访维稳、应急处突等于一体的小区智慧治理系统，以"响应网"为调度处置核心，统筹"大联动微治理"、蓉 e 报、交互小程序等数据端口，一键式研判、调度、处置上级下达和下级上报的各类网格事件。2022 年，锦丰社区获评 2022 年度全市"微网实格"治理优秀示范社区（全市仅 28 个）。

三是抓力量下沉，发挥党组织"领头雁"作用。在锦丰社区全覆盖建立微网格党组织，发挥网格党员、党小组长的引领作用，引导机关党员、志愿服务骨干力量向社区下沉、向微网格延伸，积极探索"三化同步"（微网党建标准化、小区管理网格化、服务居民精细化同步）、"五治融合"（政治引领、法治保障、德治教化、自治参与、智治支撑相融合）等有益做法，创新实施锦丰"一站三长"服务机制，不断夯实党建引领基层治理岗哨根基，初步建成了一支"敲得开门、认得到人、说得上话、帮得了忙、打得拢堆、成得了事"的优秀治理队伍。特殊群体占比达街道 40% 的锦丰社区，信访投诉件由之前的月均 45 件（次）下降为月均 3 件（次）。

利民之事，丝发必兴；厉民之事，毫末必去。工作专班在精准服务群众上进一步发力，我们建成"三个点"：建设社区行为矫正网络服务点，聘请专业人士，对 200 余名特殊群体人员提供线上行为矫正服务；建设宠物宝贝之家示范点，评选文明养犬示范家庭，宣传科学养宠知识，推行文明养宠公约；开设心理健康预约服务点，联合蚕丛路小学、石犀小学专业心理健康教师上门开展心理健康辅导。成立"四窗口"：针对群众诉求集中的医疗服务、应急交通、政务办理、涉毒人员管理等诉求，开设应急医疗救治咨询窗口，推行家庭医生签约；开设政务服务代办窗口，助老助残代办业务；开设"嘀嘀"应急服务窗口，联系小区内网约车司机，组建应急服务队，服务高龄老人、特殊人群出行；开设管制人员跟踪服务窗口，落实主动报备，强化综治工作。

2023 年 6 月，1400 平方米的锦丰社区党群服务中心终于建成投用。工作专班顺利完成组织交代的任务，锦丰新城小区由乱而治。但是，群众的服务、管理仍然任重道远。7 月，我即将去新繁街道工作。两年的锦丰经历，租户们换了一批又一批，他们虽然生活依然不富裕，但没有了乖张戾气，多了互助包容。一路走来，我和锦丰群众建立了深厚情感，也有三点深刻的工作感悟：一是风清气正，无往不胜。过硬的作风是我们党凝聚人心、汇集力量的关键所在，只有听真话、察实情，抓实干，才能推动各项工作走深走细，落到实处，取得实绩；二是凌空蹈虚，难成大事。工作漂浮、装样子、摆架子、推摊子，骗不了党和人民群众，只能误己害人；三是求真务实，善作善成。服务群众没有"休止符"，只有"进行曲"，我们必须践行初心使命，多为民生小事，多积尺寸之功。"党员在，阵地在；组织在，靠山在"是我代表街道党工委对锦丰群众的庄严承诺，也将始终激励我一路前行！

（2023 年 12 月）

【点评】

"遇事无难易，而勇于敢为。"肖繁主任牵头蹲点工作专班治理问题小区的历程便是这句话的生动注释。案例中描述的锦丰新城小区存在的问题都不是一般性的普通问题，要么是历史遗留的"老大难"问题，要么是一时很难破解的现实问题，总之都是"难啃的硬骨头"。刚开始的时候，敲不开门、说不上话、办不成事，倒是"当心我打 12345 投诉你"的威胁提醒了工作专班调整思路。群众未必信任干部，但却信任 12345 热线。因此，首先，事不过夜，以专班速度取信于民；其次，用脚丈量，以真情实干初获认可；再次，从心出发，凝聚"家"的共识；最后，以制领治，构建治理体系。这是一套听起来并不复杂的治理逻辑，但在实际操作过程中，却需要攻坚克难的决心、敢于斗争的精神和为民服务的本领。习近平总书记语重心长地反复强调，业绩都是干出来的。哪里有人民需要，哪里就能真出业绩、出真业绩。从打不开局面，到"敲得开门、认得到人、说得上话、帮得了忙、打得拢堆、成得了事"，化戾气为祥和的背后，是工作专班一步一个脚印，以水滴石穿的毅力、绣花功夫的精细实干出的真业绩。90 岁的老党员钟荣森那句"你们专班还回来吗"表达出的依恋让我读后为之深深动容。12345 热线和信访一样，都是送上门来的群众工作，既可以消气，也可以通气，还可以找到工作中的差距和不足，更好地为群众服务。老党员的话再一次深刻证明：我们把群众当亲人，群众就会把我们当亲人；我们真心实意关心群众，群众就会拥护和支持我们。（吴欣）

努力办好办实办妥

群众健康无小事，见微知著暖民心

用心倾听企业群众声音，全力彰显社保服务温度

用好 12345 热线"连心桥"，"医"心"医"意办好群众事

用心倾听、用情服务，轨道人与 12345 热线的故事

群众健康无小事，见微知著暖民心 [1]

看病就医问题，是老百姓最为关心的民生问题之一。医疗服务的"民生温度"标注着群众的"幸福刻度"，也折射出一座城市的"发展高度"。12345市民服务热线让群众的心声深入卫健，在卫健系统和人民群众之间架起一座为民解忧、护民健康的"连心桥"。

在担任双流区卫健局局长近三年的工作中，透过一个个12345热线，我看到广大人民群众对卫生健康越来越多样化、品质化的需求，也深深感受到"以人民为中心"的理念在卫生健康工作中的重要性。面对群众的诉求，作为卫健人，不仅要站稳人民立场，从群众的角度出发推动接诉即办提质增效，着力解决群众在医疗卫生领域的急难愁盼，还要充分发挥12345热线的服务精神，积极主动贴近民生、体察民意、解决民困，以群众获得感、满意度为导向，不断优化工作机制，全力做好人民健康的守护者、城市发展的助力者。

一、民有所呼，我有所应，将心比心解民忧

健康是生命的基石，关乎自身健康问题，群众往往带着更加敏感的情绪，迫切地需要更专业、更及时、更周到的回应。换位思考、将心比

---

[1] 作者为双流区卫健局局长、九三学社成都市双流区委员会主委王功玉。

心，第一时间为群众提供温暖贴心的服务，是卫健人面对群众诉求时的第一要务。

2023 年 6 月，辖区居民吴女士通过 12345 热线反映，一基层卫生服务中心挂号窗口工作人员服务态度差，挂号一直不成功，导致她等了一个多小时都没有叫到号。中心迅速核实情况后，发现是系统故障导致挂号信息不同步，工作人员未能发现问题所在，也没有做好解释工作。于是，中心及时联系吴女士致歉，并对系统进行了修复。类似的事件时常会在医院发生，就医流程不通畅、医患间信息不对等，看似不大的事，却往往导致医患沟通出现矛盾，使得"医务人员服务态度差"成为我们最常收到的投诉类型之一。若是处理不当，既可能让患者伤心也会让医者寒心。一方面，我们对合理诉求，始终坚持以患者为中心的服务理念，及时协调做好与患者的解释沟通工作，为其提供更暖心的医疗服务。另一方面，我们也站在医务工作者的角度给予理解支持和信任，督促医院做好医德医风教育，落实关心关爱政策，让医务工作者心有港湾、身有后盾。

2023 年 11 月，我区一家区属三级医院接诊一例胎死腹中才到院就诊的建卡孕妇，产妇因丧子之痛伤心欲绝，产妇家属拒绝医院所有解释和解决方案，甚至威胁会采取过激行为维权。卫健局指导医院相关科室多次与产妇及其家属沟通，安抚情绪，为产妇提供良好的后续诊疗服务，并结合产妇家庭情况予以关怀和帮助。我们的真诚和善意感动了产妇和家属，最终与医院达成和解。

医疗服务纠纷，是医生和患者最不愿遇到的事，但它往往牵动着一个家庭的幸福和希望。面对争议和纠纷，我们始终秉持"将心比心"的态度，把群众当成家人、体会群众所想、关心群众所苦，及时将纠纷给患者家庭带来的不良影响降到最小。通过这件事情，我们再次完善在全系统开展的"患者安全月""手术质量提升月"等医疗质量管理活动的内容，确保为患者提供更加优质、专业、安全的医疗服务。

群众对健康的呼声，不仅来自医院，还来自城市的各个角落。2023年 10 月，一工地负责人向 12345 热线反映工地周围和宿舍床上都有很多蜱虫，进行消杀后没有效果，咨询如何治理。经过我区疾控中心专业人员现场调查，工地反映的虫子实为臭虫，工作人员随即向工地负责人科普了相关健康知识，并帮助他们及时开展消杀。从来电反映到问题解决，仅用了 5 个小时。工友们本以为反映的问题可能得不到重视，却没想到问题处理的质效完全超过了他们的想象。

急群众之所急，方能解群众之所忧。接诉即办，让我们的群众意识显著增强，更加坚持工作要围着群众转、围着问题转，心怀爱意和善意，为群众提供更加及时、贴心、精准、优质的服务。"站稳人民立场"的宗旨，时时刻刻引导着卫健工作，从改善就医环境，建设儿童、老年友好医院，到优化就医流程，推行"一站式"医疗服务，在门诊诊疗区域配套增设检验、缴费"一体化"功能区等，我们始终奔赴在提升群众就医体验感的道路上，希望以更有感情、更有温度的举措，让群众感受到卫生健康服务中的人文关怀。

二、民有所需，我有所为，标本兼治暖民心

诉求工单即需求工单，群众的诉求是精准反映城市治理现状的"放大镜"，是明确指引未来发展方向的"照明灯"。面对问题，深挖痛点、疏通机制、夯实举措、标本兼治，从根本上解决问题，才能真正温暖民心，提升群众的满意度和获得感。

"我这个漏尿的情况持续了两个月没有明显好转，到底能不能给我治好？"我区华西空港医院一位患者情绪激动地投诉道。刘先生术后 3 个月因肿瘤复发并多处转移，出现了尿痛、血尿的症状，医生多次建议实施放化疗，但刘先生却对治疗方案并不理解，也不愿配合。医院借助与四川大学华西医院合作办医的资源，先后邀请华西泌尿科的两位专家

为患者会诊，一一答复患者疑虑，最终，刘先生在医院肿瘤科接受了有效治疗。面对群众对医疗质量、治疗效果等问题的质疑，我们选择借力优质资源、拓宽声音渠道，以此提升患者信任度。通过合作办医以及医联体建设，我们邀请到许多省市级医院专家来到我区会诊、教学查房，以"华西级的技术，酒店式的服务"为患者提供优质甚至是超值的医疗卫生服务，在让患者满意的同时也让医院的医疗质量得到了有效提升，全力建设群众家门口的好医院。

2023年7月，我区中医医院不少就诊患者通过12345热线反映就医遭遇"停车难"问题。经调查统计，院内规划建设的停车位已无法同时满足来院患者以及医院职工的停车需求。为此，医院向全体职工发出低碳出行的倡议，不少党员干部和职工积极配合，把有限的停车位让给广大患者。然而，正值夏季，天气炎热，放弃驾车上班难免给职工带来困扰，确保职工有良好的状态开展医疗服务十分重要，联合相关部门实地考察后，我们发现医院附近有一处场地可作为停车场使用，经过多次专题会多方协调后，院外停车场顺利向医院职工开放了。职工们在我们的再次倡导下，配合地将车辆停在了院外停车场，就诊"停车难"问题在短期内得到了明显改善。随着医院二期工程建设逐步推进，建成后便能有效解决患者和职工停车需求。这件事触发了我们对接诉即办的更多思考，停车问题看似事小，却体现出医院管理甚至城市规划的大问题，拆东墙补西墙等治标不治本的做法永远无法得到群众的满意，重要的是要坚持问需于民、问计于民、问效于民，以"民心为大"的决心和毅力推动问题得到根本有效的解决。

群众的声音不仅持续在日常，还在许多急难时刻敦促着我们，要将群众需求转化为有力举措，为健康托底，为生命护航。2023年10月后成都逐渐进入冬季，各种呼吸道传染病交织肆虐，急诊科、呼吸科、儿科人满为患，输液室、住院部空位一床难求，医务人员满负荷工作导致医疗纠纷、医患矛盾，群众的投诉便接踵而来。于是，我们深入指导区属各医疗机构做好人员、床位的动态调配，落实医务人员培训和合理安排，保障设备设施、医疗药品等物资配备，确保为患者提供连续、安全、高效的诊疗服务。同时，我们统筹调配全区医疗资源并及时公示相关便民信息，引导辖区群众就近就医，让群众少跑路，就医排队时间也大幅缩短。在我们的努力下，群众投诉慢慢变少，秋冬季呼吸道传染病救治工作也更加有序地开展，更有效地为全区百姓健康保驾护航。

为提升接诉即办工作质效，实现标本兼治，机制建设必须畅通有效。我们成立了工作专班，将网络理政、信访工作纳入日常督查督办以及目标考核，确保统筹管理、追根问效；建立定期研判会商的工作机制，坚持每季度研判网络理政件、信访件办理情况，将群众的问题与需求列成清单，分类归纳、排出主次，确保全面深入部署指导，有力有效满足民之所需；建立点对点督导机制，针对会商梳理的主要问题，局主要领导约谈医院负责人，分管领导到院指导，以"点""面"结合的方式，及时整改问题并举一反三。真正把"好事办好"，把群众的"忧心事、糟心事"变成"安心事、放心事"，让群众可视、可感、可享。

三、民有所盼，我有所创，共商共治纾民困

做好群众工作，不仅要接诉即办、追根问效，更需要总结经验、主动治理，加强与群众的密切联系，促进共商共治，以群众所期所盼为导向，把问题化解在成诉前，把矛盾吸附在最基层，真正纾解民之所困。

接诉即办的工作虽充满了酸甜苦辣，却让我们在与群众的一次次密切联系中有了越发深刻的经验思考。当医学由过去单一的"生物医学"模式转变为如今的"生物－心理－社会医学"模式，我们清晰地认识到，患者需要的已不仅仅是身体上疾病的治愈，更多的是心理上的照护。在患者维权意识普遍增强、医疗成本持续走高的背景下，我们应当充分考量医患双方的矛盾焦点，注重换位思考，加强人文关怀，丰富沟通内

涵，改进沟通技巧，健全制度约束，全方位、多角度地构建优质良好的医患关系及就医环境。"有时去治愈，常常去帮助，总是去安慰"，这是对医学人文精神的最好诠释，也是全区卫健系统优化与群众沟通联系的深刻要义。近3年来，我们一共收到表扬件140余件，市民们的认可，正是我们的不懈追求，也是卫健人担当医者使命，持续为广大人民群众提供高质量医疗卫生服务的最强动力。

秉持"以人民为中心，以质量为核心，以服务为先导，以人民满意为目的"的理念，我们进一步探索以更主动的举措引导群众从反映诉求到参与治理，让群众的声音进一步深入卫健。前置院内投诉渠道，在人流量大、醒目显眼的公共区域，如门诊、急诊、住院部等，张贴或摆放"温馨提示（投诉渠道）"牌、投诉明白卡、举报箱、留言板等，设置专人专岗专机受理解决患者诉求，开设专门的医患关系沟通室，方便与诉求者充分沟通、高效解决实际问题，减少群众在就诊过程中的不理解、不满意，有效化解风险隐患。用好线上宣传手段，在官方公众号等平台设置民意采集线上专栏，并对群众所问所盼积极回应。我们还探索建立起"健康观察员"机制，聘请来自社会各个行业领域的群众作为卫健系统"健康观察员"，邀请他们走进辖区各级各类医疗机构实地参观、听取汇报、交流座谈，充分了解卫生健康领域工作现状，为我们提供更多宝贵意见建议，也通过"健康观察员"们将卫健的声音扩大反馈给群众，向群众讲好卫健故事，进一步拉近群众与卫健的距离，绘就更大的"同心圆"。

伴随着一件件12345热线诉求的处理，问题明晰了、症结找到了，卫健系统为民服务的能力也就提升了，卫健人干事创业、保障全民健康的精气神也提振了。从接诉即办、有呼必应，到深入思考、追根问效，再到主动向前、凝聚民心，12345热线是我们践行新时代群众路线的重要抓手，更重要的是，在工作的各个环节想民之所想、忧民之所忧，把解决群众"急难愁盼"、提升群众满意度放在第一位，将"为人民服务"

的宗旨牢记于心、贯彻于行，与群众同频共振。

习近平总书记强调："我们要坚持把人民群众的小事当作自己的大事，从人民群众关心的事情做起，从让人民群众满意的事情做起，带领人民不断创造美好生活。"①做好接诉即办，走好群众路线，是一项永恒的事业，我们将坚持以"小切口"推动"大变化"，围绕群众需求，提升城市品质，真正把"关键小事"当作"民生大事"，把"民生工作"变成"民心工程"，以不断满足人民日益增长的美好生活需要，来诠释双流卫健人爱国为民的初心和使命。

（2023 年 12 月）

【点评】

看病就医、卫生健康，是群众最基本的民生需求，也是品质生活的发展追求。习近平总书记指出："现代化最重要的指标还是人民健康，这是人民幸福生活的基础。把这件事抓牢，人民至上、生命至上应该是全党全社会必须牢牢树立的一个理念。"②在服务群众的过程中，换位思考、将心比心是一个很高的标准，但王功玉局长却反复强调这一理念的内化于心、外化于行。于是，对于平时最不愿意遇到的医患纠纷，他们愿意用心用情去努力化解，因为它关乎的是一个家庭的希望和幸福；连农民工工友们自己都不太有把握是否能引起重视的工地臭虫问题，却得到"超乎想象"的及时处理。包括一些情绪化的投诉，换位思考后会发现，正如病急乱投医一样，谁在又着急又痛苦的情况下还能做到冷静理性、心平气和呢？我们不能这样要求病人和群众，但必须以人民至上的核心立场、医者仁心的职业操守、为民服务的根本宗旨这样要求自己。难能可贵的是，王功玉局长带领双流卫健人正是这样做

---

① 《习近平著作选读》第二卷，人民出版社 2023 年版，第 41 页。

② 《"这里的山山水水，一草一木，我深有感情"——记"十四五"开局之际习近平总书记赴福建考察调研》，《人民日报》2021 年 3 月 27 日。

的。诚如斯言，"有时去治愈，常常去帮助，总是去安慰"，这是对医学人文精神的最好诠释，也是密切联系群众、真情服务群众的深刻要义。正是带着把群众当"家人"的朴素情感，把做好接诉即办、走好新时代群众路线当作永恒的事业，坚持问需于民、问计于民、问效于民，为民造福的初心越发澄亮、枝叶关情的情怀不断升华。（吴欣）

用心倾听企业群众声音，全力彰显
社保服务温度 ①

民有所呼，必有所应；民有所需，必有所为。12345 不只是一个能随时打通的电话号码，更是一座为民解忧的"连心桥"，用声音传递成都温度，贯通城市的每一条马路，抵达城市的每一个角落，温暖城市的每一个人。

社会保障是民生之基，关系到广大人民群众的切身利益。近年来，随着群众社会保障意识的提升，关于社保的咨询诉求也水涨船高。成都社保深入学习贯彻习近平总书记提出的"坚持以人民为中心的发展思想，扎实做好保障和改善民生工作，实实在在帮助群众解决实际困难"重要指示精神，厚植为民情怀，努力践行社会保障"幸福"导向，以"温暖社保"建设为载体，提升网络理政工作质效，以实际行动推动服务温度和民生厚度同频共振、同向发力，努力擦亮网络理政中的社保蓝。

一、高位推动、热情服务，民生服务无小事

2023 年 3 月，我们收到一则反映视同缴费年限无法认定的网络理政

---

① 作者为成都市人力资源和社会保障局权益维护处一级主任科员高森。

来信，来信人兰女士非常着急，因为视同缴费年限的长短直接关系到养老金的高低。与兰女士沟通后得知，兰女士在成都市办理退休手续时，工作人员提醒如果1992年以前有参加工作的经历，需要提供个人人事档案，经认定符合条件的可参与基本养老金计算，并告知档案可能存放的机构。几经波折兰女士终于在户籍所在地上海市静安区的人才交流中心查到了档案材料。接到兰女士电话后，成都市社保局工作人员立即开具了调档申请，快递寄送帮助兰女士调取档案。本以为这件事可以就此画下圆满的句号，但是当工作人员拆开密封的人事档案时，发现根据原始资料，兰女士1989年10月至1992年6月的经历不符合视同缴费年限的认定条件。一时之间，兰女士无法接受这个结果。

以群众之所急为急，了解到这样的情况后，我们分管领导立即召集相关负责同志详细了解事情经过、梳理政策规定，并于4月26日约请兰女士面对面核实情况，再次查阅档案资料，该段工作经历确不能认定为视同缴费年限。我们对照政策规定、原始档案记录耐心地向兰女士一一解释。同时，了解到兰女士因独生子女证在上海，办理退休手续时未提供，导致未能及时享受到独生子女增发项目后，告知兰女士可提供独生子女证重新计算养老待遇予以补发。在随后的半个月时间里，我们与兰女士保持着密切的联系，通过丰富的经验指导兰女士查找资料，在线答疑释惑，帮助其进行养老金测算。5月9日，兰女士重新提交资料办理了养老待遇计发手续并收到补发待遇，这件困扰兰女士许久的大事总算画上了圆满的句号。

热情真诚的沟通、将心比心的态度、耐心细致的讲解、周到暖心的服务，感动了兰女士，赢得了兰女士对社保政策的理解和支持、对窗口作风的肯定和赞许。声声感谢中，我切切实实感受到，民生无小事，热线存大爱，我们在平凡的岗位上实现了为民服务的价值。出乎意料的是，兰女士还专程送来写着"热情服务、急民所急、恪尽职守、不负重托"十六个大字的锦旗，盛赞成都市社保局"巾帼团队"急民之所急，倾力解决涉及群众切身利益的"关键小事",这让我既感动又激动,更加坚定了我全心全意为民服务的决心!

民生枝叶总关情,如何让来信人带着问题而来、带着满意而归?通过对该案例的多次复盘,我们建立了由局主要负责同志亲自抓、分管负责同志具体抓、处室各司其职、协同配合的工作机制,健全完善专门处室、专人负责、上下贯通的工作体系,形成一级抓一级、层层抓落实的齐抓共管工作格局,全面保障网络理政工作的高效运行。

二、内部联动、外部协同,解决问题新路子

2020 年 8 月,况女士以成都市纺织品公司未为其办理 1992 年 6 月至 1996 年 6 月的社保费缴纳为由,要求我们督促单位办理社保补缴。全局相关处室合力推进,多次约谈成都市纺织品公司,并书面去函要求单位核实情况,市纺织品公司均不认可与况女士之间存在劳动关系。况女士随即申请劳动仲裁,在锦江区人民法院、市中级人民法院、省高院等三级法院以时效裁定双方无劳动关系后,况女士不服判决,于 2022 年 1 月向我们提出书面申请,要求我们立即启动稽核程序。面对这一复杂的历史遗留问题,我们没有轻言放弃,于 2022 年 2 月 28 日再次向市纺织品公司书面去函,但市纺织品公司均以锦江区人民法院、市中院、省高院裁定单位和况女士无劳动关系的判决为由,并称类似情况尚有 140 余人,拒绝为况女士办理补缴社保。单位为职工参保缴费是建立在劳动关系成立的基础之上的,面对法院的这一裁决,我们也犯了难。

在合理合规的情况下,保障群众的参保权益,是社保人恪守的初心使命,我们再次思考探索新路径,联系法律顾问就况女士事宜进行法律风险方面的评估与处理方向预判。法律顾问明确表示,法院是依据时效判决况女士与市纺织品公司之间无劳动关系的,并未作出实质性审查的相关认定,未否定况女士档案材料的真实性。这为我们找到

了突破口，经过综合研讨和评判，况女士系成都市纺织品公司招收录用的正式工，人事档案中录用手续和转出资料完整，符合相关文件的补缴条件，确认其补缴时间为 1993 年 8 月至 1996 年 6 月。在领导的支持和市商务局的沟通协调下，我们于 7 月 8 日再次约请市纺织品公司就况女士 7 月即到达法定退休年龄，如何妥善处理其社保补缴事宜进行面对面商议。

多方协调、反复沟通，2022 年 7 月 14 日，况女士的社保补缴工作顺利完成，事件终于得到圆满解决。况女士对处理结果非常高兴，单位认为况女士社保补缴的妥善解决为单位类似情况的 100 多人开拓出了解决历史遗留问题的新路子。在领取到第一笔养老金后，况女士专程送来"聚善汇爱　情暖花开"的锦旗，向我们表达感谢之情。

听民声、察民情、解民忧，12345 热线将群众的声声诉求送到我们手中，如何接下接力棒，真正解决群众的忧心事？这件事触发了我们对多方协作的更多思考，创新建立了社保网络理政信件办理"八大工作机制"，从高效流转、分类办理、审核把关、协作会商、沟通协调、电话回访、通报问效、业务培训八个方面健全完善内部制度，定岗定责定时，构建形成受理登记、后台派单、协调处理、内部联动、外部协同、办理答复、服务评价、及时反馈、跟踪问效工作闭环，确保解决更多类似的群众急难愁盼问题。

三、问需于企、优化服务，营商环境再提升

2023 年 1 月 28 日，成都市 12345 亲清在线正式启动。我局围绕市委、市政府统一安排部署，全面开展网络理政"降量提质"专项行动，针对企业涉及社保领域的诉求和咨询，采取"请进来""走出去"相结合的方式加强与企业的沟通交流，在力所能及助企纾困的同时问需于企、问计于企，持续优化服务，不断提高企业的满意度和获得感，赢得了广

大参保企业的认可。

2023 年 6 月 19 日，收到某建材有限公司反映单位自动扣款失败，单位补缴社保费时产生滞纳金和利息的网络理政信件后，我们立即成立工作专班，主动与该单位沟通交流、核实数据、会商研究。该单位从参保登记以来一直按时缴纳社保费，2021 年 12 月 21 日单位通过网上经办系统自主为两位新入职职工办理参保登记后，未及时缴纳新入职职工 2021 年 12 月的社会保险费。直到 2023 年 6 月办理社保业务时，单位社保经办人才发现当年漏缴情况，按照《中华人民共和国社会保险法》等法律法规相关规定，补缴该笔社保费会产生滞纳金和利息。单位认为自己并非主观故意拖欠社保费，且网上经办系统从 2021 年 12 月至今并无相应提示信息，对加收滞纳金和利息表示不接受。

6 月 26 日，我们约请该单位部门负责人和经办人进行了面对面交流，详细地介绍加收利息滞纳金的法定依据。通过细致耐心的沟通，最终得到了单位的理解。但是这件事情还没有结束，单位提出的社保网厅系统无欠费提示的问题并没有解决。12345 热线搭建的沟通桥梁，收到的每一个意见建议，都是企业和群众对社保服务的期盼，都是我们优化经办服务的宝贵资源。为了杜绝此类问题再次发生，我们积极向省社保局请示汇报，及时联系省信息中心，提出优化完善系统建议，经过不懈努力，2023 年 7 月 6 日网上经办系统醒目位置增设了欠费提示功能，方便单位在登录网上经办系统时能准确知晓是否有欠费情况，及时进行清缴。

12345，一个简单易记的电话号码，却又那么的不简单，架起了一座一头连接着政府，一头记挂着企业群众的"连心桥"。我们也将时刻保持奋斗的姿态，在时间的跑道上接力，以兼容并蓄的态度面对挑战，凝聚奋进争先的万千力量，绘就"人民满意"的暖心社保答卷。

（2024 年 1 月）

【点评】

社会保障是民生之基，关系到广大人民群众的切身利益。社保方面的诉求既涉及市民也涉及企业，办理工作涉及面广，从高森同志这篇感悟中两个即将退休市民的社保认定和补缴案例可以看出，这样的"小问题"实际上涉及到两位退休职工未来几十年的退休金领取，对两位市民乃至他们的家庭都绝对不是小事，而是实实在在解决了"大问题"，两个案例也展现了成都社保人贯彻落实习近平总书记提出的"坚持以人民为中心的发展思想，扎实做好保障和改善民生工作，实实在在帮助群众解决实际困难"重要指示精神。12345 热线虽然只是一个接听中心，但又远不止一个接听中心。值得肯定的是，成都市人力资源和社会保障局不仅着眼解决群众和企业的一件件"小事"，更以群众和企业诉求及建议为切口，推动完善社保缴费系统，形成社保网络理政信件办理"八大工作机制"，构建形成受理登记、后台派单、协调处理、内部联动、外部协同、办理答复、服务评价、及时反馈、跟踪问效工作闭环，确保解决更多类似的群众急难愁盼问题。正如高森同志说的，12345 热线搭建的沟通桥梁，收到的每一个意见建议，都是企业和群众对社保服务的期盼，都是我们优化经办服务的宝贵资源。（王胡林）

用好 12345 热线"连心桥","医"心"医"意办好群众事 [①]

自 2020 年机构合并改革，我被调到金牛区医保局担任医疗保险管理科科长，同时兼事务中心结算科科长、局驻政务中心首席代表，负责大厅管理、业务经办、两定机构结算拨付及现场和电话咨询等工作。虽然自部队开始起算工作近 30 年，先后经历过部队、区机关、街道等多岗位锻炼，但是面对专业性、政策性较强的医保工作，我还是一位学生、一个新人，特别是之前就听同事朋友说医保工作遇到的投诉人不是"坐轮椅"、就是"躺病床上"的，上任之初心里还是底气不足，充满忐忑。

我上任三年多来，12345 热线累计接到群众、企事业单位反映的医保问题 3000 余件。我带领科室人员站在群众的立场角度上，始终坚持视群众利益为己任，设身处地为群众利益着想，原则与灵活相结合，对每一单问题都逐一分析研究回复，在政策范围内的，亲自协调亲自处理，对于政策范围不允许的，向群众做好解释沟通工作，真正把群众关注的"有感小事"当作本人的"民生大事"来办。这几年的工作，使我更加切身领悟到了习近平总书记"民生无小事，枝叶总关情"深刻内涵。百姓冷暖、民生福祉一直是习近平总书记心头最大的牵挂，只有和

---

① 作者为金牛区医疗保障局医疗保险管理科科长徐勇。

群众"同坐一条凳"、和群众"同划一把桨"、和群众"同撑一叶舟",方能破解群众生活的难点,消融群众感情的冰点,筑牢群众美好生活的底线,把党和国家的好政策在基层扎得更深、更实、更牢,让群众体会更温、更暖、更乐。

一、民生之事,事事关己

"我下午的飞机,网上预约不到号,大厅又排不到号,马上医保就要断保了,如果断保影响到我看不了病,我就要到市、省,再不然就去国家政府网投诉,总会有人管。"这是 2022 年端午节后某企业负责人李先生在医保大厅"闹事"的一幕。自 2021 年 11 月省医保经办平台上线以来到如今系统稳定前,类似的情况常常发生,整个成都市区内医保办件量出现井喷式激增,我区医保经办大厅也由之前的日均 300 件左右猛增近 1100 件,医保出现了一号难求、凌晨 5 点到政务中心等候、一排队排几百米蜿蜒长龙的现象,甚至出现了"串串"在政务大厅门外叫价数百元帮忙排队取号的情况。前来办事群众人数多到"说话靠吼、移动靠挤、取暖都不用抖",把大厅围得水泄不通,群众情绪很大。12345 热线投诉多,高的时候多达一天 60 多件。一边是群众激增的需求,一边是短期内难以扩编增人扩场地的矛盾,如何破解这个难题?为满足激增群众的办事需求,打通服务群众"最后一公里",作为管理大厅和负责群众业务经办的第一责任人,在短期内难以大幅增编增人增物的情况下,我带领全科室近 20 位工作人员坚持刀刃向内,从强化"自身关键"突破,通过"早上提前办、中午延时干、晚上加班清、周六轮休做"等方式,让医保服务全天候"不掉线",做到"事情不办完,大厅不打烊"。针对省平台上线初期医保问题多,窗口任务重,群众排队久、意见大等情况,压实"首问责任"制,率先推出"窗口无否决权",改"不是我办"为"该找谁办"、"不能办"为"怎么办"、"没法办"为"想法办",绝不让一个群众带着遗憾返回。累计加班 200 余日,处理各类问题 20000 余条,其间,没有发生一起越级反映至省、国家平台信访事件,没有发生一起因为工作人员原因导致群众不能参保、不能缴费及不能正常就医的事件,确保了省平台从上线到稳定运行的顺利圆满过渡,12345 投诉信访件从日均 40 余件减到个位数,降幅达 80% 以上,回复满意率达 99%。

如今,省医保经办平台已逐渐稳定运行,一度比肩接踵的医保经办大厅又恢复了往日平静。每每回忆起那段"热火朝天"的时光,多多少少有些"不堪回首",这期间遇到了我之前工作过程中从来没有遇到的"奇葩事",比如有群众要求我们调配旁边社保人员来医保大厅办理他们的业务、要求报销他们处理医保业务往返机票、必须认同统筹外地缴费年限等。在局里全体同事们的帮助下,一个又一个问题都得到了圆满解决。从处理一个又一个的疑难杂症中,我收获很多:作为民生一线的政府工作人员,我们的一言一行都代表着党和政府在群众中的形象,只有把群众当"家人",把群众来信当"家书",把群众之事当"家事",把医保工作当"家业",在思想上尊重群众,情感上贴近群众,利益上想着群众,就能取得群众理解、赢得群众信任、获得群众尊重。

二、群众之忧,件件牵挂

"太不方便了,报销一次医保费用来回路程就要花费 3 个多小时,加上办理时间,得耗费小整天,对于我们上班的人来说本来请假就不好请,希望政府能想办法帮我们老百姓解决这事情。"家住天回镇街道的张女士为其在外省的母亲报销医疗费用时和朋友聊起此事。当时我正在大厅值班,刚好听到张女士的"抱怨",此后一段时间里,张女士的"抱怨"一直在耳边回荡,我连同工作人员一起从成百上千条的 12345 热线问题中牵丝引线,梳理出了打电话反映此类问题的主要集中在天回、金泉、凤凰山等三环外较偏远的街道群众，尤其是距离政务中心最远的天回镇街道，地域面积广（占全区 1/3）、交通不便（地铁少，不直达）、通行时间长（单程近 1.5 小时）、经办点少（仅 1 个），医保办理难的苦恼一直困扰着群众，12345 热线投诉量较大。不能将经办大厅迁移至天回，更不可能将天回群众搬迁至经办大厅周围，这个难题一直困扰着我。

2023 年初一次偶然的机会我去沙湾区政府开会，骑自行车路经西南交大时，看到巍然屹立在冬日暖阳下的校门，猛然顿悟，想到交大有一主一辅两个校区，我们医保经办大厅能否像交大那样，在金牛北天回镇街道也建立一个医保经办中心呢？那刻感觉仿佛像被雷击中一般，我站在交大门口顿足数分钟，差点误了当天下午的会。开完会后，我将这个想法第一时间向局领导汇报，获得局里全力支持，由我牵头负责建立一个全口径对应、同质化管理、无差异化服务的北城服务中心。为了更好体现医保为民宗旨，为其取名为简单易记的"金牛医保·邻里办"（北城服务中心）。北城服务中心严格按照《国家医疗保障经办大厅设置与服务规范》要求，坚持"五新"（新理念、新标准、新服务、新形象、新体验）标准，借鉴其他先进行业服务理念，布局从传统"基于工作便利"转变为"基于群众需求"原则设置，邀请专业人士依据人体学科学，对大厅光线、温度、音量、色彩搭配等十多项指标进行推敲论证，科学划分各功能区，经办窗口不设隔离玻璃，打造出了一个群众和政府之间更加舒适、温馨、接地气的群众经办示范点。北城服务中心的建立，彻底解决了天回镇片区人口近 7 万人，各类企业 4000 余家群众医保经办"远、久、难"的顽疾，从根上寻得了"药方"，极大便利了办事群众。如今，像张女士这样工作、居住在天回镇街道的群众再也不用跑远路，医保实现了就近办、在家门口办。

追光而遇，沐光而行，通过医保北城经办中心的建立，我体会到12345 热线为政府和群众搭建起了一座"连心桥"，通过 12345 热线我们就能准确了解把握群众真正的呼声、需求和满意度，把群众呼声作为工作的"第一信号"、把群众需求作为工作的"第一选择"、把群众满意作为工作的"第一标准"。只要心里时刻装着群众，坚定信心不动摇、咬定目标不放松、锁住挑战不后退，无论面对何种困难，总能寻找到解决问题的办法。我们的工作就能"坐"到群众板凳上，想到群众心坎里，干到群众家门口。

三、党员之责，时时在肩

2023 年是我入党的第 24 年，算得上是一名老党员。习近平总书记时常用"一枝一叶总关情"这句话提醒党员干部时刻想着人民，要把人民群众的安危冷暖放在心上，把人民群众的急难愁盼抓在手上，特别是我们基层一线的民生工作者，更要"不栽盆景、不搭风景"，要为民做好事，办实事。每一条 12345 热线转办单，每一个 12345 电话，都是群众对党委和政府的一份信任，更是我们工作的责任，电话那头是群众的急难愁盼问题，每件小诉求都蕴藏着"大民生"，容不得半点懈怠疏漏。

记得有次周末我正在带小孩参加兴趣培训班，接到值班工作人员电话，说一位独自在成都工作居住的香港同胞打来求助电话，对方因突发疾病需要马上住院手术治疗，但是医保卡在入院登记时一直提示错误，不能使用，情况非常紧急。我马上安排工作人员查询对方的基本信息是否正常、是否按时缴费等各种可能原因，一切都显示正常，因为这种情况之前从未遇到过，电话那头的同胞不断询问结果，非常着急，我们工作人员有点手足无措。我一边打电话求助之前的老同事，一边打车前往单位和同事们一起排查，通过数十个电话、近百条信息，请教上级部门、求助区县兄弟单位等相关部门，在短短十多分钟内找到了问题、查明了原因。原来是该同胞办理社保卡时，登记的证件号少登记了前置的大写字母，同医保登记的信息不完全匹配所致，我们立马特事特办，向医院协证该同胞信息无误后，电话中进行更改，问题得到了解决，该同胞顺利办理了住院手续。

从耳畔到指尖（12345 热线反映）、从指尖到纸上（12345 热线派单）、从纸上到指上（12345 问题解决），变的是平台，不变的是一颗为民服务的初心。过去的三年，我与科室全体同事一起同频共振、共同成长。我们都是成都这座超大城市成千上万从事基层民生工作中的一员，我们也会因不被理解而情绪沮丧、会被"不实"投诉而郁闷、会被三番五次"不讲道理"纠缠而苦恼，但大家总是会换位思考，站在群众角度去看问题、想办法，"如果他的事发生在我身上，我是什么心情？"就是带着这样的朴素情感，依托 12345 热线这座"连心桥"，我们致力于把一件件民生小事办好、办实，让工作和生活在成都这座城市的居民获得感更足、幸福感更高、安全感更强。

（2024 年 1 月）

【点评】

习近平总书记深刻指出，没有全民健康，就没有全面小康。[①] 全民健康是一个国家综合实力的体现，是民族昌盛和国家富强的重要标志。健康关系着每个人成长和实现幸福生活的基础，也是我们每个人的美好愿望。面对疾病，特别是花费高昂的大病，医保正是为了解决亿万家庭缓解疾病医疗费用支出带来的经济风险，切实减轻群众医疗费用负担。徐勇科长作为一个拥有 24 年党龄的老党员，在开展医保政务服务过程中，始终坚持换位思考，把人民群众的安危冷暖放在心上，把人民群众的急难愁盼抓在手上，站在群众角度去看问题、想办法，"不栽盆景、不搭风景"，踏踏实实做了不少好事、实事，也获得了群众的认可。关于医保服务，我们经常听到一句话：疾病无

---

① 《习近平谈治国理政》第二卷，外文出版社 2017 年版，第 370 页。

情，医保有爱。但这里我觉得还可以再加一句：医保人有爱。正是如徐勇这样一批医保人，通过 12345 热线了解群众诉求，感知群众"急难愁盼"，才会有一年加班 200 多天、周末随时赶赴加班的无怨无悔，也正是因为如此，他们才能收获群众不断降低的投诉率、不断提高的满意率。（王胡林）

用心倾听、用情服务，轨道人与 12345 热线的故事 [①]

在成都，12345 热线是一条凝聚了民声与民生的热线，它以最直接、最快捷的方式连接着千家万户，将市民群众的诉求、建议、意见传递给市委、市政府，为市委、市政府决策提供了重要依据。截至 2023 年 12 月，成都轨道交通运营里程达 600 千米，经历了从"建地铁"到"建城市"，从"通地铁"到"通生活"，从"交通圈"向"生态圈"的发展历程。市民群众对城市轨道建设、运营方面的各类咨询、建议、投诉与日俱增，成都轨道集团平均每年办理成都 12345 热线群众诉求 2 万余件，办件量位于市属国企前列。成都轨道集团将 12345 热线作为联系服务群众和推动业务提升的重要方式，着眼民众诉求、聚焦群众呼声，不断争取群众对轨道交通事业发展的理解和支持。

一、用心倾听，"一键转接"群众诉求

为第一时间回应市民群众的咨询类诉求，2020 年，成都轨道集团积极与市网络理政管理部门沟通，将成都 12345 热线与成都轨道集团运营服务热线（61638000）建立起"一键转接"的高效联动机制。自 2020

---

① 作者为成都轨道时代文化发展有限公司网络理政管理专员甘蒙。

年接入至今,成都轨道集团共受理 6000 余通成都 12345 热线转接电话,乘客满意度达 99.99%。特别是 2023 年 9 月以来,针对九江北站拆分事宜,成都 12345 热线、市级主管部门受理的乘客咨询急剧增加,为高效做好联动,成都轨道集团主动增加客服信息员座席人数,以最优质的服务解答"一键转接"等拆分咨询事务 600 余件,搭建起成都地铁与市民间的"便民贴心桥"。

电话另一端是广大市民群众的诉求,而这一端则是对民困民忧的快速回应。2021 年新冠疫情期间,针对"乘坐地铁是否可以携带酒精""乘坐地铁是否需要佩戴口罩"等市民关心的热点问题,成都轨道集团将汇总共性的热点咨询类问题拍摄成短视频,运用新媒体传播渠道引导乘客文明乘车,用真情架起民生诉求的"连心桥"。

二、用情服务,反向运用提升服务水平

成都轨道集团一直关注成都 12345 热线中有价值的建议,不断用更智慧化、更便捷的出行方式优化市民的出行体验,用更贴心、更细致的出行服务,不断做优做强服务品牌。在各种各样的运营服务建议类诉求中,印象最深刻的一个案例是市民反映中医大省医院站换乘方式复杂,建议运用科技化产品方便市民出行。中医大省医院站在地铁运营线路中,是换乘较为复杂的一个站点,该站点是由 2、4、5 号线三线组成的双岛同台换乘车站,2、4 号线同方向同台换乘,5 号线侧式站台横跨站厅。同时,中医大省医院站为地下两层站,分为站台层、站厅层,共有10 个出入口、3 个卫生间、6 部无障碍电梯、2 个母婴候车室(哺乳室),庞大的地下空间、丰富的设备设施,也常让市民眼花缭乱。

结合市民乘客宝贵建议,为方便市民快速便捷地换乘出行,中医大省医院站配备了方向清晰、目的明确的导向,实现了"360° 全方位无死角"贴心指引。同时,设计制作了"VR 智慧导航"小程序,小程序

二维码张贴于车站 53 个点位。VR 导航功能可以方便市民查询当前位置和周边信息，不仅有车站附近的医院、建筑物，车站内的公共卫生间、母婴候车室（哺乳室），连充电宝等商业附属设施也一"查"俱全。为有效帮助不小心"迷了路"的市民乘客"码"上就到，市民可以通过小程序了解车站全景图，只需三步便可通过简洁明了的操作界面找到最方便的出行路线，让"最复杂的车站"从此不再复杂。

自中医大省医院站投入使用 VR 实景导航以来，总浏览量 26548 人次，使用量 25180 人次，使用率 95.6%；月均浏览量 3318 人次，使用量 3147 人次，使用率 94.8%。VR 地图持续为乘客导航，365 天在线全心全意为市民服务，得到了市民乘客的一致好评。

三、用力处置，切实解决群众实际问题

2023 年 10 月，市民杨先生等人通过成都 12345 热线反映其在轨道交通 8 号线二期土建 2 工区圣灯公园站务工，被拖欠工资 136.88 万元的问题。经核实，该劳务公司以新冠疫情、高温停电等造成停工、窝工为由，要求项目部给予停工、窝工补偿。项目部按照合同约定和现场事实情况，同意合同外再给予一定补偿。但由于双方诉求差距较大，一直未能达成一致意见，该劳务公司未及时发放农民工工资。知悉该问题后，本着实事求是原则、体现责任担当精神，成都轨道集团要求总包单位、施工单位立即妥善处理，快速反应，第一时间启动应急预案，要求 8 号线二期土建 2 工区马上成立工作组进驻项目部，协调处理此事；并组织相关各方立即进行当面沟通，核实详细情况，弄清来龙去脉，依据合同约定等立即与劳务公司协商，监督劳务公司与作业班组核实拖欠的工费具体金额，待双方确认后由项目部代付作业班组工费。最终于 7 月 11 日全额兑现了工资结算款。

成都轨道集团一直高度重视农民工工资保障工作，结合群众反馈，

举一反三，全面排查，严格督促各参建单位压实相关主体责任，要求总包单位加强组织领导，成立以主要领导为组长的"农民工工资保障领导小组"，对发生的欠薪问题坚决执行"动态清零"制度，切实落实工作责任。同时加强制度建设，注重宣贯引导，完善相关工作管理规定，并组织参建单位、劳务公司、作业班组农民工集中学习《信访工作条例》、《保障农民工工资支付条例》和《四川省在建工程项目落实保障农民工工资支付制度指引》等法规文件，引导农民工依法维权。此外，在充分研究多种建设模式下人工费拨付时间、支付方式等方面存在利害关系后，成都轨道集团强化闭环管理、盯住结果管控，要求施工总承包单位在申请工程款时同步提供农民工工资总额，通过将农民工工资单独拨付至农民工工资专户，指定国开行为总承包管理机构的工程款资金账户并签订三方监管协议等，进一步确保农民工合法权益，做到全流程闭环，让每一个环节都在管控中运行。

四、用诚沟通，不断争取群众理解支持

成都轨道交通 10 号线三期人民公园站地处成都市中心区域，车流人流较大，施工场地临近人民公园及居民楼，文明施工要求高，空气质量管控、噪声管控、扬尘治理都备受关注。为切实做好网络理政工作，针对该项目接到的群众反馈意见建议，10 号线三期安全总监张谦立足项目实际和群众需求，坚持以人民为中心，加大创新力度，加大服务力度，积极开展工作并取得较好成效。

张谦积极联动业务骨干与属地规划、环保、交通等主管部门加强沟通和协商，共同制定噪声管控方案，确保施工工地的噪声符合相关规定和标准。他热情诚恳地与工地周边社区居民进行沟通和协商，了解他们的关切和需求，同时向他们解释施工过程中可能产生的噪声状况和采取的控制措施，以获得社区居民的理解和支持。夜间施工许可证办理前与

社区沟通，提前告知社区居民并将夜间管理联系人信息告知周边居民，方便及时处理噪声投诉问题。第一时间建立投诉台账，及时与投诉人取得联系并建立联系机制，对于重复投诉人员，协同社区人员进行上门沟通协调，确定解决方案，通过及时更换隔音窗户等措施，满足投诉群众的有关需求。同时积极畅通诉求渠道，将联系方式在属地社区宣传栏进行张贴，对群众诉求进行及时办理和解答，有效稳定了群众情绪，实现了及时响应群众关切，切实解决群众困难。

"地铁建设离不开群众的理解支持，我要用尽全力解决群众反映的每件小事"，这是每个轨道人的心声。成都轨道集团将继续坚持"秉持真诚，服务大众"的服务理念、"以客为尊、用心服务"的为民情怀，进一步做好 12345 热线工作，让群众诉求"一键回应"做到"事事有着落、件件有答复"，让出行更加舒适便捷，让通勤场景更有温度，不断提升城市通勤效率，为成都的幸福美好生活贡献轨道力量。

（2023 年 12 月）

【点评】

城市轨道交通是现代大城市交通的发展方向。发展轨道交通是解决大城市病的有效途径，也是建设绿色城市、智能城市的有效途径。轨道交通一头连着市民工作生活，一头连着城市发展。成都轨道十多年的时间从无到有，从有到强，超 600 千米运营里程，一方面离不开每个市民群众对轨道建设的理解和支持，另一方面更好地服务着每一个市民群众的"生活圈""工作圈"。作为超 2100 万人口城市发展必不可少的一部分，轨道交通众多建设项目中的施工噪声问题、城市围挡问题、农民工工资问题，轨道交通服务中的市民便利乘车问题、携带物品问题、站房公共设施问题等，都成为 12345 热线的热门问题，成都轨道集团将 12345 热线作为联系服务群众和推动业务提升的重要方式，着眼民众诉求、聚焦群众呼声，不断争取群众对轨道交通事业发展的理解和支持，既解决了市民群众的实际问题，又温暖了人心，乃至温暖了城市，让生活在这种城市中的人倍感骄傲自豪，让外地来到这座城市的人体会到了成都的开放包容，践行了"秉持真诚，服务大众"的轨道交通服务理念。（王胡林）

认识在一步步升华

在基层一线绽放"知行合一"之花

记录、牵引、标示

倾听民声、畅通民意，全力办好热线诉求

用好暖心热线赢民心

在基层一线绽放"知行合一"之花 [1]

——对联合共治，高效推动城中村危房隐患整治的实践与思考

我所在的合作街道办事处，地处成都高新区西部园区，与郫都区、金牛区和温江区交界，是成都电子信息产业产值重镇。合作街道所辖面积 17.19 平方千米，常住人口 21 万人，辖区生活形态丰富多元，既有承担国家"卡脖子"技术攻关使命的电子科技大学，又有清水河畔错落有致的农迁院落，西区生态中湿地公园常有不知名的鸟类自由飞翔。

一、大都市的城中村

如果说高楼大厦早已是大城市的标配，那么城中村的点缀别有一番风味，这里或许没有"高大上"的前沿场景，却承载着部分"新成都人"的梦想和未来。在成都，城中村的总体规模不像广州、深圳那般引人注目，但现实中的综合治理难度一点儿也不比城市建成区小，甚至情况要复杂得多。晨风中心村，在成都小有名气的城中村，方圆面积 0.2 平方千米的土地上，矗立着350栋高矮胖瘦参差不齐的"农村"自建房。基于城市工业大量的用工需求，以及晨风村周边的便利交通条件，来自

---

① 作者为成都高新区合作街道党工委副书记、办事处主任汪峰。

五湖四海的人们聚居在此，巅峰时期人口达万人规模。

2014 年，成都市全面推开"四改六治理"十大行动，整体推动改善城市人居环境，包括城中村违建整治和危房治理等工作。2015 年，成都高新区党工委管委会研究决定，全面推动晨风中心村房屋改造工作。2015—2018 年，在多项利好政策支持下，部分居民通过自筹资金或银行低息贷款完成了房屋改造工作。此外，还有部分居民由于各种原因没有及时开展房屋自主改重建工作，房屋结构存在一定的安全隐患。

党的十八大以来，国家经济蓬勃发展，老百姓生活水平日益提高，口袋越来越鼓了，安全意识越发强烈，人们对城郊接合部城中村房屋安全和公共属性配套设施的关注度逐渐提升。2021 年，晨风中心村剩余未进行安全鉴定和隐患消除的 184 户业主通过包括 12345 热线在内的多种渠道提交房屋消除风险自主改重建的愿望。

2023 年 7 月 21 日，国务院召开常务会议指出，在超大特大城市积极稳步实施城中村改造是改善民生、扩大内需、推动城市高质量发展的一项重要举措。成都是超大城市，成都高新区合作街道晨风中心村是典型的城中村，更需加力提速全面推动落实危房隐患整治。2023 年 9 月，成都高新区党工委管委会担当决策，居民们的诉求得到了极大满足。"民为邦本，本固而邦宁。"推动工作，首先，念好习近平总书记倡导的"深、实、细、准、效"五字诀是关键，拓展"可为"思路，找准"善为"路径，争创"有为"业绩。其次，地方党委、政府高度重视民生实事，这对推动工作发挥了关键性作用。最后，12345 热线和线下沟通渠道的畅通程度关乎民心民情和民意。

二、调查研究是基础

习近平总书记在党的十九届一中全会上强调，要在全党大兴调查研究之风。调查研究是谋事之基、成事之道，没有调查就没有发言权，没有调查就没有决策权。调查研究是我们做好工作的基本功。李强总理指出,坐在办公室碰到的都是问题,深入基层看到的全是办法。

合作街道晨风中心村危房隐患整治调研工作可追溯至 2022 年 7 月,成都高新区部门和街道在充分参与具体整治工作的基础上,对其历史成因、发展变化、现实情况、群众诉求、安全稳定等各方面都进行了深入调研。与此同时,群众积极通过 12345 热线反映晨风中心村治理成效和期盼解决的问题,线上反馈和线下"坝坝会"等党建创新工作方式方法有效结合,为我们研究和推动相关工作提供了有力抓手。

晨风中心村始建于 1996 年,至今已有近 30 年历史。因政策调整和人员流动,加之当时拆迁安置工作遗留问题交织叠加,晨风中心村安全管理、隐患治理难度激增,土地和房屋有待确权,违建问题突出、市容整治难度大,晨风中心村居民生活质量与成都高新区都市经济社会高质量发展水平极不匹配。近年来,为改善中心村居民和租户生活水平,成都高新区持续投入大量人力、物力和财力,不断提升中心村安全治理水平和效能,先后建成投用大型便民综合体、学校和微型消防站等民生设施。但不可否认,政府努力与群众期盼仍有差距,这些差距就是我们工作的源动力,而搞清楚差距的关键所在就是我们推动工作的具体抓手。

一是从档案资料中查找源头线索。二是积极问需问计于民,群众的感情是丰富的,表达方式多种多样,有时候在"12345"上简单"寒暄一句"的背后背负着老百姓对党委、政府解决实际问题的无限期许。三是深入研究智库资料,积极总结提炼深圳、广州等地城中村改造典型经验举措。就这样,你一言我一语,群众诉求日益集中,街道办事处推动晨风中心村工作的抓手越发明显。

三、理论指导是关键

群众工作有两项特点，一是老百姓提交的诉求表达"口语化"和信息"碎片化"的特征比较明显，各执一词是常态；二是基层工作人员"就事论事"处理老百姓身边事的能力较强，但收集和处理复杂事项的综合能力有待提升，特别是将群众"口口相传"的诉求整理成具有一定逻辑条理且符合政府行政工作要求的书面报告挑战较大。简单问题当然大可不必复杂化，但遇到疑难杂症难免一筹莫展，严重点甚至耽误工作推进。所以，正确理解、系统消化吸收群众诉求，从纷繁复杂的背景中整理出行之有效的工作推进思路十分重要。

基层干部的能力培养和实战水平历练急不得慢不得，想要办好群众的事情，既要有全心全意为民服务的情怀，还要对党的理论学习有组织性和个人性的系统规划。习近平总书记高度重视对党员干部理论学习能力的培养，党员干部一定要加强理论学习、厚实理论功底，自觉用新时代党的创新理论观察新形势、研究新情况、解决新问题，使各项工作朝着正确方向、按照客观规律推进。[①] 我们常说现在领导干部有个"本领恐慌"问题，其中最根本的本领不足是理论素养不够。

针对街道办事处干部处理一线问题实战能力强，但理论功底稍显薄弱的问题，我以"学习型组织"建设为抓手，鼓励干部和党员骨干结合日常工作下大力气攻坚党建理论"原文原著"，特别是习近平总书记重要论述，将读原文、写心得与党建工作规章制度和考核体系建立有机结合。两年多时间，我带头全文阅读党建理论书籍 10 余本，撰写读书笔记 20 余篇，发动党员干部撰写心得体会百余篇。合作街道一线基层党建理论学习的浓厚氛围初步形成。

---

① 申宏：《筑牢理想信念根基树立践行正确政绩观 在新时代新征程上留下无悔的奋斗足迹》，《人民日报》2022 年 3 月 2 日。

习近平总书记还强调:"领导干部要多读一点历史。"学史明理、学史增信、学史崇德、学史力行,基层一线干部掌握一点历史知识和哲学文化对于开展基层工作不无裨益,在"只言片语"中建立与群众感同身受的"同理心"至关重要,在一件件具体"身边事"的推动中取得群众信任。所以,合作街道干部群众工作之余对于哲学和历史的喜爱可谓"手不释卷",我带头学习了马克思主义哲学原理、马克思主义政治经济学、《毛泽东点评二十四史》和《资治通鉴》等,形成学习总结百余篇。此外,街道利用社区载体资源,与社会成熟第三方合作伙伴共同建设"书香社区"书屋,方便社区群众购买和借阅图书,并开展常态化读书阅读和文化类交流活动,合作街道全民阅读的氛围正在逐渐聚能成势。党的二十大报告指出要建设全民终身学习的学习型社会、学习型大国,基于我们的扎实实践,可以自豪地说:"建设书香中国,我们在路上!"

四、知行合一见真章

党的十八大以来,习近平总书记多次强调知行合一,要求党员干部既要加强理论学习,走在前列;又要结合实践,干在实处。基层领导干部一旦掌握了马克思主义基本原理,继而将习近平总书记原文原著的理论精华与基层一线实践结合起来,就会发挥"理论指导实践、实践反哺理论"的巨大威力。刀在石上磨,人在事上练;我们在基层强调理论学习,但不搞"坐而论道"。

为高效推动晨风中心村危房隐患整治工作,快速收敛政府研究方向,及时回应并积极解决群众诉求,有力保障落地落实。按照主题教育和大兴调查研究工作安排,结合国家大政方针和省区市具体要求,充分借鉴典型地方优秀经验做法,通盘考量研究一切影响因素。工作人员多次深入晨风中心村,将调查研究与实际工作一体推进。基于晨风中心村的实际情况，干部员工积极发挥党建理论学习功底，认真撰写合作街道晨风中心村危房隐患整治工作调研报告，在工作中开展调查，用调查成果推动工作。最终，群众"口口相传"的诉求变成了推动政府工作报告的"白纸黑字"。

工作报告形成后及时报送上级管理部门，争取最大的支持和帮助，齐力推进晨风中心村危房整治取得实效。整体工作在成都高新区党工委管委会主要领导的直接推动下，在各级各部门领导的关心关怀下，历时两年多的持续努力，日拱一卒、攻坚克难，于2023年9月最终确定了科学有效解决晨风中心村房屋隐患整治的工作方案和配套保障措施，整体工作得到了实质性进展。

晨风中心村工作的推动首先得益于党中央、国务院及时出台的"自建房"相关政策方针，让我们的工作有了强有力的方向和抓手。其次，街道办事处基于上级政策与地方实际相结合的准确理解，精准把握工作要点，使得人民群众日呼夜唤的安全诉求得到了最大的满足。再次，合作街道基层干部员工的综合实战能力在实战中得到了最有效的锻炼。最后，为持续"全心全意为人民服务"奠定了坚实的个人工作能力基础和组织系统性能力提升保障。

五、我们永远在路上

晨风中心村危房隐患治理工作是深入学习贯彻习近平新时代中国特色社会主义思想和习近平总书记对四川及成都工作系列重要指示精神的具体实践，是对标成都高新区"三提升两服务"工作安排的具体落实。

我们在晨风中心村的工作获得了老百姓交口称赞，老百姓为党委、政府的担当决策竖了大拇指，多次自发地通过"12345"提交感谢信和表扬信，在我们不断劝阻后依然前往街道办事处赠送锦旗。但我们清醒地知道，这些赞许和荣誉既是鼓励，更是鞭策。凡是过往，皆为序章，人民群众对美好生活的向往是我们坚定前行的源动力，人民群众满意的笑脸是我们持之以恒扎根基层一线的幸福来源。

整体回顾晨风中心村危房整治调查研究和实践工作推动全过程，历时两年有余而点滴难忘。主要体会有以下几点：一是坚持党对一切工作的领导，确保党总揽全局、协调各方，为攻克难点痛点堵点工作指明方向、提供遵循。二是树牢为民服务的宗旨意识，以人民群众满意为最大动力，高效准确回应群众诉求。三是坚持敢立敢破、多措并举的工作思路，建立全方位多渠道信息路径，一体推进自媒体与传统信息相结合的方式高效推进工作。四是用好用强基层一线作战优势，站位全局、换位思考，提出可行方案建议是关键之举。五是担当作为善作为，在分歧中敢于坚持己见，以对群众负责和对历史负责的态度力推方案。六是躬身入局，既设身处地推动实际工作，又引导和发动政府工作团队在实践中不断汲取"实践养分"，为学习型国家建设贡献生动案例。七是但问耕耘、莫问收获，以永不放弃的坚持和坚守，全力以赴推动群众"身边事"得到有效解决。

（2023 年 12 月）

【点评】

"去民之患，如除腹心之疾。"习近平总书记曾引用苏辙上书宋神宗皇帝这句话说明对待民生疾苦要像祛除"腹心之疾"那样感同身受、刻不容缓。公共安全，一头连着经济社会发展，一头连着千家万户，是最基本的民生。消除城中村危房安全隐患，既是非做不可的要事、耽搁不起的急事，也是纷繁复杂的难事。很多人都把城中村视作有伤风貌的"毒瘤"或"伤疤"，汪峰同志却幽默地称之为"别有一番风味的点缀"；有时基层对 12345 热线转办来的工单难免会流露出抱怨情绪，汪峰同志却轻描淡写地称之为"简单地寒暄一句"。举重若轻的背后是"深、实、细、准、效"的调查研究之功和日积跬步的理论联系实际的双重修养。阅读汪峰同志分享的案例，我们不能不对其在辖区干部群众中大兴理论学习之风印象深刻。联想到在学习贯彻习近平新时代中国特色社会主义思想主题教育开展过程中，有干部实事求是地袒露心扉：我有做好工作的真诚愿望，时刻心系百姓、情牵群众，干劲也足，但总是感觉做不到点子上，没法从根源上解决群众的问题。这些困惑似乎都可以从汪峰同志"基层干部的能力培养和实战水平历练急不得慢不得，想要办好群众的事情，既要有全心全意为民服务的情怀，还要将新思想的理论精华与基层一线实践结合起来"的理解和感悟中找到答案。诉求决定方向，调研决定深度，理论决定高度。最终，群众"口口相传"的诉求变成了推动城中村改造工作可行性方案的"白纸黑字"。（吴欣）

记录、牵引、标示 ①

——关于 12345 市民热线的学思践悟

习近平总书记指出，共产党是为人民服务的政党，为民的事没有小事，要把群众大大小小的事办好。在接触 12345 市民热线的具体实践中，我深切地感受到，这根热线承担着党委、政府听民声、察民情、解民忧、护民生的重要使命，是我们秉持初心、扎根一线、惠民助企的重要平台和桥梁，它全程记录了街道改革发展稳定的铿锵进程，牵引着市民大众的喜怒哀乐，标示出基层党组织和党员干部为人民服务的尺度、速度、温度和力度，可以说，这通宵达旦穿行忙碌的"一根线"，串联起生生不息的"百家姓"，凝聚了党风带政风促行风建家风的"万般情"，何其光荣！我们受组织重托、群众期待，没有理由不守护好这条热线；何其有幸，我们置身征程、砥砺前行，才能够合拍时代、追光前行！

一、12345 热线记录：天府街的十二时辰

我所在的成都市温江区天府街道有着独特的街情。它"一街跨世纪"，有着 90 年的场镇史；它"一街兴两城"，见证了成都医学城和

---

① 作者为温江区天府街道党工委书记郝高峰。

温江大学城的崛起壮大；它"一街贯城乡"，区域空间形态、产业结构和群众心理都有较大的差异。2024年，辖区拥有78个小区（院落）、4700余家在地企业、4所大中专院校，服务人口达21.5万人。正是通过12345热线的全程记录，来自社区、校区、园区的林林总总民生诉求，充实了天府街的十二时辰。

梳理近些年的热线转交办件，我们发现，从诉求领域来看，小区治理、噪声扰民、占道经营、环境污染等问题极易牵动市民敏感的神经，从而引起投诉；此外，劳务纠纷、拆迁安置、违规搭建、消费纠纷、占道停车、信息咨询等方面的诉求也易发多发。从诉求时段来看，"8小时内"占比约六到七成，"8小时外"约占三到四成，周末和节假日约占二到三成，其中在春季，小区治理、噪声扰民等方面诉求比较密集；在夏秋季，占道经营、油烟扰民等方面诉求比较常见；在冬季，劳务纠纷、大气污染等方面诉求比较突出。大量的民生诉求看似偶发无序，其实也有相应的逻辑规律；但具体而言，群众投诉的差异也各有特点。这就要求我们一方面要"全面备战"，坚持街道、社区24小时值班制度，社区网格力量、城市管理队伍也要常态布放在大街小巷，对随时可能发起的民生诉求做到第一时间响应，迅速启动沟通、核查、派件、整改、复盘等工作。另一方面又要"科学用兵"，对商居混合、城乡结合、新老融合等重点区域和群体重点关注，并注意值守力量、巡防力量、后台力量、备勤力量以及社区多元力量的协同联动，以一线工作力量十二时辰的"辛苦指数"，努力提升家园家人十二时辰的"幸福指数"。

二、12345热线牵引：天府人的喜怒哀乐

我是2023年1月重返街道工作的，上任不到10小时的一段经历至今难忘。当时正赶上全区镇街党（工）委书记党建述职，在点评我

所在的街道工作时，区委主要领导用了一段很严肃的评语："你们街道中铁·丽景书香小区过去一年的投诉量达到了 600 多件，应深刻反思，迅速整改，认认真真回应居民的诉求！"作为刚上任的街道"一把手"，当时我真是窘得抬不起头，下定决心要好好解剖一下这只惹事的"麻雀"。

经过调研发现，该小区诉求焦点在"物业机构选聘"这个关键问题上，但是支持新物业机构进场还是保持原物业机构续聘，是由小区业委会"继续主刀"还是由社区党组织"果断接盘"，是配合区级职能部门介入处置还是采用街道呼叫部门报到方式化解问题，众说纷纭，莫衷一是。就在这个决策论证的过程中，小区居民的投诉持续发酵，最紧要时我们每天接到 12345 热线平台推送转办件都有 10 多件，居民提出的将大规模"到市""上省""请中央媒体"等舆情更给了我们很大压力。审时度势之下，我迅速组织专题研究，组建由街道班子实职干部担纲，由区级职能部门、社区律师和街道多条战线骨干的工作专班迅速入驻小区，通过召集开会、入户走访、集中答疑等方式"大动作"收集社情民意，并针对可能爆发的群体冲突逐一制定化解方案，牢牢把住关键问题、关键群体和关键时点，见招拆招，以快制乱。最终在大量调查核实的基础上，全省出现首例以街道办事处的名义依法撤销小区业委会违规决议，使问题得到彻底解决。

三江佳源小区的"天然气管道入户"问题也让我印象深刻。这个商住小区是 2022 年初交房的，其厨房区域并没有实体隔出，仅以样板间供业主参考布局；部分业主收房后又自行改变了厨房位置，入户管道无法达到天然气公司安装标准，导致天然气迟迟未能入户，小区居民一下子差点把 12345 热线"打爆了"，并几次集中上访，成为全区的"大事件"。查明问题症结、反复论证研判后，我们确立了"多头沟通、源头求解"的策略，街道搭建协商平台，开发商、天然气公司、业主代表等各方主体通过前后六轮的面对面博弈，最终实现了"最大幅度的争取、最大理性的妥协"，天然气接管的重重障碍最终被排除，投诉风波得以有效平息。

2023年上半年，区上启动了城乡环境品质提升三年攻坚行动，辖区一些边角闲置地块因存在建渣垃圾问题而备受居民关注，引起大量投诉。与此同时，我们又接到货车司机"车油被偷"的反映，通过调查发现，由于一些货车司机出于"不方便"或者"图方便"的心理，把货车停放在路边或者在偏僻地带一停了之，导致车油成为个别"油老鼠"的作案对象。正当我们苦思对策的时候，来街道调研的区领导给我们指了一条思路：能不能发挥街道自身优势，通过资源链接、模式创新的办法，从根上求解这些民生诉求？我们顿时眼前一亮，通过系统研究，由社区成立公司，把边角空地建成"货车司机之家"，正面直解了社区经济发展难、大型货车停靠难、闲置地块管护难等问题，受到区领导的肯定性批示。

2023年初，针对12345热线平台反馈的窗口服务问题，我们在街道综合便民服务中心推出"提醒服务＋留灯窗口"便民助企组合项目，提供工作日17:00至21:00延时服务、周六全天"不打烊"服务，并实现了187项民生事项延工时、跨区域办理。项目推出后，有力地解决了辖区居民"上班没空办、下班没处办"的痛点难点问题。

社区广场"少、破、乱"等问题也让我们揪心不已。为了解居民究竟需要什么样的公共活动空间，我带领街道和社区干部实地走访调查，并在白天、晚上、周末、下雨天等不同时段现场体验，比较系统地研究制定出社区广场整治方案，力求满足全龄人群的休闲、运动、文化、交往等需求。现在，三圣广场、天府家园广场等空间成为老百姓津津乐道、常来常往的好去处。

在透过12345热线平台这张反映市民群众喜怒哀乐的"晴雨表"回应解决诉求问题的过程中，我不断深化了对服务群众、服务企业的认识：我们所有工作的出发点和落脚点都在于为人民服务，每一单诉求都寄托着人民的殷切期盼，同时也是对我们工作无声的鞭策；我们及时回应诉求，不是为了获得掌声和点赞，而是要以诉求为导向密切干群关系，让群众生活更舒心、更美好。这是我们党委、政府的职责担当，也是建设温暖如家共担共享的心安之区的生动实践。

三、12345 热线标示：天府心的冷暖向背

在街道现有管理服务人口中，"天府老市民"约 4 万人，其余十多万人都是"天府新市民"，整个区域呈现出了市民来源广泛、文化多元、诉求多样的特征。分析研判民情民声，我越来越强烈地意识到，基层简单地依托 12345 热线处置问题还是不够的，更应该秉持"一家亲"理念，营造良好的家园生活空间，推动共商共建、共担共享。基于此，我们响亮喊出了"天府街·天府人·天府心"的口号，以"天府人，请回答！"的方式，呼吁所有党员群众思考和行动，努力塑造正能正向、大气包容、睦邻友善、感恩奋进的街区精神。辖区所有社区也同步行动，形成了自己独特的社区精神定位，如游家渡社区的社区精神是"游子家人，渡人自渡"，以渡口为基点，倡导新老市民共居社区，互帮互助，共创美好；笼堰社区的社区精神是"笼聚人心，堰上风景"，引领居民跳出思想的樊笼，共创古堰上的风景。

天府街道从 1992 年开始大规模征地拆迁，失地农民"洗脚上田"后的转型发展是一篇大文章，而大量企业员工、高校师生、商住小区居民的相继入住，对区域的管理服务又提出了新的更高要求。为此，我着力推动构建"家校企社·在地光芒行"区域化治理体系，以家庭、学校、企业、社区为主体，以公益慈善为抓手，开设了"光芒卡"指尖公益积分平台，建成了"YOU+ 同善街""社区食堂"，策划开展了"我为天府添棵树""一家亲·天府 YOU 才艺"等一系列特色活动，仅 2023 年就募集到园林景观、食品图书等，市场价值 600 余万元，使一批社区

小广场重焕生机，"杨柳风·留灯书屋"成为亲子阅读的好场所，街道更是开放了驻地停车场，供周边学校师生家长免费停车，在社会上引起积极反响。

作为工业园区的重要承载地，街道辖区市容环境压力极大，道路安全、工地安全、消防安全、燃气安全等都不容丝毫马虎。从2023年3月起，街道逐月实施"城市啄木鸟"专项行动，组织党员干部、企业员工、师生家庭"进网入格"，集中排查整治市容市貌、安全稳定、文明礼仪等方面的问题，重点难点问题建档上账，累计处置问题4000余个（处），市民群众的获得感和安全感持续增强。科伦药业是成都医学城的重点龙头企业，我们在"啄木"行动中实地看到了其大门两侧杂草丛生，藤蔓、灌木"搅"在一起，与周边环境格格不入。我们迅速制定方案，对区域共6000多平方米的绿化空间进行了集中整治，还听取企业员工的建议，铺设了人行步道，安装了休闲座椅，搭建了非机动车停车棚，使企业周边环境大为改善。另一家企业"顶津工厂"有大量的物流业务，物流调度人员、货车驾乘人员往往在大门口"临街"工作，以街沿为"办公区"，以膝盖为"办公桌"。针对这个情况，我们采取集装箱服务的方式，有效解决了这一问题。我们点点滴滴的努力，企业都看在眼中，一些管理人员感叹道："今后我们接待客商都要在大门口'刹一脚'，让大家都看看温江的营商环境是多么好。"

一件件的诉求表达、一次次的协调沟通、一轮轮的复盘总结、一年年的压茬前行，让我们在为人民群众服务的进程中担负了责任、提升了素能、争得了民心，组织上也给了我们宝贵的荣誉，街道先后获得国家住房城乡建设部全国生活垃圾分类示范教育基地命名、省政府2023年下半年综合督查典型经验通报表扬以及全省基层治理示范街道称号等荣誉。12345热线深深地启发了我：执政的首要前提就是要畅通民意表达，基层党员干部身处一线，就是要坚决承担起组织赋予的使命，眼睛向下、耳朵向外、脚板沾泥、民心为心，时时处处与人民群众紧紧连在一起；改革的永恒动力就是要倾听时代足音，因应人民群众的所思所盼、所急所难，检视工作模式、工作机制和工作队伍，以永不停滞、永不松懈、永不满足的精神，攻坚克难、创新突破、争创一流；发展的不变真理就是要凝聚民智民力，最大程度消除影响生产生活的障碍桎梏，最大程度维护追求幸福美好的愿景初心，最大程度争取高效能治理、高质量发展和高品质生活的创造合力；稳定的核心底气就是要托底民心向背，必须始终坚持民有所想、我有所谋，民有所呼、我有所应，民有所求、我有所为，以人民群众对未来的期待感，警示基层党员干部现实的责任感；以基层党员干部"永远在路上的奔跑"，护航人民群众"永远在现实的静好"。

（2023 年 12 月）

【点评】

中国共产党做的一切工作，都是为了让人民过上好日子。郝高峰同志是这样理解的，也是这样践行的。他把 12345 热线在基层治理中的作用概括为记录、牵引和标示三个方面，并在工作中实际遵循着这套逻辑。第一步，分析诉求领域和诉求时段，发现诉求中的一般规律和个体差异，以基础"记录"确保心中有数。第二步，从解剖中铁·丽景书香小区一年高达 600 多件投诉的惹事"麻雀"入手，到引导协商三江佳源小区的"天然气管道入户"问题，再到从根上消除货车司机担心"油老鼠"的后顾之忧，以及提供便民助企延时服务、综合整治社区广场，我们从这些鲜活生动的案例中既看到由12345 热线所"牵引"的基层治理之"术"的提升，更看到天府街道党工委对其所蕴含的治理之"道"的领悟。诚如郝高峰书记所言：12345 热线好比"晴雨表"，每一单诉求都寄托着人民的殷切期盼，同时也是对我们工作无声的鞭策；我们及时回应诉求，不是为了获得掌声和点赞，而是要以诉求为导向密切干群关系，让群众生活更舒心、更美好。第三步，变被动处置为主动施治，架起民声与民生、民心与初心的桥梁，"标示"同呼吸、共命运、心连心的温度。简单依托12345热线解决单个诉求是不够的，要以系统思维、创新思维进行前瞻性谋划，从源头上解决苗头性问题、从整体上美化生活空间。生活好了，心贴近了，投诉自然少了，基层也就稳了。（吴欣）

倾听民声、畅通民意，全力办好热线诉求 [①]

2024 年，成都市双流区实际管辖面积 466 平方千米，2023 年 GDP 总量 1197 亿元，户籍人口 75 万人、实际服务人口近 200 万人，近 5 年新增人口 30 万人，大量人口的涌入为城市带来生机与活力，同时也给城市治理带来了新的难题和挑战，如何发挥好 12345 热线的桥梁作用，及时高效化解群众急难愁盼成为亟须突破的问题。双流区委、区政府高度重视 12345 热线诉求办理工作，2023 年 1 月将 12345 热线办理与智慧蓉城建设工作整合到区城运中心，进一步健全完善工作机制，提升群众企业疑难问题化解质效。

一、在"挂帅"与"出征"之间选择健全机制

要干好 12345 热线诉求办理工作，提升群众诉求解决质效，不能只停留在接件、派件，简单地当"二传手"上，在有的诉求承办单位眼中，以往 12345 热线专员习惯于"发号施令"，好办不好办、能办不能办，全都派下来，办不好、超期还要督查问责，承办单位有时憋了一肚子火没地方发泄。区城运中心如何在引领谋划、统筹协调的同时靠前一步、凝心聚力，建立健全机制成为提升整体诉求办理质效的关键。

---

① 作者为成都市双流区智慧蓉城运行中心负责人吴捷先。

区城运中心作为牵头单位身在帅位，就要谋在帅位，为区委、区政府观大势、谋大局、抓大事，通过运用智慧蓉城建设成果沉淀、分析诉求数据，做实"日清周结月报告"制度。每日归集汇总诉求量、重办件、延期件、临超期件、不满意件和热点问题形成12345热线日报，推送各单位分管领导知晓掌握，并在"蓉政通"工作群晒成绩、点问题，确保信息对称；每周由12345热线专员分组汇总本周诉求情况，分析各领域诉求发展趋势和重点热点诉求办理工作，研究面上针对性措施，在"埋头拉车"的同时又"抬头看路"，明确工作方向；每月形成全区诉求办理情况和态势报告，重点分析重办件、推诿扯皮件、不满意件等情况，通过诉求数据找到精准施政的着力点，力求"未诉先治"。

既然"挂帅"就要"出征"。针对诉求量大、满意率排名靠后的承办单位，实行12345热线专员对口包联制度，每周至少到对口包联单位进行一次现场交流，牵头协调帮办一件热难点诉求，剖析一个正反两面典型案例，利用平台数据和对口单位一道作一次诉求趋势分析，以利于有针对性开展下周诉求办理工作。改过去系统派、系统回不见面工作方式为面对面倾听，听一听经办人员倒倒苦水、发发牢骚；帮忙理一理办理工作中有没有超期件，需不需要延期；有没有一个单位解决不了，经办人员又无力协调兄弟单位帮助的事项，专员解决不了的就由区城运中心召集部门共同办理……等一批单位理顺了、满意率上去了再换一批，这样反复几轮，切实拉近12345热线与承办单位的距离，持续发挥城运中心向下赋能、联勤联动作用，让经办人员感受到不是"一个人在战斗"，提升整个12345热线诉求办理团队的凝聚力和战斗力。

对口包联东升街道的专员反映，"三江苑"小区商户就办证问题反复投诉，承办单位受"自建房"等新规限制无法为商家办理经营许可证、营业执照等，已经到期的证件也无法换证，严重影响商家正常经营和投资信心。区城运中心企业诉求提速处置专班赓即组织属地和规自、住建、消防、审批等单位进行专题协调，最终在尊重历史、服务企业、服务发展的思想指导下，各个单位都靠前一步，为商家办理了经营许可证、营业执照，成功化解了商家的烦心事。区城运中心充分发挥"磨芯"作用，持续推动 12345 亲清在线机制做实做优，"海棠时代广场"商铺办证难等疑难诉求均得到妥善解决，全区营商环境不断优化提升。2023 年 1—11 月，区 12345 热线平台办理企业诉求 3842 件，满意率 98.41%。

二、在"单打独斗"与"握指成拳"之间注重借势用力

当前诉求的多元性和复杂性导致一个诉求往往横跨几个领域，涉及多个部门，但承办单位在办理该类诉求时，满足于办理自己职责范围内的事，或多或少有"铁路警察各管一段"的心理和"只扫门前雪"的情况。有的诉求一个单位办不了，多个单位办不好。谁来当好拉扯部门、形成合力的那根主梁？区城运中心当仁不让、全力推动各项措施落到实处。

2023 年初，市委主要领导在成都市委党校课题组《一切为了人民幸福美好生活——关于成都市筑好 12345 热线"连心桥"谱写人民城市新篇章的报告》上作出重要批示。为进一步落实区委主要领导"进一步加强热线工作，要主动回应群众关切"的要求，区城运中心在全区 12345 热线诉求承办单位中开展了"学报告、转职能、提效能"专题活动，牵头制定《成都市双流区 12345 热线平台诉求办理工作提质增效十条措施》，明确各单位"一把手"负总责，亲自抓 12345 热线诉求办理工作，其中重要一条就是每天对群众诉求作出批示和具体安排的数量不得低于单位承办量的 60%；同时加强与兄弟单位的沟通交流和协同配合，形成主动服务、精准服务、联动服务的思维惯性，强化疑难、重点、重复投诉、区域交叉、权属不清等诉求会商调度、联动督办，形成"深调研、联合办、重点督、早回复"的重难点诉求长效办理模式，并建立区城运

中心与区纪委监委、区委编办、区政府督查室、区融媒体中心信息共享、问题移送等联动协作机制，把热线督办与行政监察、舆论监督相结合，让部门联动、有效监督成为解决疑难复杂诉求的重要推手。

双流区"蜀镇"片区跨江安河人行桥建成后，群众多次反映无相连道路通行，要求尽快完成金江西路"断头路"和金江西路至江安河人行桥便道的建设。群众反映问题所在区域实际位于区区接合部，区住建交通局先后 4 次向属地住建交通部门和地块所有单位请求协助解决该片区群众出行难问题，积极与规自、城管、属地等相关单位会商沟通，研究化解方案，并多次向市住建局、市信访局等汇报"蜀镇"周边交通情况，争取上级部门支持，切实推进该片区基础设施建设。通过不断努力，金江西路至江安河人行桥便道于 2022 年 12 月进场施工、2023 年 1 月竣工通车，金江西路"断头路"于 2023 年 4 月进场施工、2023 年 6 月竣工通车，群众出行难问题得到根本解决。

新机制运行 8 个月以来，有部门说，《成都市双流区 12345 热线平台诉求办理工作提质增效十条措施》是"带电"和"长牙齿"的。区纪委监委共问责了 6 个承办单位和 2 名分管领导、3 名工作人员。区委常委会、区政府常务会定期研究 12345 热线办理工作，区级分管领导及时协调"多跨"企业群众诉求。工作机制的进一步健全，为全区 12345 热线诉求办理工作带来了质的提升，各单位主要负责同志签批诉求 4.3 万余件，分管领导协调诉求 7.8 万余件，召开诉求专题会商协调会 8 次，移交诉求办理问题资料 6 次，单位之间逐步形成握指成拳、齐抓共管的诉求办理格局。2023 年 1—11 月，办理群众诉求 211853 件，满意率 95.94%。

三、在"办得快"与"办得好"之间不做选择题

2022 年全区诉求量 22 万件，个别承办单位日均受理群众诉求近百

件，经办人员常常说"顾得了这个顾不了那个"，诉求办理平均回复周期排全市倒数第三位，办理回复周期偏长也成为影响群众满意度的重要因素。办理时间短了，事情不一定得到解决，群众要骂娘；时间长了，群众认为没人理、效率低，也不满意。"办得快"与"办得好"似乎成了一对矛盾，只能"二选一"。

通过认真学习市平台每月通报的情况，可以得出一条结论，诉求量多少与办理回复周期长短没有因果关系。诉求量小的单位，办理回复周期也可能全市最长；有的诉求量较多的单位，办理回复周期也可以排名全市前列。办理回复周期背后其实更多体现的是一个区域的重视程度、12345 热线的响应速度、承办单位的办理效率……我们不一味追求快，但一定要解决慢的问题。

有数据表明，群众拨打 12345 热线，有半数以上是咨询，其中水电气讯类的咨询就占到 10% 以上。我们找准咨询类诉求这个小切口，运用科技赋能提升效率。一是启用 12345 热线智能化系统，实现市、区、部门（街道）、科室（社区）四级"一张网"，每半小时对未签收、临期未回复等情况进行系统提醒和短信提示，大幅压减工单内部流转时长，避免出现"空转"。二是引入 AI 智能派件模式，改变传统人工审核派发方式，除复杂疑难诉求加以人工校核外均通过对诉求进行事项信息分类、快速匹配派发，派件准确率是最初试运行的 80%（AI 智能派件准确率上线之初就优于人工派件），目前稳定在 85% 左右。三是建好"知识库"，要求区 12345 热线专员练好基本功，在市 12345 热线专员已经直接答复的基础上，继续提升涉及区内人、地、事、物、情、组织以及政策咨询类诉求的直接答复率。四是与水电气讯企业建立 24 小时联动机制，首先是信息互通，异常情况第一时间通报区城运中心，通过区城运平台事件枢纽连接"微网实格"，提升群众知晓率，避免信息恐慌，从源头减少群众投诉。其次是对于水电气讯等咨询类诉求，12345 热线不再派单至相关单位，由区 12345 热线专员根据掌握的信息直接回复群众。最后是对停水停电停气、网络、光纤异常等时效性要求较高的诉求，要求承办单位在 2 个小时内办理回复，如果流转三五天后再回复给群众，就失去了该类诉求急办快办的意义。

咨询类诉求"办得快"争取出来的时间在全区范围内统筹，分配给承办个别"疑难杂症"投诉类诉求的单位做好办理工作以及认真细致的群众工作，两相在品叠、长拉短算，"办得快"与"办得好"并没有顾此失彼，效率提升的同时质量稳中有进。2023 年 3 月，全区诉求平均回复周期全市排第 1，到年底一直保持在前 3 位，满意率方面 4、5 月全市排名第 1、3 位，其余月份也基本保持在平均水平之上。

群众利益无小事，民生问题都是大事。群众反映的问题，大多是衣食住行方面的实际问题，有的家里水压低洗不了澡，楼盘地处两个区域上不了户口，娃娃读不了书，这些只是全区 20 多万件诉求中的一两件，但对一个家庭来说就是当前唯一的大事，甚至是天大的事。双流区城运中心将牢固树立以人民为中心的发展理念，坚持从群众最关心最直接最现实的问题入手，把 12345 热线作为吸纳民意、服务民生、解决民困的重要平台，继续保持"赶考"态度，做好人民群众天天有感的关键小事，让群众在小事中感受服务的温度，最大限度地实现好、维护好、发展好广大人民群众的根本利益，不断提升群众的获得感、幸福感、安全感。

（2024 年 1 月）

【点评】

这是一篇基于业务思考的感悟，但站得更高、想得更深，我们从中也更能看出 12345 热线作为城市运行中枢"牵一发而动全身"的治理效能。比如，从转变工作作风入手，改过去系统派、系统回、不见面的"二传手"工作方式为面对面倾听，听一听经办人员倒的苦水、发的牢骚；帮忙理一理办理工作中有没有超期件，需不需要延期；有没有一个单位解决不了，经办人员又无力协调兄弟单位帮助的事项，专员解决不了的就由区城运中心召集部门共同办理……打破"铁路警察各管一段"的传统思维，建优健全主动服务、精准服务、联动服务机制，变"单打独斗"为"握指成拳"；跳出"办得快"与"办得好"两难选择的怪圈，找准占比最大的咨询类诉求小切口，运用科技赋能提升效率，以咨询类诉求"办得快"争取来的时间全力攻坚，使疑难杂症诉求"办得好"。阅读吴捷先同志的这篇感悟，我们强烈地感受到双流区智慧蓉城运行中心挂帅出征、当仁不让的使命担当，多措并举、提升热线诉求办理质效的改革创新。因为这背后是"群众反映出来的困难，很多时候都是小事，但实实在在做好了，对于一个居民、一个家庭来说就解决了大问题"的责任感与紧迫感，是进一步将 12345 热线作为创新驱动、精明增长、智慧治理重要突破口和着力点、改革创新永远在路上的时代劲头。(吴欣)

用好暖心热线赢民心 ^①

人民对美好生活的向往，就是我们的奋斗目标。这些年投身接诉即办的生动实践，让我深刻地体会到：12345是一条带着城市温度的热线，既是群众诉求的第一窗口，也是政府作为的第一通道。近年来，我们依托12345市民服务热线，积极探索"快响应、快办理、快反馈、善治理"的接诉即办新机制，实现从"办"热线到"用"热线的转变，在体察民意、解决民困、惠及民生的鲜活实践中，让每个市民切实感受到"彭派温度"。

一、向前一步，问题背后有故事

广大市民的获得感、幸福感、安全感是12345市民服务热线的生命线，只有把群众放在心坎上，将群众满意作为第一标准，才能真正做好接诉即办工作。为此我们提出"走心为上"，主张既要办好群众反映的具体问题，更要透过现象看本质，用心找到病灶、根治病因，才算把好事做好、做进群众心坎里。

为做好接诉即办工作，我提出"五心"工作法，即真心、耐心、热心、诚心、暖心，就是要做到思想上真心为民、情感上耐心接诉、工作

---

① 作者为彭州市综合行政执法局党组书记、局长刘章建。

上热心服务、行动上诚心办事、沟通上暖心回应。同时，还提出要做到"三问三思"，一问群众"心中的委屈"，二问群众"办理的效果"，三问群众"改进的做法"，做到时时"思考问题怎么办，思考思想怎么劝，思考病灶怎么断"。这套"五心＋三问＋三思"的"组合拳"，我们在接诉即办工作中广泛运用，取得了很好的效果，下面两个案例体现了运用这套"组合拳"剜除病灶的成效，实现"烦心事"变"开心事"。

第一个案例是"面包大叔"的故事。"面包大叔"原本是望蜀里商圈一家面包店的老板，听闻我局要指导商圈打造主题美食街，他当即打了 4 次投诉电话，表示美食街拉低商圈档次，也容易造成地面脏污，非常影响他的生意，不同意打造美食街的计划，电话里无论我们怎么解释，他态度都很坚决。为了打消"面包大叔"的顾虑，我们一名年轻的中队长专门到他的店里做"说客"，晓之以理动之以情，表示美食街会按照年轻人最钟爱的国潮风格打造，不仅上档次还非常时尚有品位，我们会加派环卫工人和城管队员，专门负责街区的环境卫生秩序，一定会保持洁净美观的街面环境。但任凭中队长磨破嘴皮，"面包大叔"就是不松口，最后还是在小伙子"三顾茅庐"下，才道出心声："害怕美食街抢了他的生意。"了解到面包大叔的真实想法后，中队长加了"面包大叔"的微信，给"面包大叔"转发了许多网红美食街的视频，表示美食街不是抢他们的生意，而是给他们吸引了顾客和流量。同时，我们还给商圈商铺专门设置了高品质外摆，方便商铺展示商品。最终，"面包大叔"不仅理解了我们的做法，还转发点赞了美食街的热搜动态。我们指导打造的"望蜀里 567""逸都城 567"主题美食街，日均人流量近 2 万人次，还提供 230 余个就业岗位，达到了商圈与美食街人气流量的双向反哺。

第二个案例是"菠萝姐姐"的故事。一天，我们接到投诉"市中医院门口有一个流动水果商贩长期占用人行道、盲道售卖水果，给周边居民和通行市民带来了很大的麻烦"。我们了解后才知道，占道摆摊的是一位生活困难的大姐，她自己身患严重的支气管炎，老公因眼疾导致双目失明，一家老小的生计就靠这个水果摊维持，她便是有故事的"菠萝姐姐"李女士。为了真正把好事办好，我们召集相关科室集中研讨，大家普遍认为，要真正解决问题，不能简单粗暴地不让她摆摊，而是要给"菠萝姐姐"的摊位找一个"家"，让她既能养家糊口，又不影响周边群众出行。思想统一了，行动就更高效了。我们同社区干部和沿线的商家、住户开展了4天的沟通工作，最后终于说服他们同意在市中医院外不影响市民通行的区域设置了"城心果屋"。李女士的水果摊正式搬入"城心果屋"那天，她抹着泪告诉执法人员："我再也不用东躲西藏，可以安安心心地挣钱了，谢谢你们。"也是从那天起，我们不仅少了一个投诉的因素，更多了一个好朋友。

二、多想一步，好事可复制要推广

近年来，随着城市化进程的加快，我越来越感受到，市民对城市管理领域的问题非常关注，特别是与自己切身利益休戚相关的问题。对此，我们认真分析举报投诉的存在特点和发生规律，注重提高服务水平，通过"办好事、帮好忙、解好忧"，进一步提升群众获得感、幸福感、安全感。

解决群众最愁的事。脏、乱、差问题，是影响市容市貌的根症所在，是关系广大群众切身利益的突出问题。把烦心事办成暖心实事，需要坚持以问题为导向，立足群众需求，真心实意为群众办好事、办实事、解难事。

给我印象最深刻的是2022年的一个案例，彭州市朝阳中路社区垃圾房门口脏乱差，附近居民、商户怨声载道，投诉接连不断。为了有效处置群众家门口的垃圾，我们联同技术公司现场勘查，准备采用地埋式生活垃圾分类收集桶对朝阳中路社区垃圾房进行改造升级。在前期各项工作准备充分开工的第一天，就遇上了难事，垃圾房周边的商家联合起来抵制地埋式生活垃圾分类收集桶的建设，他们坚决不让垃圾房修到门前。在多次同商家沟通的过程中，我们耐心、细心地为他们讲解垃圾桶设备的地埋隐藏式系统、喷淋除臭消毒系统等，垃圾桶盖板与地面紧密结合，臭气不会传出，不仅投放便捷，还有智能满桶提示等功能，智能又环保。最后他们终于同意我们开工，有效解决了朝阳中路社区垃圾收集站"脏乱差"问题。

在朝阳中路社区地埋式生活垃圾分类收集桶建好后，我们到现场开展回访工作，当地居民告诉我们："以前出个门都要绕道走，现在脚一踩，就能投放垃圾，没有以前的那种臭味了，小区的环境好多了。"周围的商家也拉着我们说："这个地埋式生活垃圾分类收集桶真的是好，垃圾不臭，不落地就不见了。"

回应群众最盼的事。群众所盼就是行动所向，把"群众所盼"转化为"履职所向"是我们回应群众最直接有效的途径，在"实"字上下功夫、在"好"字上做文章，用实际行动回应群众之"盼"，方可让群众生活得暖心更安心。

我们收到过一个来自市民关于路灯的投诉举报，举报内容为"天人小区路灯不亮，老人小孩夜间出行不便，希望能安装路灯"。接到 12345 热线投诉后，我们立即通过地图搜索，发现投诉人所在的小区属于自建老旧小区，并不在城市管辖区域内，处理起来难度很大。在同市政科讨论后，大家一致决定要做到件件有回音、事事有着落，必须帮助市民解决问题。通过勘查发现那是一条长度为 100 多米的小巷，两边是有着 30 多年历史的开放式老旧居民院落，住着 700 余名居民。当院落围墙砌起，这里就变成了一条"不知名"的小巷，长久以来没有路灯，困扰着市民夜间出行。经过多方努力，我们打通了管道设置的技术问题、说通了不愿在家门口安装电桩的 11 名户主、解决了 32 处老线路安全隐患等，终于在 60 天后点亮了天人小区每家每户门前的路灯。随着这项"增灯补亮"工作的完成，我们对城区没有照明的背街小巷进行了全面摸排，并持续推进这项工作，让"西大街440号院落""红照壁南街里巷"等不属于市政道路的老旧院落的"回家路"，都在"增灯补亮"行动中闪亮了起来。

12345热线反映的是市民最真实的需求和盼望，从办好一件小事，到解决一类问题，以点带面，我们持续推进了中心城区照明设施改造，补齐背街小巷、老旧开放小区等功能性照明设施，新增、更换路灯1900余盏，有效解决了城区"有路无灯、有灯不亮"的问题。我们用一颗热忱的心，照亮了市民回家的路，让市民真真切切地体会到获得感、幸福感、安全感。

三、下沉一步，难题大家一起解

人民城市人民建，人民城市为人民。实践告诉我们，既要坚持发展为了人民，从群众诉求出发，提升公共服务供给水平，改善公共服务提供模式，让广大市民共享城市建设与发展成果；又要坚持发展依靠人民，依靠人民的主体力量开展工作，激发人民群众在城市发展中的参与感、创新力。

从"我讲你听"到"龙门阵一起摆"。习近平总书记指出，要运用好新时代枫桥经验，切实"把矛盾纠纷化解在基层、化解在萌芽状态"。我们依托"城市驿站"建设，将办公桌搬到市民公共休憩空间，引导群众从"反映问题"到主动参与解决问题，背后是基层治理方式的转变，是服务观念的革新。

城市驿站是聚焦群众户外出行"休憩难"问题，打造的提供Wi-Fi、手机充电、电视、微波炉、书刊、急救箱等便民设施的公共休憩空间，建成后从市民聚集休息场所演变成周边老百姓"摆龙门阵解决小纠纷"的自治阵地。比如，近期安仁小区居民王大爷家老两口因为身体原因，常年咳嗽，但楼下新开张一家川菜馆，饭点时餐饮油烟较重，老两口咳嗽越发频繁，还吃了一段时间的中药，导致与餐馆老板摩擦不断。为此，执法人员将王大爷一家与川菜馆老板请到了"城市驿站"，坐下来商量，周边群众见状也加入进来，你一言我一语，像"摆龙门阵"一般，不仅宽慰王大爷，也劝解川菜馆老板加强油烟净化设备使用和清洗……后来川菜馆老板还主动提出报销王大爷近期就医费用，王大爷老两口瞬间舒心，这场小矛盾小纠纷就在乡音方言的"龙门阵"里化解了。利用"城市驿站"这一平台，执法人员在拉家常中发现隐藏在群众中间的小纠葛、小积怨，及时就地解决。将"被问题找上门来"的被动，转化为"群策群力一起解决"的主动，实现矛盾隐患化解关口前移。

从"你给我解决"到"暖心事一起干"。群众从最初依赖"部门解决"，转变成"为大家好的事大家一起解决"，背后是更多地从人民群众的角度想问题，多问群众"满不满意"，多想"还可以做什么"，少些"我也没办法"的推脱，把惠民生的事办好、暖民心的事办实，不断缩短与群众距离的体现。

铧炉街，位于天彭街道北塔社区，紧邻千年龙兴古寺，随着时代变迁，铧炉街面临道路破败不堪，下水道污水横流，店面招牌破旧，基础设施落后和市容环境混乱的情况，使得其与城市发展格格不入，周围居民不堪其扰，多次通过 12345 热线反映。为切实提升铧炉街居民生活品质，我们专门组织召开铧炉街环境品质提升打造动员坝坝会，广泛宣传打造方案并征求周边居民、商户意见。铧炉街内的紫丹阁小区业主知道该提升行动后，主动拆除破旧围墙，捐赠绿植、座椅等，与工作人员一起修建开放式小游园。提升改造完成后，我们深化"双街长制"，健全社会组织、辖区企业、社区、群众等各方力量多样化、多渠道、多层次参与机制，在街区设置"街长制"公示牌，鼓励临街商户建立商家联盟，遵守商户自治公约，严格落实"门前五包"。现在的铧炉街居民见到执法人员都纷纷表示："以后其他街区的打造我也要参与，暖心事干着自己心里也暖。"

长期以来，我们始终保持人民至上理念，积极回应群众关切、认真解决群众诉求，与时俱进、大胆创新、建章立制，取得了明显成效。2023年，我们办理12345市民服务热线3672件，办理率100%，荣获成都市"蓉城先锋"示范基层党组织等43项集体荣誉表彰，也收到摊主、企业、市民等送来的21面锦旗。这些成绩，是群众对我们接诉即办工作的认可，更是激励我们前进的强大动力。我们将坚持"办好一件事，温暖一个人；办好千万事，温暖一座城"的理念，拓展服务深度，完善服务质效，努力打造有速度、有力度、更有温度的"接诉即办"工作模式，不断满足人民群众对美好生活的向往。

党的二十大报告指出，为民造福是立党为公、执政为民的本质要求。12345热线接诉即办工作是送上门的群众工作，能直面矛盾也能直接回应群众期待，只要我们坚持把心更贴近群众，把一颗"巧心"付诸群众，把群众的烦心事、操心事、揪心事放在自己心上解决好，就能收获群众的"真心"。

（2023年12月）

【点评】

民心是最大的政治，为民造福是最重要的政绩。刘章建局长通过丰富的案例让我们不仅感受到"走心为上""五心"工作法的温度和热度，更体会到"向前一步"、"多想一步"和"下沉一步"的深度、力度和效度。特别是关于坚持"发展为了人民、紧紧依靠人民""以人民为主体，激发其参与城市发展的主动性和创新力"等理念认知更为推进中国式现代化所急需。如习近平总书记所说："中国式现代化是亿万人民自己的事业，人民是中国式现代化的主体，必须紧紧依靠人民，尊重人民创造精神，汇集全体人民的智慧和力量，才能推动中国式现代化不断向前发展。"①现代化道路最终能否走得通、行得稳，关键要看是否坚持以人民为中心；城市发展是否文明进步，不仅要看纸面上的指标数据，更要看人民是否幸福安康。而现在的党委、政府，是有责任也是有条件在解决老百姓民生问题上做更多的事的。其实，为人民服务，光有情怀还不够，必须有服务群众的方法和能力。方法从哪里来？本领在哪里炼？在实践最前沿，到群众中去，沉到基层一线去倾听、排忧、解难。从"我讲你听"到"龙门阵一起摆"，从"你给我解决"到"暖心事一起干"，刘章建局长生动诠释了"办好一件事，温暖一个人；办好千万事，温暖一座城"的理念，以"思想上真心为民、情感上耐心接诉、工作上热心服务、行动上诚心办事、沟通上暖心回应"把群众的烦心事、操心事、揪心事一件一件办好办实办妥，民心就这样一点一点累积成信任。

（吴欣）

---

① 习近平：《中国式现代化是中国共产党领导的社会主义现代化》，《求是》2023 年第 11 期。

不只是倾听与记录

聆听民声，搭建沟通桥梁

为群众真心真意办实事

与民同心、与民同行、与民同线

聆听民声，搭建沟通桥梁 ①

"有问题，就打 12345"，这不仅是一句话，更是一架 7×24 小时连接政府与市民的桥梁。我是成都 12345 热线一名普通的话务员，在热线接听岗位，我已经工作快一年了，我深刻认识到，每通电话都有亟待解答或解决的问题，所以我每接一通电话，都以温和且坚定的语气与市民沟通交流，缓解市民焦急紧张的情绪；每一张转办的工单，都仔细挖掘市民言语背后的真实诉求，争取尽快解决问题。在这个岗位上，倾听全市人民的心声，与市民同频共振，将市民的心与党委、政府紧紧团结在一起。

一、政府与市民，一体两面

12345 热线的根基在市民、血脉在市民、力量在市民，始终与市民心连心、情连情。12345 热线接听岗位，是一项综合性的工作：一需要有全面的业务能力，通过只言片语快速定位市民核心诉求；二需要具备良好的沟通能力，通过人文关怀，温和坚定的语气抚慰市民的情绪；三需要有高度的风险意识，及时发现暴露可能出现的舆论问题，做好风险问题管控。

在我们接听岗位，最重要的就是认真倾听、解答、记录、转办市民

---

① 作者为成都 12345 接听中心接线员荀雪莲。

的每一个问题，只有站在市民的角度，才能真正做到与市民感同身受，为解决市民的问题奠定基础。越是细微处，越是彰显为民服务的温度，越需要拿出实招硬招，聚焦市民急难愁盼的问题，用心用情用力解决市民的难事。

在我工作中，接听过一位关心大熊猫的市民的电话，电话接通后，市民情绪几近崩溃，一边说一边哭，甚至在吼，导致我无法听清市民的话，只能依稀听到小奇迹、美香等字眼，市民一直在哭诉，我一边听，一边查阅市民的历史来电记录，果然看到市民一直在关注大熊猫美香一家的动态。确实，大熊猫作为我们的国宝，我和市民一样盼着美香一家能够早日归国。站在这样的角度上，我通过"确实如此""我理解你的心情"来肯定市民的情绪，市民的情绪逐渐稳定，不再激动，慢慢跟我诉说她为什么会有这么大的情绪，原来当天她通过短视频看到美香一家在国外受苦，情绪一下子就上来了，我的倾听和肯定缓解了她的情绪，并且表达了对我愿意倾听的感激之情。这一刻，我收获了岗位工作的满足感。

二、以市民心为心，顺心而为

我们坚持以市民心为心，倾听市民心声，12345热线接听岗是政府与市民之间的第一沟通窗口，从理解市民的问题开始，到核对市民的诉求，我们都要专注细节，准确无误地记录市民最关注、最直接、最现实的利益问题。成都正在高速发展当中，各类矛盾难免交织在一起，城市轨道交通建设、市政道路维护、小区旧改给市民生活带来的不便，像弹簧一样横在政府与市民中间，平衡好这根弹簧就能保持市民与政府之间的动态压力。

在工作中，我们组有一次夜班时遇到了施工噪声的问题，市民打来电话的时候，已经是凌晨2点，接通后，市民就说，这么晚了还在施工，不让人休息，孩子明天还要上学。趁着市民说话的空档，我赶紧询问市民是哪里在施工，但是市民也不清楚工地的具体地点、只能提供自己的地址，通过市民提供的住址，无法立刻确认是轨道交通施工还是市政道路施工。不能确定施工主体，问题就不能最快解决，后面我通过在系统里检索市民所提供的地址，对比多张工单，核实清楚是市政道路在抢修，立刻将市民的工单转派出去了，按照紧急流程上报。

同样是在一次夜班里，那天是周六早晨7点左右，市民来电反映他们小区有人在施工，大清早就在用电钻钻地，心情可想而知。通过跟市民仔细核实后，我得知市民所在的小区正在进行小区旧改，于是先安抚市民情绪，再核实地址和时间，将市民的工单转办出去。市民表示他也理解小区旧改赶工期的情况，但是市民及小区大部分居民都劳累一周，周末就想睡个懒觉，施工队可以晚点进场，避开集中休息时间，互相理解。

民生关乎万户千家的幸福，党和政府始终把保障和改善民生作为重中之重。近年来，我们也感受到成都的民生水平不断提高，多条轨道线路开通，多个小区旧改收获好评，这既离不开政府的精准决策，也离不开市民的理解配合。

三、万事民为先，注重民愿

习近平总书记在2022年新年贺词中提出的"民之所忧，我必念之；民之所盼，我必行之"蕴含着习近平总书记以人民忧乐为忧乐、以人民甘苦为甘苦，始终怀着强烈的忧民、爱民、为民、惠民之心。同时，这也是对中华传统文化民本思想的深刻揭示，是对马克思主义群众观的精辟阐发，是对中国共产党人民立场的高度概括。

"民惟邦本，本固邦宁。"在漫长的中国古代社会中，以"治理之道，莫要于安民；安民之道，在于察其疾苦"为主要内涵的人文情怀，成为贯穿中华传统文化中民本思想的永恒主题，逐渐演变为历朝历代治国安邦的理念和策略。"民之所忧，我必念之；民之所盼，我必行之"一语与《孟子·梁惠王下》中的"乐民之乐者，民亦乐其乐；忧民之忧者，民亦忧其忧。乐以天下，忧以天下，然而不王者，未之有也"这一表述一脉相承，体现了中国自古以来关注民生、顺应民心、注重民愿的价值理念。

作为话务员，我们是直接与市民群众对话的"窗口"，尽管工作可能无法上升到惜民爱民、忧国忧民的价值追求上，但我能对民之所忧、民之所盼感同身受，并把这些真实而具体的民意民愿记录反馈给相关部门，帮助政府部门更好察民情、接地气，倾听市民呼声，这可能就是我工作的价值所在。

（2023 年 12 月）

【点评】

服务群众、造福群众，第一步是做好倾听民意工作，这也是发挥 12345 热线平台作用的逻辑起点。接线员是 12345 热线平台的最前端，也是党委、政府倾听广大人民群众的心声、与市民沟通的具体执行者，他们以 7×24 小时的服务真实、全面、快速地记录市民和企业诉求，也承担着抚慰市民情绪、缓解焦虑等作用。特别是新冠疫情期间，他们与市民同频共振，无论是自身感染后声音嘶哑仍然坚守岗位，还是面对封控市民的焦虑牢骚仍然耐心疏导，热线话务员都收获了市民群众的一致点赞，也将市民群众的心与党委、政府紧紧团结在一起。每次我去接听中心，总是看到他们戴着耳麦，聚精会神地坚守在岗位上，以温和且坚定的语气与市民群众沟通交流，耐心、仔细挖掘市民言语背后的真实诉求，应答受理周到细致，为市民、企业解决遇到的烦心事、揪心事，成为连接政府与市民的桥梁，他们是成都这座超大城市"最可爱的人"。（王胡林）

为群众真心真意办实事 ①

　　法律是社会公正和谐的基石，法律服务则是保障人民群众权益的关键。12348 公共法律服务热线作为 12345 热线的分支，旨在为需要法律服务的人提供免费的法律咨询和援助。12348 热线始终深入贯彻落实习近平法治思想，坚持以人民为中心，牢记司法为民宗旨，不断满足人民群众日益增长的多样法治需求，积极引导人民群众运用法治思维以及法治方式解决问题，推动形成办事依法、遇事找法、解决问题用法、化解矛盾靠法的良好法治环境。

一、专业能力是解决问题的前提

　　作为一名 12348 的热线人，在接听热线的初期，我怀着既紧张又激动的心情，每一通电话对我来说都是一次挑战，也让我深感法律服务的责任重大。我不仅要倾听来电人的诉求，还要提供专业的法律建议。在这个过程中，我逐渐领悟到法律服务的真谛，也不断思考如何更好地为需要法律帮助的人提供切实有效的帮助。其中最基本的便是具备扎实的法律专业知识，以及良好的沟通技巧。作为热线人，需要不断学习和掌握最新的法律知识以及检索能力。社会公众的法律咨询广泛，从

---

① 作者为成都市司法局 12348 法律援助热线工作人员缪可言。

合同纠纷到劳动者维权、从股东权益到故意伤害，每个热线电话之间所涉及的法律问题跨度都很大、法律关系复杂，涵盖民事、刑事、行政等各个领域，但没有律师能够做到精通所有法律规定。对此，我们首先应当准确识别来电人的法律问题、法律关系，若是自己不熟悉的领域，那么应迅速利用检索软件，为来电人提供最佳的方案。通过不断学习和积累经验，掌握各类法律问题的处理方法，以便能够准确地解答来电人的问题。

二、耐心共情，建立信任

作为一名热线人，除了最基本的法律专业知识和沟通技巧，具备耐心和细心的品质、学会倾听来电人心声也很重要。需要热线人有足够的耐心来听取来电人的陈述，并且了解来电人想解决的问题以及来电人是否有初步的打算和意愿，在一问一答之间，也能更深入地了解来电人的情感和需求，掌握来电人的情况，以便能够为其提供个性化的帮助和支持。

来电人通常会对与陌生人交流感到焦虑和不安，因此建立信任和保密性对于热线服务的成功也非常重要。每个来电人都有他们自己的故事和困扰，无论来电人的问题多么复杂或微小，我们都必须认真对待，给予充分的关注。我们可以尽量站在来电人的立场，与来电人共情，此时我们可以少一点法律人的理性，多一点感性，尝试去理解来电人，设身处地地为其提供解决办法。实践中也会遇到害怕个人信息被泄露的来电人，需要向来电人说明热线服务的保密原则，并确保其个人信息和隐私得到保护，通过诚实、公正和专业的态度来赢得来电人的信任。

在我身边就有着这么一位热线人，通过其专业、耐心，安抚了情绪激动的来电人，并成功解答来电人的疑惑。一位小学六年级的学生来电，说自己父亲常年在外打工，自己发现母亲出轨后告知父亲，导致父母离婚。该学生在五年级时因为生病，学业、成绩也落下很多。在学校内，与老师、同学的相处都让自己倍感压力，认为学校校长、老师对自己态度也很不好，导致平时在学校很害怕、恐惧；回到家，一日三餐包括家里的所有家务活也都是自己在做。在学校的心理压力加上家务活带来的身体上的劳累，导致该学生一度想轻生。我们的热线人听完该学生的陈述，全力安抚了该学生的情绪，并详细询问了解了该学生的需求，掌握了其心理状态，通过电话交流，热线人从家庭生活、学校生活等各方面对其进行了疏导，也为其提供了未成年人心理辅导的热线。同时立即与该学生所在街道、社区取得联系，要求所属街道、社区做好未成年人保护工作。来电学生也在我们热线人的安抚和开导下逐渐冷静下来，并且答应后续会配合街道进行心理咨询，不再做伤害自己的事，后续街道也已经要求其监护人履行监护职责。

耐心地沟通和交流是做好法律咨询的关键，通过有效的沟通和交流，来电人也会因此感受到我们对他们真正的关心、愿意帮助他们的信心和态度，从而建立起信任关系。这种信任关系不仅能够缓解来电人的焦虑、增加来电人信心，还能帮助来电人更好地配合，以便最终达到解决来电人问题的目的。

三、联系实际，解决问题

作为一个面向公众的法律热线，根本目的是要解决人民群众的实际问题，而不是像考试做理论题一般，将法条一股脑告诉来电人，单纯的法律理论知识是不足以解决实际问题的，需结合自身经验和实践来制定解决方案。这就需要热线人具备丰富的实践经验，通过实际案例和经验，为来电人提供实用的、切实可行的法律建议，可以是关于如何寻求法律救济、如何与律师合作、如何准备法律文件等方面的建议，让其能够更好地理解法律规定的应用和解释。

正如我们经常接听到有群众打电话反映所在单位工伤认定和赔偿问

题，如果我们仅是按照法条回答怎么申请工伤认定、怎么得到工伤赔偿，经常会和来电人的实际情况不匹配，很多时候需要解决的是来电人在自己暂时无法申请工伤认定，单位也不配合，并且自己没有足够的经济能力来承担医疗费的情况下，应该如何走出困境，这就需要热线人有丰富的实践经验，了解政府各部门所承担的职责，充分了解赔付的程序性规定等，才能更好地引导来电人找到准确的路径来解决问题。特别是面对当事人紧张、焦躁的情绪，我们不能被当事人的抱怨牵着鼻子走，专业的知识、耐心的沟通、切合实际的法律意见，在接线中每一项都是必不可少的。所以实用性的建议不仅有助于解决当下的问题，还可以为来电人提供未来法律决策的指导。

在社会主义现代化国家建设的过程中，法律服务热线作为一种新型的法律服务模式，它以现代信息技术为支撑，为人民群众提供全天候、全方位的法律咨询和服务，有助于公民了解自身权益，提高维权能力，有效保障公民的合法权益，使公民通过与专业人士的互动和交流，了解法治的重要性，学习法律，遵守法律，提升法律素养，从而增强对法治的信仰和支持。12345 热线与 12348 法律服务热线一样，都是我们经济社会发展中重要的风险防控和社会矛盾化解机制，公民通过热线可以及时解决自身所面临的问题，有效预防和解决潜在的纠纷和冲突，有助于社会的稳定、和谐、持续。

（2024 年 1 月）

【点评】

12345 热线与 12348 法律服务热线都是为民服务的"窗口"和"通道"，为人民群众提供全天候、全方位的咨询和服务，也都需要接线人员具备大量的知识积累和良好的沟通能力。作为 12345 热线的分支热线，从缪可言同志的感悟我们可以发现，做好群众和企业诉求接听工作，看似简单，实则需要极高的耐心和细心，才能深入地了解来电人的情感和需求，从而提供个性化的帮助和支持。正如缪可言所说的"不是像考试做理论题一般，将法条一股脑告诉来电人"，而是要奔着解决人民群众的实际问题，尽量站在来电人的立场，多一点感性，与来电人共情，当好群众诉求的聆听者、记录者，甚至帮忙推动解决具体困难。（王胡林）

与民同心、与民同行、与民同线①
——记"12345 真情面对"节目的感受

百姓的声音需要被听见，部门的声音需要被传播，通过一个个 12345 案例的媒体表达，让更多有类似问题的群众都能了解和知晓，把更多政策宣传出去，也可以把政府一些当下可能还解决不了的原因说清楚，再把下一步考虑的方向告诉大家，寻求理解和支持，甚至也可以向老百姓借智，真情面对，就要把这份真心真情展示出来。说起来，这应该是这档节目开设的一个初衷，节目做了 7 年了，现在仍保持着"加强沟通、寻求最大公约数"的理念。

一个城市的温度，在于每一个市民的"呼声"都能被听见。12345，就是这样一条代表着城市温度的热线。12345 热线的处置效率，既是一个城市包容的象征，也是一个城市数字化水平、城市管理能力、文明建设水平的集中体现。如何让 12345 热线，这样一个连接党和政府与人民的连心桥平台，通过媒体宣传实现联动联通，是双方发展的需求。为此，在由成都市网络理政办联动成都市广播电视台先后推出的系列媒体品牌节目中，我们也能感受到这样的变化。

---

① 作者为"12345 真情面对"节目组张琳、王威、李岚，《12345·追踪》记者卿媛。

一、12345 热线背后是市民一个个真实的需求，他们不仅仅要被听到，更要部门办到和办好

2017 年 2 月，《网络理政·真情面对》第一期节目"共话共享单车"正式上线，彼时，共享单车在成都出现不过半年的时间，而当时整合集市、区市县、乡镇、街道 2658 个领导网络信箱于一体的网络理政平台和 App 移动客户端上线也不过一年多时间。从一开始，我们就能感觉到，12345 热线的诉求永远是和当下社会突出问题、热点问题紧密相关的，甚至一些问题在起初有苗头时，12345 热线平台就先期有了反馈。

在当时，共享单车这样一个新鲜事物的出现，会对城市管理、交通带来怎样的影响？这是未可知的。有了单车虽然方便，但是路权够不够清晰，谁为相关使用者的安全负责……都在被讨论。

如何去做、怎样支持？城管、交通、公安、规划等多个部门，还有人大代表、政协委员以及市民代表都来到了现场，大家各有各的感受，各谈各的观点，有质疑、有争论、有理解、有碰撞。通过一个个热线反映的诉求，反观管理中心的短板，再一起探索共享单车管理的边界，"城市应该建立自己的慢行系统""共享单车要管好，企业主体责任需要落实，尤其调配要及时"……当时很多的观点放在现在都一一被落实了，那一次节目录了近两个小时，录制结束了很多嘉宾还觉得意犹未尽。后面，我们还专门做过几次共享单车企业来谈变化和感受的专题节目。

从 2017 年推出，到 2018 年持续推进完善的《网络理政·真情面对》，成为 12345 热线与成都市广播电视台合作，以群众社会关注的民生热点为切入，扩大声量，进行打造的第一个媒体合作品牌节目。从聚焦共享单车这一新生事物开始，到成都市大力推进的创新创业、民生关切的城市安全、小区加装电梯等系列主题选择，能看出成都在以 12345 热线平台为有力载体，通过汇集民情，梳理民意，全面探索推进网络理政的城市治理新方略和新实践。而媒体也通过这样一档节目平台的搭

建，全新开创了一档针对一个城市治理主题，由多个相关部门单位联合走进直播间，多方共述，真情面对这样一种全新谈话互动类直播节目形式，突出"理政于心、落实于行"的城市治理作为，两相契合，共同成长，让更多市民了解了12345热线。

二、12345热线是一个典型的通过小切口撬动大治理的手段

2020年新冠疫情暴发之后，12345热线平台群众意见数量大量激增，各类情绪诉求大量聚集，城市治理各类突发问题大量显现。《网络理政·真情面对》在选题上紧贴成都市委、市政府中心决策，紧贴市民群众利益关切，紧贴部门单位真心作为，加强媒体与市民、与部门间的联动，推出的"抗击疫情·成都在行动"系列主题现场直播节目，聚焦抗疫、复工、突围三大重点，权威回应民生集中关切和疑问，重振信心，助力"疫"战复工两不误，奋力夺取抗疫发展双胜利。

在2022年"8·25"疫情期间，成都市政务服务管理和网络理政办还专门组建了"12345提速处置专班"，作为媒体专班中的一员，在那个特殊的时期，更能感受到服务型政府发挥的最大效能。每天都有海量的热线，"关于核酸检测的、关于交通出行的、关于用药就医的，关于在线学习的……"怎样才能将大量类似重复的提问更快更明确地给更多市民进行传达？媒体专班每天都在通过海量的热线搜集相关热点，形成统一口径进行回复，每天超百条的回应梳理，充分体现了主流媒体的新闻敏感性、判断力及协调力。当时还采访制作发布了主题短视频《抗疫·12345和你在一起》《一线直击抗疫专班·12345和你在一起》，全面展现了成都全市上下众志成城、夺取抗疫胜利的温暖成都城市治理实践和作为。

这时媒体感受到的是12345热线平台功能的变化，已然与城市治理

民心聚集有了更为紧密的连接，突出人民群众的主体地位，以响应率、解决率和满意率为基础反馈机制的治理实践成果，实现成都 12345 由相对单一的社会诉求受理转办中心，向民情"总枢纽"向城市"总客服"的升级，得以更为突出的体现。

三、12345 热线赋能城市治理，体现以人为本

经历了疫情考验，成都 12345 成为一条真正的民心热线。见证了这一变化的《网络理政·真情面对》于 2023 年正式改名为《12345·真情面对》，并延伸拓展出《12345·和你在一起》，亮出 12345 这一民心密码数字。更名后的节目重点聚力于超大城市智慧治理下的发展需求和特点，通过媒体节目，加强政民沟通理解，汇集民意民智，架构党和人民的"连心桥"，促进政府决策和社会治理更加凸显民意诉求、更加民主科学有效，持续提升群众获得感、幸福感、安全感。

《12345·真情面对》主题选择在突出成都如何以 12345 热线为抓手，探索党建引领超大城市治理"新机制"上的探索实践过程中，重点推出"坚守初心·防疫有我""拼经济谋发展·助企纾困助企惠民""走好网上群众路线，为民办实事"系列主题直播，重点聚焦 12345 热线平台优秀案例的办理和群众企业诉求解决背后的故事，展示成都 12345 热线，在用心办"小事"，让百姓问题热线成为城市"幸福热线"；用情办"民事"，让百姓问题热线成为城市"治理良方"；用力办"实事"，让百姓问题热线成为城市"共治动能"，在让"人民热线为人民"成为成都建设人民城市的显著标识和生动名片过程中，推进超大城市治理的"破题效应"和"牵引效应"。整个变化中的呈现，以及呈现中的变化，也让媒体有力融入了成都 12345 的功能变化和成果更多更公平惠及全市人民的展示中。

《12345·和你在一起》节目则以音频节目为主，在成都人民广播电

台新闻广播（FM99.8）早间《成广新闻》（早7：00—8：00）栏目中播出，节目开设"有问必答"等专门板块，梳理由市网络理政办提供的近期成都12345热线平台热点问题，筛选典型性市民焦点提问和社会关注热点，以群众提问、部门作答的主要表达方式，凸显成都"民有所呼、我有所应"的城市价值追求。

这时媒体感受更深的是，人是城市的主体，城市是人活动的场所。所以要想关怀人、解决人的问题，就要紧紧围绕着人的所需所求来做城市的治理。通过12345热线，可以聚焦市民热点难点诉求、展现社会治理成果、挖掘基层典型经验、提炼治理创新模式、激活社会共治动力。

四、12345热线用心用情，记录和传播也要有勇气、有责任、有情怀

《12345·追踪》是市网络理政办在"成都12345"微信公众号开设的一个沉浸式纪实体验性质的视频节目。接受这个任务，意味着我要迅速完成从主持人到记者的身份转型和角色适应，但这并不容易。

2023年5月，节目组来到一个群众多次投诉的楼顶违建成风的小区。大家在屏幕上看到的行云流水的采访和画面，并不是一到现场就轻而易举能够拍到的。从进入小区到上楼顶，再到他们偷偷摸摸施工、我们偷偷摸摸抓拍，一路关卡、困难重重。好不容易拍完取证，我们想要采访物业对小区严重的违建情况是否知情时，却又遭到数名违建业主的围追堵截，言语中半恐吓半威胁。在我从事主持工作不短的时间里，这样的情形还是第一次亲身经历。以前在演播室，是温室里的花朵；现在我必须在很短的时间里把自己炼成"女汉子"，经风雨、见世面、壮筋骨、长本事。

第二天，我们又去了。经过苦苦周旋，物业终于同意接受采访。可

是，我们原以为会顺理成章采访到的相关执法部门却被拒之门外。我们发扬节目"追踪"的钉钉子精神，紧紧盯住、追着不放，终于等到执法部门深入研究后亮出明确态度：年底前小区所有违建全部拆除。

第三天，有人带头主动拆除违建，我们也终于能够拍到违建房屋内部的庐山真面目。此后，我们陆续收到其他业主愿意主动拆除的消息……事情总算朝着理想的方向发展，我们很欣慰。当节目最后出现12345 热线接线员那句"您好，成都 12345 热线，请问有什么可以帮您？"的时候，我既感动又振奋。感动的是，这一刻我感觉自己已经成为 12345 热线的一员，成为帮助别人的人；振奋的是，12345 热线那头的投诉和求助，激发了我作为记者"铁肩担道义"的勇气。

另一件让我印象深刻的事是 2023 年夏天成都遭遇罕见连续高温，这对于一般小区来说也许尚属可以克服的困难，但对于几年来频繁停水的麓山大道一段沿线十几个小区、十几万名居民来说，就真的是"忍无可忍"了。家里几乎所有的锅桶盆都用上了，连小水杯都没放过；洗手池里的水是舍不得放掉的，洗澡更是洗不舒服的，甚至连家里的卫生间都不敢用，因为不想冲水浪费。酷暑下，用水却如此不便、不爽，居民们的怒气、怨气比骄阳还要炙烈。

采访当天，烈日当空，晒得人睁不开眼睛，但居民们十分配合，还端出自家珍藏的水给节目组同志喝。节目播出后，立刻引起 12345 群众诉求提速处置专班的高度关注。专班的介入，让困扰了居民们多年的问题终于迎来了治本方案——减压增线。当我们再次到小区追踪最新进展时，小区居民人人脸上绽放的笑容已然说明了一切。那一刻，我想到的依然是那句熟悉的："您好，请问有什么可以帮您？"

脚上带泥、心有激情，为民发声，我永远在路上。

（2023 年 12 月）

【点评】

有一个跟 12345 热线接线员、工单办理干部一样直面群众诉求的群体，是我们的媒体工作者。如果说 12345 热线的诉求处理要求形成闭环，那么媒体的责任则是广而告之。通过他们的记录、发声与传播，营造出理性温暖、积极向上、向善向好的社会舆论氛围，不仅大大提升了 12345 热线的知晓率，也让广大群众和企业更加了解了 12345 热线的可行与可信，进一步激发了大家主动积极参与城市建设的热情，城市活力欣欣向荣。在几位媒体人有血有肉的记述下，我们既看到了媒体人的冷静、理性、客观，也看到了他们的责任、勇气和情怀。一个城市的温度，在于每一个市民的"呼声"都能被听见。12345 热线搭建的"连心桥"通过《12345·真情面对》节目充分展示出来。干部为人民创造更加美好生活的担当作为、群众意见建议中蕴含的治理良方、党委和政府集智聚力激发的共治动能让"人民热线为人民"成为成都建设人民城市的显著标识和生动名片。《12345·追踪》则更有新媒体传播的特点，通过沉浸式纪实跟踪和深度体验，强化了 12345 热线服务市民、企业的功能性和品牌性，对于树立党委、政府深刻践行以人民为中心的发展思想的可敬可信可亲形象起到了积极作用。群众有呼声、干部有作为、媒体有行动，从"您好，成都市 12345 热线，请问有什么可以帮您？"到"我可以帮助您。"在这个从初心使命到承诺兑现的过程中，所有人都跟这座城市一起获得了共同成长。（吴欣）

附件 1：成都 12345 热线服务问卷调查分析报告

为推进成都 12345 热线提升为民服务能力，进一步发挥党委、政府与市民沟通的"连心桥"功能，特面向社会各界开展成都 12345 热线平台问卷调查。本次问卷调查采用线上线下调查相结合的方式进行数据收集，调查内容包括成都 12345 热线知晓度、市民使用情况、市民满意度评价、受访市民背景信息等方面，最终共收集有效调查数据 7187 份，其中网络调查 6148 份，线下调查 1039 份。

一、受访者基本情况

本次受访对象在成都的居住时间均在 6 个月以上，其中女性占比 55.9%，男性占比 44.1%。

从年龄段来看，受访市民以 18~35 周岁的中青年为主，累计占比 62.2%。数据显示，本次受访对象 18~25 周岁占比 24.0%，26~35 周岁占比 38.2%，36~45 周岁占比 16.2%，46~55 周岁占比 12.4%，56 周岁以上占比 9.2%（见图 1）。

从受教育水平看，受访市民以本科和大专学历为主。受访者大专学历占比 38.5%，大学本科学历占比 30.0%，二者累计达 68.5%；此外，高中（含高职）占比 17.5%，初中及以下占比 9.9%，研究生及以上学历占比 4.0%（见图 2）。

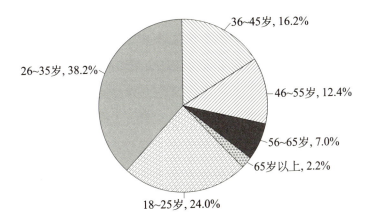

图 1 受访市民年龄分布

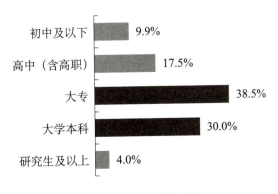

图 2 受访市民学历情况

从身份和经济收入来看，受访市民以普通职工为主，月收入集中在 3000~8000 元之间。调查数据显示，40.8% 的受访者是一般职员 / 工人 / 服务员，其次依次是学生、个体经营户、专业技术人员。在受访市民的平均月收入方面（包括工资、奖金、退休金、养老金等所有收入），受访市民平均月收入集中在 3000~8000 元区间内，通过代值计算，平均收入为 5428.3 元 / 月，高于成都市城镇居民平均水平[①]。

---

① 家庭月可支配收入代值系由加权得出；根据 2021 年《成都统计年鉴》数据显示，城镇居民人均月可支配收入约为 4049.4 元。

二、主要特征与问题分析

第一，市民对热线的知晓度较高，其中媒体宣传是市民了解热线的主要渠道。调查数据结果显示，91.6%的受访市民了解成都12345热线。从了解渠道来看，73.8%的受访市民是通过媒体宣传了解到成都12345热线，其次是通过朋友介绍（35.6%）、政府机关人员推荐（26.8%）（见图3）。

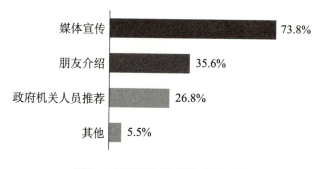

媒体宣传 73.8%

朋友介绍 35.6%

政府机关人员推荐 26.8%

其他 5.5%

图3 成都12345热线了解渠道

第二，大部分受访者拨打过12345热线，12345热线成为市民解决问题和表达诉求的重要渠道。数据结果显示，44.5%的受访市民在遇到问题和困难时，优先选择拨打12345热线进行咨询或表达诉求；其次是向社区工作人员咨询或表达诉求、拨打110寻求公安机关帮助、直接找相关职能部门反映（见图4）。在实际生活中，自2020年以来，已有75.8%的受访市民拨打过成都12345热线。可见，12345热线已日益成为成都市居民群众有效解决城市生活问题和困难的一种重要途径。

第三，市民拨打热线的目的以咨询为主，其关注热点集中于民生领域。拨打过成都12345热线的受访市民中，57.1%的受访市民是因为咨询，其次是投诉，占比33.1%。此外，还有通过12345热线对相关工作提出意见建议的占比11.4%，其他原因拨打的占比1%（见图5）。咨询和投诉的内容排名前十位的依次为新冠疫情防控、消费、住房、教育、噪声、养老、环境、交通、医疗、水电气暖（见图6）。

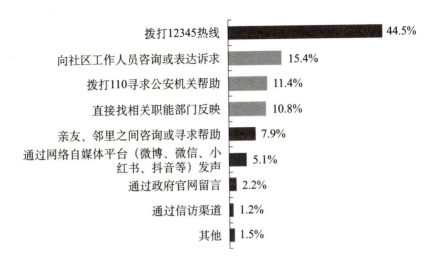

图4　遇到问题和困难优先选择咨询或表达诉求的渠道

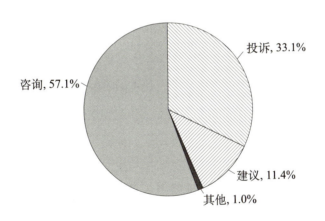

图5　拨打成都12345热线的原因

第四，市民对12345热线总体满意度较高，对政务服务水平的信任度较强。数据显示，受访市民对12345热线总体满意度较高，认为非常满意和满意的占比累计达到74%，认为一般的占比18.6%，还有7.5%的受访者认为不满意或非常不满意（见表1）。此外，76%的受访市民认为通过成都12345热线解决市民生活问题与困难，提升了市民对党和政府的信任度。

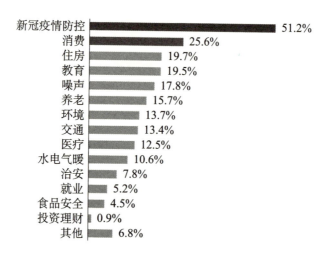

图6 拨打成都12345热线咨询或投诉的具体问题

表1 成都12345热线各细项满意度评价情况

评价细项	非常满意	满意	一般	不满意	非常不满意
工作人员服务态度	47.0%	35.6%	13.0%	3.4%	1.1%
工作人员沟通能力	44.6%	36.2%	15.7%	2.2%	1.2%
工作人员专业性	43.2%	34.1%	18.4%	3.0%	1.4%
电话接通时间	43.3%	34.0%	16.6%	4.1%	1.9%
电话回复内容	40.8%	30.7%	19.1%	6.0%	3.4%
问题办理速度	40.0%	31.3%	18.4%	7.1%	3.2%
办理结果	39.2%	29.4%	19.3%	6.7%	5.4%
办理过程的公开程度	40.8%	32.3%	18.0%	6.2%	2.8%
总体评价	40.3%	33.7%	18.6%	4.9%	2.6%

　　第五，市民对12345热线服务态度满意度较高，但对问题解决和处理效率的满意度还不高。通过细化12345热线服务内容发现，市民对12345热线满意度较高的两项内容分别是工作人员服务态度、工作人员

沟通能力（满意率评价均大于 80%）；而满意度相对较低的主要是办理结果（68.6%），其次是问题办理速度和电话回复内容。市民对热线回复内容不满意的原因主要是热线平台没有正面回答市民的需求，问题没有得到实质性解决以及问题处理比较慢。此外，还有 70.6% 的受访市民因为同一个问题多次拨打过成都 12345 热线，这说明通过热线解决问题的效率还有待提升。

三、优化完善 12345 热线服务的对策建议

结合以上调查结果反馈的问题及存在的不足，建议加强以下几个方面的工作。

（一）强化连接单位管理和工作人员管理

一方面，加强协调督办。重点研判群众不满意、办理有差距工单。督办方式可采用书面督办、现场督办、专题会商等。针对疑难工单，推进问题解决，有效化解不稳定因素，实现在群众的诉求方面"事事都要有回复，件件都要有落实"。

另一方面，创新转交办流程，快速处理诉求。与各区（市）县、园区，公安、城管、交通、建设等部门，水、电、气、网等相关企业建立24 小时联动机制，对于涉及群众反映的较急事件与时效性事件，第一时间电话转办相关责任单位，做到快速反应、及时处理、高效化解群众诉求。

（二）加强监督回访和绩效考核

一方面，以民为本，件件回访提高满意度。建议系统回访和人工回访相结合，实现回访率 100%，群众满意率保持在 90% 以上。对不满意件建立回访跟踪台账，实行再解释、再办理。通过 100% 回访，不仅可

以全面清楚地掌握全市办理工作情况，更能及时有针对性地处理办理工作中的问题，进一步增强市民群众的体验感和获得感，赢得群众点赞。

另一方面，抓督办考核，提高办事效率。积极推进成都 12345 热线群众来电办理工作与考核有效对接，将热线办理工作纳入年终绩效考核，逗硬奖惩。

（三）明确回应实质性举措落实情况和达成期限

12345 热线在倾听群众诉求、回应群众诉求、解决群众困难上发挥着重要作用。但现实中，难免还是有部分给群众留下处置部门"踢皮球""重接听、轻解决"，对于群众急难愁盼的事情以"已经记录下了""已经上报有关部门了""我们会解决的"回复等印象。

12345 热线的实践，提高了党委、政府和公众对于政府公共部门组织服务能力的期待，作为任务承接者和回应者的承办部门及工作人员，选择的回应策略应当符合这样的期待。因此，12345 热线平台必须时时警惕形式主义、官僚主义，真正地服务于民。树立精细化管理理念，提升科学化管理水平；强化热线处置工作的跟踪管理、检查、回应、督办等各个环节，加强诉件处置质量管理和过程控制，落实实质性举措；每个环节都要有明确的时间节点，在答复投诉人时清晰地告知工作流程、解决办法、解决时限，做到"件件有回音、事事有结果"，以彻底解决诉求事项为目标。对于暂时不能彻底解决的情况，回应人员也要表现出积极作为的姿态，通过展现问题的解决难度和诚恳态度，给予致电市民建议，获取其对政务服务工作流程和工作态度的认可。

附件2：优化提升 12345 热线质效的调研思考

党的二十大对推进中国式现代化，加强和完善城市治理作出了具体部署。成都应顺应政府治理模式向服务型、效能型、整体型、智慧型等治理模式的叠加转型，探索实现由单一性发展为多元性，由技术性驱动改革性，由管理性向治理性的跃升，走出全局性谋划解决超大城市治理难题的实践路径。下一步，要持续深化 12345 热线牵引作用，推动 12345 热线深度融入政务服务、民生服务以及城市运行管理的全过程各环节，通过打造"一坚持、四推进"的热线服务体系，串起服务民生万家线、城市运行千张网，实现"人民热线为人民"的时代价值。

一、坚持党的领导，推动深度融入城市治理

习近平总书记强调，做好城市工作，必须加强和改善党的领导。建设人民城市，人民是主体，政府是主导，党的领导是核心。12345 热线要深化发展，必须坚持党的领导，把党的政治优势、组织优势和密切联系群众优势转化为城市治理效能。

一是健全各级党委对诉求办理的领导。加强各级党委对热线诉求办理的领导，建立"一把手"领导责任体系，推动各级党政主要负责同志亲自过问诉求办理、重点诉求亲自督办。充分发挥智慧蓉城建设领导小

组作用，推动 12345 热线在市、区（市）县两级与其他智慧治理平台深度融合。同时，在各区（市）县相继成立智慧运行中心（智慧蓉城区级平台）背景下，进一步加强工作统筹，将区（市）县 12345 热线承办机构统一调整到智慧运行中心，避免人民热线在不同区（市）县由不同部门办理或者变为行政审批局下属科室的一项非主要的边缘性业务工作，提升 12345 热线运行的顺畅水平和处置办理的力度效度。

二是切实发挥党建引领"微网实格"的治理优势。树立"眼睛向下""脚步向前"的鲜明导向，充分发挥党建引领的政治优势与基层组织优势，紧密结合全市的"微网实格"工作体系，将热线工单办理与微网实格治理高效融合，打造"党建引领 +12345 热线联动 + 微网实格管理"新模式。既注重发挥网格员、微网格长（员）的群众诉求"巡察员"作用，又注重发挥他们对于群众诉求办理质效的"监督员"作用，提升12345 热线在市民群众中的影响力和信任度，争取实现"1+1+1>3"的效果。

三是强化热线办理考核督办。聚焦抓长效、讲实效、提质效，将12345 热线接诉办理情况纳入市委督查目标任务，定期对问题集中和考评靠后的承办单位进行专项督查或实地督查督办。将 12345 热线工作情况纳入各级领导班子和党员干部日常考核，考核结果作为分析研判和动议干部的重要参考。一方面支持鼓励党员干部发扬斗争精神，敢于攻坚克难；另一方面成立 12345 热线监督检查专班，对群众诉求办理过程中存在的不作为、慢作为、假作为现象开展监督检查，对严重超时、群众多次不满意、跨部门协同办理不力等工单开展专项督查，确保群众诉求"件件有着落，事事有回应"。

二、推进系统化集成，着力夯实四维功能体系

城市是个复杂的巨系统，必须以系统思维整体谋划。成都 12345 热

线要在深化"总客服""总窗口"功能基础上，进一步发挥推动城市发展"总引擎"的功能，在着力建成集诉求集中受理、问题有效解决、风险发现预警、决策支持服务四维功能于一体的综合性服务平台上有所突破。

一是完善诉求集中受理功能。完整、准确、全面地收集群众和企业的意见建议是 12345 热线的核心价值所在，也是做好工作、推动发展的重要路径。针对调研发现的 12345 热线主要服务承载仍以电话端为主的问题，下一步需要积极拓展"网上 12345"，建立涵盖微信、微博、天府市民云 App、人民网领导留言板等多个渠道在内的互联网 12345 平台，开发上线"随手提"等符合群众使用习惯的小程序，实现对电话业务的有效分流，真正实现向"智能化全媒体政务诉求服务平台"的转型升级，破解"来电量不断增加与电话坐席有限增长"的矛盾。同时，深化"一号受理"改革，在前期已经实现的并号整合基础上，进一步规划整合公积金 12329、社保 12333 等咨询量大、专业度高的专线，统一话务场地集中接听、使用统一热线信息系统，实现 12345 "一个号码、一支队伍、一套标准"服务。这不仅便于统一规范管理，从整体上提升工作效率，更可以避免同一问题在多个平台重复反映现象，有效节约行政资源。

二是强化问题有效解决功能。12345 热线收集到的很多群众和企业反映的问题属于长期复杂问题，这类问题交办到某个具体部门通常也很难解决，需要更高层面的统筹与破题。这类问题既是群众和企业不满的"卡点"，也是推动工作的"引擎"。推进 12345 市民服务热线与其他城市管理系统深度融合、协同发力，形成市民诉求解决的合力。统筹优化解决问题机制，推动形成不同类型问题解决的针对性方案。例如，针对热线接听中老旧小区普遍存在水电气暖问题，可以纳入城市基础设施"体检"范畴，并由专业机构出具"体检报告"，依照"体检结果"针对性完善。

三是夯实风险发现预警功能。充分发挥 12345 热线的城市风险"传感器"作用，热线系统增设预警功能模块，对逾期、重复投诉、流转超两次等类型办件进行警示提醒，时时监控。制定《12345 政府服务热线研判预警办法》，对预警办件进行研判分级，及时发现问题和防控风险，分类处置办件，分级进行督办，第一时间发现问题，把风险降到最低值。发挥广大市民风险"第一感应人"的力量，基于 12345 热线广发倡议，欢迎广大市民对身边的各类风险和违法违规事件进行监督，鼓励他们通过拨打 12345 热线快速便捷反映问题、预警风险。

四是提供决策支持服务功能。海量诉求是宝贵的行政依据和执政资源。可以探索建立 12345 热线出题、部门（智库）答题机制，由网络理政部门将群众和企业提出的有典型代表意义的"市之大事"作为研究课题报市委、市政府研究，由相关部门会同商议，改变当前一些部门没有时间调研、调研不深入、调研没有奔着问题去等情况。尤其要聚焦诉求反映集中的高频问题、共性问题开展重点领域和区域集中治理；对持续时间长、解决难度大的诉求开展专题研究，深入剖析其背后的深层次原因，提出可操作的解决方案。

三、推进制度化规范，形成科学规范工作机制

科学规范、协调配套的制度体系，联动协同、运行高效的工作机制是提高服务质效的根本保障。因此需要对 12345 热线现有的服务体系和制度机制进行再升级、再赋能，完善服务矩阵，以制度形式将好的做法经验固化下来，着力构建职责清晰、依法依规的热线办理生态。

一是建立热线区域联动机制。深化成渝地区双城经济圈"放管服"改革区域合作，按照《四川省 12345 政务服务便民热线运行管理暂行办法》提出的"建立川渝两地 12345 热线联动机制"要求，建议成都要率先与重庆建立成渝 12345 热线高效联动机制，与德阳、眉山、资阳建立

成都都市圈 12345 热线高效联动机制，通过定期交流、知识库共享等方式，建立健全信息共享机制，提升一体化发展支撑能力；推进标准共建，统一知识信息、业务分类、工单规范等标准，为区域企业群众提供优质热线协同服务，真正实现群众服务"异地如一地"。

二是建立热线征集人民建议机制。完整、准确、全面地收集群众和企业的意见建议是 12345 热线的核心价值所在，也是做好工作、推动发展的重要路径。可以学习借鉴上海经验，创新群众工作方法，在市网络理政办加挂市委、市政府人民意见征集办公室牌子，专责收集、定期分析、及时转化意见建议，将 12345 热线从"被动接诉"向"主动听诉"，直至向"未诉先办"转变。推动职能部门在定政策、推项目前首先通过 12345 热线主动倾听民声、真诚吸纳民智，可以招募热心市民担任"人民建议联络员"，使公共决策更符合公众期待、贴近生活实际、契合发展需要，将问题发现在社区、化解在萌芽，形成以 12345 人民建议征集为牵引的超大城市治理的成都样板。

三是建立诉求协调解决机制。投诉率居高不下而解决率难以提高的若干问题，多是超区域、跨部门和历史遗留问题。建议学习北京建立"每月一题"机制，同时创新完善"提速处置专班工作模式"，将专班工作模式常态化、长效化。明确提速处置专班除了推动 12345 热线和网络舆情的重点、难点问题的提速处置，问题研判分析及联动回应，疑难问题的会商研判、现场督办、统筹调度和数据分析等职能外，还需要定期组织当月接诉的重点部门召开 12345 热线诉求协商办理会，明确每个难点问题的市级牵头和配合部门，必要时提请市级层面或协调更高层级推动问题解决，避免多部门问题的"旁观者效应"，形成一整套主动治理、标本兼治的问题解决工具箱，为后续类似问题解决提供具有可操作性的指导。

四是完善覆盖全流程的标准化规范。标准化是推进热线服务提质增效的重要抓手。面对政府服务范围广、部门政策专业性强的问题，北京、广州等地以标准化为突破口，基于大量的热线实践编制了 12345 热线《服务与管理规范》《诉求分类规范》《知识库标识编码规范》等。成都可以参考借鉴这些规范要求和标准化实践经验，除对一般性接诉流程作出标准化要求外，重点将各部门割裂的业务串联起来，形成统一共享的事项标准，为 12345 热线智能应答、快速记录和精准派单提供有力支撑。同时，做好热线知识库开放和共享工作，向群众和企业提供自助查询服务，满足占比最大的咨询类诉求的需要。

四、推进专业化提升，更好实现民生诉求办理

12345 热线最大的优势就是及时收集民生和企业发展中的一件件小事，但海量的诉求也带来现实的办理压力。因此，有必要提升群众诉求办理的专业化水平，推动关口前移、源头治理，及时把矛盾纠纷化解在基层、化解在萌芽状态，用心用情为民办实事，以服务效度体现民生温度。

一是定期研判趋势性问题。成都 12345 热线工单作为社情民意的"晴雨表"，具有提高主动发现问题的靶向价值。建议根据成都 12345 热线历年群众诉求特点，预判城市治理中的季节性、周期性问题，有针对性地采取措施提前预防，加强隐患排查、梳理薄弱环节、补齐突出短板。例如，季节性诉求，如雨雪天气导致路面湿滑、道路积水等问题集中出现；夏季天热，群众反映异味扰民、噪声扰民的问题多；阶段性诉求，如中高考期间的噪声扰民问题、节假日期间的交通出行问题等；择机性诉求，如重大规划调整、重大政策出台、重大活动举办带来的诉求量提升。对于以上问题，属地及各部门应结合辖区特点、职能范围等工作实际，进一步梳理所在区域的具体表现，做到端口前移、未雨绸缪。

二是深入推动"办成一件事、解决一类事"改革。在一件诉求解决、一个点位问题解决的基础上，注重以点带面、举一反三，探索问题

规律，进一步深化解决问题背后的体制机制、政策法规、问题成因等情况研究。针对群众诉求，通过大数据分析，找出共性规律、准确判断问题深层次原因，厘清职责范围、健全体制机制，从政策、法规层面研究对策，推动从解决好一件事向解决好一类事转变。例如，对于诉求高企的消费类纠纷和城市管理类问题，在提高一般性解决率的基础上，相关部门就要形成专题研究、进行综合整治。通过"办成一件事、解决一类事"改革，既可增进政企、政民的互动了解，又可激发各方主体参与积极性，更可倒逼解决问题主动性，实现先自治、后整治的共治共享。

三是基于热线数据定期开展民生"体检"。依托 12345 热线汇集的大量民生数据，学习借鉴北京建立"七有""五性"①监测评价指标体系，定期开展综合评价经验。成都可以结合自身实际设置监测指标，定期对各职能部门和区（市）县民生政策及实效进行评价，判断哪些问题已经得到妥善解决，哪些问题还需要继续努力，让广大市民的操心事、烦心事、揪心事一目了然，从更宏观、更精细化角度全面感知市情民意，真正把"以人民为中心"从执政理念转化为具体、可操作的政策方案，引导各级政府有针对性地增加公共服务有效供给，补齐民生短板、办好民生实事。

四是打通服务群众"最后一公里"。作为各类诉求的集散地，12345 热线理所当然成为社会治理的"前哨兵"。调研发现，虽然热线工单量呈不断上升趋势，但很多问题诉求其实在社区层面就可以被又快又好地解决，无须一层层转派、办理、回复。可以学习借鉴国家级政务服务标准化示范项目单位济南 12345 市民服务热线"热线基层行"的经验做法，在基层设立 12345 热线工作站，定期安排"热线人"走基层、服务基层，就一些重点、热门诉求与广大市民面对面交流，更真实倾听民声、更直

---

① "七有""五性"分别指：幼有所育、学有所教、劳有所得、病有所医、老有所养、住有所居、弱有所扶、便利性、宜居性、多样性、公正性、安全性。

接了解症结、更及时破题解困、更深入宣传热线作用，既充分彰显热线的为民理念，也有效促改基层热线承办单位为民服务的质效。

五是提升热线人才队伍专业化水平。加强对热线话务员的系列业务知识培训，尤其是注重标准化问答指引、诉求记录模板等形式，着力提升热线服务质量和水平。学习借鉴南京有关经验，建立热线政策专员和热线信息专员"双员制"，12345热线接到群众和企业诉求时，除热线话务员热情规范解答外，还可以通过三方通话由相关部门的政策专员直接解答。要进一步打破实际存在的部门区隔、被动回应等思维习惯，将工作视角更多放到全市发展和市民需求上来，增强风险意识、底线思维、斗争本领，提高复杂疑难问题解决能力。

五、推进智慧化转型，深挖热线数据富矿价值

12345热线作为智慧蓉城建设的重要一环，要进一步发挥拥有准确、实时、全面的公众需求和诉求数据的优势，突出专业支撑，加强集数据全面采集、规范存储、安全管理、深度分析、科学应用、交互治理于一体的智慧系统建设，全面推动城市公共管理、公共服务、公共安全数字化转型，不断提升热线数字化、智能化、一体化水平。

一是推动热线与其他城市管理系统深度融合。推动12345热线诉求与"智慧蓉城"各应用场景深度融合、协同发力，通过算法赋能，升级智能问答、智能受理及派单、智能回访系统，实现接单、派单、分析、预警、评价全流程各环节智能手段运用，实现对群众需求的精准、高效回复，提升热线自身管理和运行的智能化水平，让工单接得更好、派得更准、办得更实、督得更严。推动热线数据与市级各部门、区（市）县政务数据、城市管理运行数据双向交互，实时互联共享政务信息知识库和全量办理数据，如12345热线与城市人口信息、车辆信息、地名地址、道路卡口、监控视频、用水用电、信访维稳等各职能部门专业数据的融

合共用，全面提高治理智能化水平，实现"全域感知、深度思考、快速行动、确保安全"。

二是打造数智增效典范。数据是资源，也是生产力。数据归集起来，如果不会用、用不好，也是一种巨大的资源浪费。数据治理、分析、应用和智能化的嵌入，并不只是单纯的工具性使用。12345 热线需要将技术、工具与服务流程、制度和管理规范形成有机融合。建议加大与当地智库和专业技术公司的合作，将人口、地理、气象、房屋等基础数据与热线数据融合分析，不断汲取新的理念，应用新的技术，丰富应用场景，提升数据质量。同时主动顺应经济社会数字化转型趋势，按照《国务院关于加强数字政府建设的指导意见》的要求，充分依托平台丰富数据资源把握城市发展规律，预警风险隐患，逐步建立起一套 12345 热线诉求数据聚类、图谱构建等处理规则，以数字化和智能化实现对城市更充分、更精准、更细颗粒度的理解，提升为民服务高效化、决策科学化、治理精准化水平，将热线打造成为数智增效的典范。

三是加强信息安全保护。严格落实网络安全等级保护制度，加强数据分类分级保护，注重保护 12345 热线服务及工单办理中涉及国家秘密、商业秘密、个人隐私的各类数据，维护个人以及企业等市场主体的合法权益。依托信息化系统改造升级，借鉴"滴滴""美团""饿了么"等企业采用虚拟号码的方式对用户隐私进行保护，对来电号码统一进行编码处理，生成虚拟号码，此虚拟号码仅可通过 12345 系统进行联系。在促进数据共享、提升数据价值的前提下，制定完善民生数据脱敏输出、用户授权核验等安全保障机制，加强业务系统访问查询、共享信息使用的全过程安全管理，更好服务热线数据与其他政务数据、企业数据的融汇集成、创新应用。

后 记

　　本书由中共成都市委党校课题组的《一切为了人民幸福美好生活——关于成都市筑好12345热线"连心桥"谱写人民城市新篇章的报告》研究成果深化而来。"路虽远，行则将至；事虽难，做则必成。"这句话适用于12345热线的发展，也适用于课题组的成长。在此过程中，我们不断学习思考，在体验和感动中收获经验、打开视野、拓展研究、升华认知。

　　一是在理念上，必须深刻领会习近平新时代中国特色社会主义思想的人民至上立场。党的二十大将"江山就是人民，人民就是江山"写进报告，这意味着更大的体量、更重的分量与更深的情怀。这要求我们做任何工作都要站稳人民立场、把握人民愿望、尊重人民创造、集中人民智慧。与此同时，中国共产党是有长期执政使命的党，有抱负，也有压力，必须通过加强与人民的联系和群众的互动来防范化解长期执政中的风险。从这个意义上讲，要更加注重把12345热线作为践行新时代"枫桥经验"的重要载体，充分释放热线"放"和"收"的双重功能。一方面吸收民意，缓解执政压力；另一方面积累民心，巩固长期执政的信任基础。

　　二是在目标上，必须从不断满足人民对美好生活新期待的高度深化转变超大城市发展方式探索。中国共产党的百年奋斗、各级党委政府所做的一切工作都是为了让人民过上好日子。但是一方面，由于发展的不平衡不充分，在满足人民便利、宜居、多样、公正、安全的品质生活方面还存在不少短板；另一方面，超大城市治理的共性难题正在形成整体态势，需要探索出破解难题的综合方略。因此，12345 热线可以做的不仅是诉求接听中心、处置调度中心、数据分析中心，它还应该而且也能够成为撬动城市治理改革、机制创新的基点和引擎。

三是在路径上，必须深化源头治理、加强法治治理、加快智慧治理。基层安则城市稳，人民安则国家稳。健全城乡社区治理体系，深化基层治理机制探索，将矛盾纠纷及时化解在基层、化解在萌芽状态，对于城市安全韧性发展具有重大的基层基础意义。毫无疑问，法治的引领和推动对于城市治理改革特别重要。以制促治是国家治理能力现代化的基本要求。因此必须围绕重点任务和关键环节，边探索边实践边总结边建章立制，形成全面系统的指导性的制度体系。与此同时，数字政府转型也是重要趋势。技术归根到底是服务人发展的工具，不能完全取代人的作用，用心、用情、用力才是建设人民城市、幸福成都的不二法门。

在此，特别感谢成都市城市运行和政务服务管理办公室冯秀富主任、曹中轩副主任的支持鼓励，网络理政处原处长杨光义及处室同志的全力配合。感谢成都市委组织部、市委社会工作部等部门的指导帮助。感谢基层同志积极撰写他们的热线故事。惜于篇幅所限，我们无法全部收录，但原汁原味的描述、真情实感的分享，已经让我们足够感动、受到教育启发。感谢课题组成员赵书、方贤洁、张雪、唐璞妮、张宁、龚贤、张琦对课题前期成果的贡献，是你们的全力以赴与精益求精让书稿成形有了良好的基础。中共成都市委党校（成都行政学院）常务副校（院）长曾新、原副校（院）长王苹领导课题组高质量完成后，又亲自关心、直接参与了本书的策划，并审读了全部书稿。国家行政学院出版社重视关注、时常帮助，为本书的出版做了大量细致的编辑工作。他们的热心、专业和敬业是书稿质量的基本保证。

本书仅是成都筑好 12345 热线"连心桥"，谱写人民城市新篇章的一个阶段性的成果呈现。为人民服务，只有进行时，没有完成时；没有最好，只有更好。随着 12345 热线在坚持功能提级推动高质量发展、幸福提质创造高品质生活、智慧提能实施高效能治理方面一步一个脚印、一点一滴不断深耕，其改革的人民性和引领性更加突出彰显，特别是作为城市运行中枢"牵一发而动全身"的治理效能进一步发挥，我们的研究也将因实践的生动丰富而持续深入。

不足之处，恳请广大读者批评指正。

作者

2024 年 4 月